von Gratkowski   Zwillinge

Marion von Gratkowski

Zwillinge

Mit ihnen fertig werden
ohne selbst fertig zu sein

≡ **TRIAS** THIEME HIPPOKRATES ENKE

Anschrift der Autorin:
Marion von Gratkowski
Ludwig-Ganghofer-Straße 3
D-8910 Landsberg am Lech

Umschlaggestaltung und
Konzeption der Typographie:
B. und H. P. Willberg, Eppstein/Ts.

Umschlagzeichnung und
Textzeichnungen:
Friedrich Hartmann, Stuttgart

CIP-Titelaufnahme
der Deutschen Bibliothek:

Gratkowski, Marion von:
Zwillinge : mit ihnen fertig werden,
ohne selbst fertig zu sein / Marion von
Gratkowski. – 2. Aufl. – Stuttgart :
TRIAS – Thieme Hippokrates Enke,
1991

© 1988, 1991 Georg Thieme Verlag
Rüdigerstraße 14,
D-7000 Stuttgart 30.
Printed in Germany
Satz und Druck: Gulde-Druck GmbH,
Tübingen (gesetzt auf Linotype
System 4 [300 LTC])

ISBN 3-89373-137-7   2 3 4 5 6

Wichtiger Hinweis: Wie jede Wissenschaft ist die Medizin ständigen Entwicklungen unterworfen. Forschung und klinische Erfahrung erweitern unsere Erkenntnisse, insbesondere was Behandlung und medikamentöse Therapie anbelangt. Soweit in diesem Werk eine Dosierung oder eine Applikation erwähnt wird, darf der Leser zwar darauf vertrauen, daß Autoren, Herausgeber und Verlag große Sorgfalt darauf verwandt haben, daß diese Angabe dem Wissensstand bei Fertigstellung des Werkes entspricht.
Für Angaben über Dosierungsanweisungen und Applikationsformen kann vom Verlag jedoch keine Gewähr übernommen werden. Jeder Benutzer ist angehalten, durch sorgfältige Prüfung der Beipackzettel der verwendeten Präparate und gegebenenfalls nach Konsultation eines Spezialisten, festzustellen, ob die dort gegebene Empfehlung für Dosierungen oder die Beachtung von Kontraindikationen gegenüber der Angabe in diesem Buch abweicht. Eine solche Prüfung ist besonders wichtig bei selten verwendeten Präparaten oder solchen, die neu auf den Markt gebracht worden sind. Jede Dosierung oder Applikation erfolgt auf eigene Gefahr des Benutzers. Autoren und Verlag appellieren an jeden Benutzer, ihm etwa auffallende Ungenauigkeiten dem Verlag mitzuteilen.

Geschützte Warennamen (Warenzeichen) werden *nicht* besonders kenntlich gemacht. Aus dem Fehlen eines solchen Hinweises kann also nicht geschlossen werden, daß es sich um einen freien Warennamen handele. Das Werk, einschließlich aller seiner Teile, ist urheberrechtlich geschützt. Jede Verwertung außerhalb der engen Grenzen des Urheberrechtsgesetzes ist ohne Zustimmung des Verlages unzulässig und strafbar. Das gilt insbesondere für Vervielfältigungen, Übersetzungen, Mikroverfilmungen und die Einspeicherung und Verarbeitung in elektronischen Systemen.

Vorwort

Schon als ich erfuhr, daß ich Zwillinge erwarte, beschloß ich, ein Buch über Zwillinge zu schreiben, das anderen Eltern einmal helfen sollte, mit ihrem doppelten Nachwuchs zurechtzukommen.

Zweieinhalb Jahre später war es soweit. Doppelte Freude, aber auch doppelte Arbeit, zweifache emotionale Beanspruchung und technische Anforderungen, doppelte Ausgaben ... mein Mann und ich hatten unsere ersten Erfahrungen gemacht, ich konnte meinen Plan aufgreifen.

Ich wollte nicht nur auf das zurückgreifen, was wir an uns und mit unseren Zwillingen erfahren hatten, sondern ich wollte möglichst die Erlebens- und Erfahrungswelt, die Fragen, Probleme und Antworten anderer Zwillingseltern einbringen.

Deshalb startete ich eine Fragebogenaktion beim Zwillingsclub Clübchen II e.V. und bei der Zwillingsrunde e.V. in Frankfurt. 35 Elternpaare haben einen umfangreichen Fragenkatalog beantwortet und so dazu beigetragen, daß in dieses Buch wirklich praktische Anregungen eingeflossen sind.

Dieses Buch über Zwillinge erhebt keinen Anspruch auf Vollständigkeit. Es wird unter den jährlich ungefähr 7000 Zwillingseltern welche geben, die andere und zusätzliche Erfahrungen gemacht haben und die unsere Meinungen nicht teilen. Ich will Zwillingseltern nicht belehren, wie man mit Zwillingen richtig umgeht, sondern wie man mit ihnen umgehen kann.

Deshalb sollen meine Ratschläge Anregungen sein.

Erstmals haben wir jetzt auch einige Tips für Drillingseltern zusammengestellt. Viele praktische Anregungen gelten sowieso auch für sie.

MARION VON GRATKOWSKI

Die Zwillinge werden entdeckt — 1

Wie werden Zwillinge festgestellt? — 1

Ein Zwilling versteckt sich — 2

Der erste Schreck, die erste Freude — 2

Die Umwelt reagiert — 3

Wie entstehen Zwillinge und wie verlaufen Schwangerschaft und Geburt? — 5

Wie entstehen Zwillinge? — 5

Wie sind sie im Mutterleib untergebracht und wie werden sie versorgt? — 6

Enge im Mutterleib — 8

Kann man mit einer normalen Geburt rechnen? — 10

Welche Frauen bekommen Zwillinge? — 11

Tips für die Schwangerschaft — 13

Erfahrungen von Zwillingsmüttern — 13

Vorsorge ist wichtig — 15

Körperliches Befinden — 16

Seelisches Befinden — 24

Letzte Vorbereitungen — 28

Wie bereitet man ältere Geschwister auf Zwillinge vor? — 28

Geburtsvorbereitungskurse — 29

Praktisches Zwillingstraining — 30

Die Klinikwahl — 31

Die Wahl des Kinderarztes — 33

Letzte Besorgungen – eine Checkliste — 34

Umzug in eine größere Wohnung oder ein Haus — 35

Die letzten Wochen 36

Die letzten Wochen zu Hause 37

Wenn Sie in der Klinik liegen müssen 38

Es geht los 39

Die Zwillingsgeburt 41

Besonderheiten bei Zwillingsgeburten 41

Häufigste Komplikationen bei Zwillingsgeburten 44

Ist eine »sanfte Geburt« möglich? 45

Sind Hausgeburten oder ambulante Geburten
empfehlenswert 46

Die Zwillinge kommen per Kaiserschnitt 47

Drillings- und Vierlingsgeburten 49

Sind die Zwillinge ein- oder zweieiig? 50

Erfahrungen von Zwillingsmüttern 52

Die Gefühle nach der Geburt 56

Die Gefühle danach 56

So überwinden Sie Ihr Wochenbett-Tief 59

Der Klinikaufenthalt 60

Unterbringung und Betreuung 60

Rooming-In 61

Die Zwillinge in der Intensivstation und Kinderklinik 62

Frühgeborene und andere Sorgenkinder 63

Chancen und Risiken 63

Mögliche Behinderungen und was man dagegen tun kann 67

Kann man Zwillinge erfolgreich stillen?	70
Reicht die Milch für zwei oder drei?	70
Stillen im Krankenhaus	71
So habe ich meine Zwillinge gestillt	71
Kann man Frühgeborene stillen?	74
Wieder zu Hause	75
Heimkehr in Etappen	75
Die Zwillinge kommen heim	76
Heimkehr zusammen	78
Die ersten Wochen	79
Die neue Situation für Erst-Eltern	79
Die Mutter-(Vater-)Kinder-Beziehung	79
Alles spielt sich ein	80
Figurprobleme	82
Der Alltag beginnt	84
Füttern	85
Schreien lassen	107
Schlafen	108
Körperpflege	116
Wenn die Kinder wacher werden	123

Die Ausstattung	127
Was ist praktisch?	127
Alles doppelt?	150
Gebraucht oder neu?	151
Nähanleitung für einen Doppeltragesack	152
Unfallgefahr	156
Wie sichert man Haus, Wohnung und Garten ab?	156
Verzeichnis der Gift-Notfall-Telefonnummern	160
Krankheiten und Kinderarztbesuche	161
Krankheiten bei Zwillingen	161
Besuche beim Kinderarzt	162
Mit Zwillingen mobil bleiben	164
Isolation größer als beim Einzelkind	164
Der Spaziergang	165
Fahrradfahren	167
Einkaufen-Gehen	168
Öffentliche Verkehrsmittel	169
Die Familienkutsche	170
Urlaub mit Zwillingen	171
Tips für einen schnellen Start mit Zwillingen	172
Überforderung durch Mehrlinge	174
Auch der Vater muß mit ran	175
Wie verändert sich die Beziehung der Mehrlingseltern?	176
Wie kann man einer negativen Entwicklung entgegenwirken?	177

Wie kann man sich selbst abreagieren und neue Kraft schöpfen?	179
Freiräume für Mehrlingseltern	179
Abhilfe durch Hilfe von außen	180
Unverständnis der Umwelt	182
Wie können Eltern eifersüchtigen Geschwistern von Zwillingen und Drillingen helfen?	183
Jüngere Geschwister empfehlenswert?	185

Tips für Haushaltsmanagement	**186**

Alleinerziehende und Zwillinge	**189**

Berufstätig bleiben mit Zwillingen	**191**
Soll man mit Zwillingen berufstätig bleiben?	191
Wer betreut die Kinder?	192
Der Zwillingsvater nimmt Erziehungsurlaub	194
Finanzielles	197
Was kosten Zwillinge im ersten Lebensjahr?	198
Wo und wie kann man sparen?	199
Staatliche Beihilfe für Zwillinge	200

Die Zwillinge	**201**
Ähnlichkeiten	201
Die Entwicklung von Zwillingen	202
Verhältnis der Zwillinge zueinander	205
Verhältnis der Zwillinge zu anderen	206

Persönlichkeitsentwicklung bei Zwillingen   208
Zwillinge hängen aneinander   208

Besondere Erziehungsprobleme bei Zwillingen   215
Können Eltern beiden Kindern gerecht werden?   215

Streit bei Zwillingen   216

Zwillinge verbünden sich gegen die Mutter   218

Zwillinge stiften sich gegenseitig an und erziehen sich   219

Zwillinge im Kindergarten   220

Kontakte für Zwillings- und Drillingseltern   222
Außenkontakte kosten doppelte Kraft   222

Die Freunde von früher   222

Zwillingsclubs und Selbsthilfegruppen   223

Zwillingseltern ziehen ein persönliches Fazit   225

Zwillingsnamen   228

Wichtige Adressen für Zwillingseltern   229
Zwillingsclubs und Mehrlingselternvereine   229

Andere wichtige Adressen   234

Adressen in Österreich und in der Schweiz   239

Dank / Hinweise   242

Sachverzeichnis   243

Die Zwillinge werden entdeckt

Wie werden Zwillinge festgestellt?

Heute wissen Zwillingsmütter dank moderner Ultraschalldiagnostik etwa ab dem vierten Monat, daß sie Zwillinge erwarten. Das war nicht immer so: noch vor fünfzehn Jahren erfuhren viele Zwillingseltern erst bei der Geburt vom *doppelten Kindersegen*. Damals waren Ultraschall-Untersuchungen noch nicht üblich.

Die Ärzte waren weitgehend auf das angewiesen, was sie außen ertasten konnten. Manchmal deutete auch schon der enorme Bauchumfang auf eine Zwillingsschwangerschaft hin. Oder aber es waren mehr oder weniger zufällig zwei verschiedene Herztöne zu hören. Doch oft überlagern sich die Herztöne, denn die Herzen der Babies können im gleichen Rhythmus schlagen.

Eine wirklich sichere Diagnose war damals nur mittels Röntgentechnik möglich. Doch die Röntgendiagnostik ist wegen der Strahlenbelastung für das ungeborene Kind nicht unbedenklich. Mit den neuen Ultraschallgeräten, läßt sich heute schon in der fünften oder sechsten Woche feststellen, ob eine Schwangere Zwillinge erwartet, da in diesem Fall zwei Fruchtsäckchen zu sehen sind. Allerdings wird sich der Arzt mit der endgültigen Diagnose noch zurückhalten, da man mittlerweile weiß, daß sich manche Zwillingsanlagen wieder zurückbilden, das heißt, daß nur eine *Einlingsschwangerschaft* bestehen bleibt. Deshalb ist es sicherer, mit der Diagnose zu warten, bis man den Herzschlag beider sieht.

≡ Ein Zwilling versteckt sich

Wenn eine Zwillingsschwangerschaft beim heutigen Stand der Medizin bis zuletzt nicht entdeckt wird, so kann das als *Kunstfehler* angesehen werden. Für das nicht entdeckte Kind können Schwangerschaft und Geburt zahlreiche Gefahren mit sich bringen. Es wird weder während der Schwangerschaft, noch bei der Geburt überwacht. Eine etwaige Unterversorgung während der Schwangerschaft oder ein Sauerstoffmangel während der Geburt werden nicht festgestellt und können demnach auch nicht behandelt werden. Im Fall von Drillingen oder gar Vierlingen kommt es häufiger vor, daß die Kinder erst nach und nach entdeckt werden, da sie einander überlagern können.

≡ Der erste Schreck, die erste Freude

Die meisten Schwangeren bekommen erst einmal einen gehörigen Schreck, wenn sie erfahren, daß sie Zwillinge erwarten. Das ist ganz natürlich und Sie brauchen sich dessen nicht zu schämen. Die Reaktionen auf den unverhofften Zuwachs reichen von Lachen bis Weinen.

Die Autoren der Mehrlingsstudie, die die Allgemeine Rentenanstalt Lebens- und Rentenversicherungs-AG, Stuttgart anläßlich ihres 150. Jubiläums in Auftrag gegeben hatte, sprechen sogar von *Schock*. In der Untersuchung, die Prof. Dr. ALFRED LORENZER, Fachbereich Gesellschaftswissenschaften der Johann-Wolfgang Goethe Universität, Frankfurt, durchführte, wurden 35 Zwillingsfamilien befragt. 20 davon bezeichneten die Überraschung, Zwillinge zu bekommen, klar als Schock.

Die Studie kommt aber auch zu dem Ergebnis:

»Der erste Schreck sagt aber wenig darüber aus, wie er von den Betroffenen verarbeitet werden konnte... Es läßt sich nicht ableiten, daß die spontan Begeisterten auch die erfolgreicheren Zwillingseltern sein werden, ebensowenig ergibt das Material, daß die anfangs schockierten Mütter bzw. Eltern größere Probleme mit ihren Kinder haben, obgleich einige angeben, daß es einige Zeit gedauert und viel Kraft gekostet hat, die neue Situation zu akzeptieren.«

Notieren Sie sich alle Fragen, die Sie an Ihren Gynäkologen haben und die Sie ihm beim nächsten Vorsorgetermin stellen möchten. Auf vieles finden Sie aber auch hier eine Antwort.

≡ Die Umwelt reagiert

Wenn Freunde und Verwandte oder Kollegen vom *doppelten Kindersegen* hören, freuen sie sich in der Regel mit den werdenden Eltern. Waren Sie vorher schon als Schwangere im Mittelpunkt des Interesses, so werden Sie nun geradezu bestaunt und Ihr Wohlergehen ist allen doppelt wichtig. Auch im Geburtsvorbereitungskurs oder bei den routinemäßigen Vorsorgeuntersuchungen sind Sie etwas besonderes. Sonnen Sie sich in dieser Aufmerksamkeit. Es gibt aber auch viele Mitmenschen, die überall ein Haar in der Suppe finden müssen. Die kennen dann Zwillinge, bei denen alles schiefgegangen ist, oder Zwillingsmütter, die mit ihren anstrengenden Kindern nicht zurechtgekommen sind.

Lassen Sie sich davon nicht negativ beeinflussen. Sehen Sie alles, was auf Sie zukommt realistisch – oder besser: *sehen Sie's gelassen positiv*.

Wie entstehen Zwillinge und wie verlaufen Schwangerschaft und Geburt?

Wie entstehen Zwillinge?

Eineiige Zwillinge entstehen durch Teilung aus einem einzigen befruchteten Ei. Sie sind mit identischen Erbanlagen versehen und stets gleichgeschlechtlich. Sie sehen sich sehr ähnlich, sie haben gleiches Haar (Farbe und Struktur) und gleiche Augen (Form und Farbe), sie weisen auch die gleichen Unregelmäßigkeiten am Gebiß auf, doch ihre Fingerabdrücke unterscheiden sich minimal. Völlig identisch sind sie also nicht.

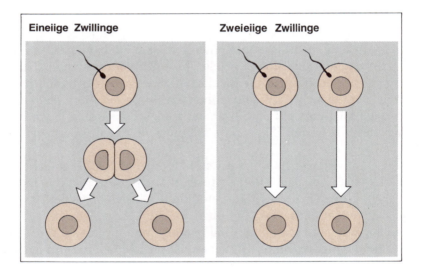

Eineiige Zwillinge machen jedoch nur etwa ein Viertel aller Zwillinge aus. Die Mehrzahl der Zwillinge ist zweieiig. Es sind Zwillingsgeschwister, die aus zwei verschiedenen Eizellen, die von je einer männlichen Samenzelle befruchtet werden, entstehen. Im Körper einer Frau sind viele Tausend Eianlagen vorhanden, doch nur etwa 500 davon gelangen je zur Reife. Während eine Eizelle reift, werden Hormone freigesetzt, die verhindern, daß ein weiteres Ei gleichzeitig zur Reife gelangt. Es kommt aber auch immer wieder vor, daß der Unterdrükkungsmechanismus nicht funktioniert. Dann entwickeln sich zwei Eizellen gleichzeitig, die beide befruchtet werden und sich in die Gebärmutter einnisten können. Die Hälfte aller zweieiigen Zwillinge sind Pärchen, je 25 Prozent sind zwei Jungen und zwei Mädchen.

Drillinge entstehen durch Teilung von Eizellen und/oder durch mehrere gleichzeitig reife Eizellen. Dabei gibt es verschiedene Kombinationen mit eineiigen und/oder zweieiigen Drillings- und Vierlingskindern.

≡ Wie sind sie im Mutterleib untergebracht und wie werden sie versorgt?

Eineiige Zwillinge können je nach Teilungszeitpunkt in zwei getrennten Fruchtblasen, in einer gemeinsamen äußeren und zwei getrennten inneren Eihäuten oder in einer gemeinsamen Fruchtblase wachsen. Eine befruchtete Eizelle teilt sich nach 24 Stunden zum ersten Mal. Spaltet sich zu diesem frühen Zeitpunkt ein Keim ab, dann wachsen die Zwillinge mit jeweils einer eigenen Plazenta in je einer eigenen Fruchtblase heran. Diese frühe Teilung kommt jedoch sehr selten vor.

Sehr viel häufiger entstehen eineiige Zwillinge etwa um den sechsten Tag nach der Befruchtung. Bis zu diesem Stadium hat sich die Eizelle bereits mehrere Male geteilt und will sich in die Schleimhaut der Gebärmutter einnisten. Zwillinge, die zu diesem Zeitpunkt entstehen, haben nur eine Plazenta, eine gemeinsame äußere Eihaut und zwei getrennte innere Eihäute. Doch es gibt auch eineiige Zwillinge, die noch später entstehen. Hat sich das befruchtete Ei schon eingenistet, ist die Plazenta bereits angelegt und trennt sich der Keim erst jetzt ab, dann kommt es zu Zwillingen, die in einer Fruchtblase und mit einer (großen) Plazenta heranwachsen.

Bei zweieiigen Zwillingen laufen eigentlich zwei Schwangerschaften gleichzeitig ab. Jedes Kind wächst in seiner eigenen Fruchtblase heran und wird auch durch seine eigene Plazenta versorgt. Oft gehen auch beide Plazenten ineinander über.

Wie sind sie im Mutterleib untergebracht...

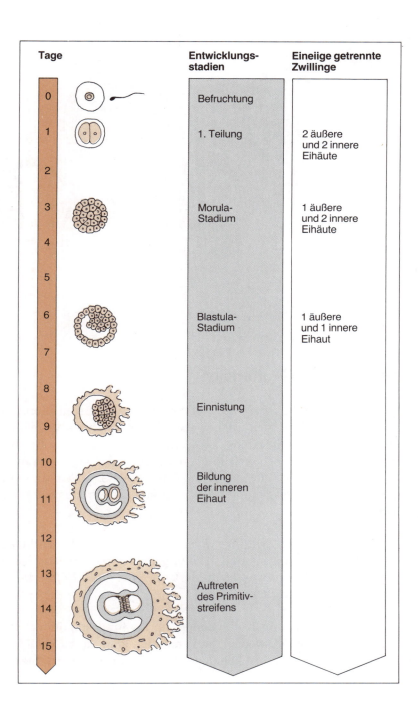

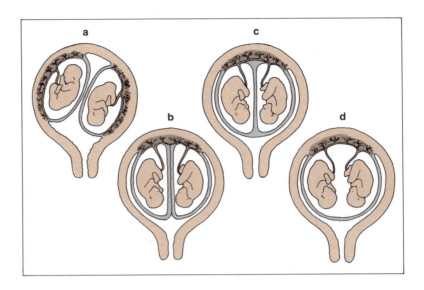

≡ Enge im Mutterleib

Während *Einzelkinder* etwa bis zum sechsten Monat so viel Platz haben, daß sie sich frei bewegen können, wird es für Zwillinge im Bauch schon viel früher eng. Zwillingsmütter spüren die Bewegungen ihrer Kinder auch schon früher (etwa Ende des vierten Monats) als Frauen, die nur ein Baby erwarten. Andererseits werden die Bewegungen oft weniger heftig empfunden – für stärkere Tritte reicht der Platz nicht.

Die meisten Zwillinge wachsen in getrennten Fruchtblasen heran (nur etwa ein Prozent sind in einer gemeinsamen Fruchtblase untergebracht) und Fruchtwasser mildert die *Tritte* und *Püffe*, die sie sich gegenseitig verabreichen.

Die Bewegungsfreiheit endet für Zwillinge ohnehin etwa ab der 30. Schwangerschaftswoche, dann nämlich sind sie zu groß (oder der Platz ist zu eng), um ihre Lage noch wesentlich zu ändern. Sie sitzen in der Gebärmutter fest – meist der eine auf der rechten und der andere auf der linken Seite. Bei Drillingen und Vierlingen wird es natürlich schon früher eng.

Teilen müssen Zwillinge aber nicht nur den Platz, sondern auch die Verpflegung. Vor allem, wenn sie durch eine gemeinsame Plazenta versorgt werden, besteht die Gefahr, daß der eine dem anderen etwas *wegnimmt.*

Auch zwei einzelne Plazenten können zusammenwachsen, wenn sie dicht beieinander liegen, und damit besteht ebenfalls die Gefahr, daß ein Zwilling auf Kosten des anderen lebt.

Nur in 15 Prozent der Fälle kommt es zu einer Verbindung zwischen den Plazentakreisläufen. Wenn einem Zwilling immer zu viel Blut zufließt und dem anderen zu wenig, führt das im Extremfall zum Absterben des unterversorgten Zwillingskindes. Die Sterblichkeit eines Zwillings aufgrund einer Minderversorgung wurde früher auf sechs Prozent beziffert. Heute ist sie erheblich zurückgegangen, da Wachstumsunterschiede frühzeitig erkannt werden können und die Geburt eventuell eingeleitet werden kann. Auf alle Fälle wird Ihre Schwangerschaft sehr viel genauer überwacht, wenn der Verdacht auf dieses sog. Transfusionssyndrom vorliegt.

Es kommt auch vor, daß eine Plazenta an einer schlechter durchbluteten Stelle der Gebärmutter sitzt. Damit ist die Versorgung für einen Zwilling ebenfalls schlechter.

Das schwächere Kind wird zwar bei der Geburt weniger wiegen als der stärkere Zwilling (Gewichtsunterschiede können 1000 Gramm und mehr betragen), doch das Längenwachstum ist von der unfreiwilligen »Fastenkur« während der Schwangerschaft meist nicht wesentlich beeinflußt. Die Entwicklung von Gehirn und Herz wird durch eine Art Notversorgung gewährleistet, die beide vorrangig mit Sauerstoff beliefert, wenn ein Mangel droht.

Die Enge im Mutterleib muß aber nicht nur als Konkurrenz empfunden werden, sie kann auch besondere Nähe und Gemeinschaft bedeuten. Zwillingen wird ja auch eine besondere Bindung nachgesagt.

≡ Kann man mit einer *normalen* Geburt rechnen?

Generell wird nach der 37. Schwangerschaftswoche eine vaginale Entbindung angestrebt, wenn das erste Kind in Schädellage liegt. Vor der 34. Woche ist unabhängig von der Lage der Kinder meist ein Kaiserschnitt angezeigt. Zwischen 34. und 37. Woche wird bei Steiß/Steißlage, Steiß/Schädel- und Schädel/Steißlage mit dem Kaiserschnitt sehr großzügig verfahren. Etwa 50 Prozent aller Zwillinge liegen richtig, das heißt beide Kopf nach unten in Schädellage. Oft ist der stärkere Zwilling (wenn es einen stärkeren gibt) in Führung, und das ist auch gut so: er weitet die Geburtswege für sein Zwillingsgeschwisterchen, das dann mühelos hinausgleiten kann.

Ein Mißverhältnis zwischen mütterlichem Becken und kindlichem Kopf, das einen Kaiserschnitt notwendig machen könnte, kommt bei Zwillingen fast nie vor.

Liegt das erste Kind in Steißlage, kommt es darauf an, ob die Frau schon Kinder geboren hat. Bei einer Erstgebärenden wird meist ein Kaiserschnitt durchgeführt, bei Mehrgebärenden kommt es auf die Messung der Größe des ersten (beziehungsweise auch des zweiten) Zwillings an und auf den Geburtsverlauf (etwa auf die Schnelligkeit der Eröffnung des Muttermundes).

Wenn das erste Kind Kopf voran die Geburtswege weitet, wird das zweite als Steißlage meist auch vaginal geboren werden können. Manchmal dreht sich das zweite Kind noch in Schädellage, sobald das erste geboren ist. In manchen Fällen wird für das zweite Kind doch noch ein Kaiserschnitt gemacht. Das kommt aber bei vorausschauender Geburtsleitung sehr selten vor.

Manche Ärzte entscheiden auch nach dem Gewicht der Kinder (das man anhand der per Ultraschall gemessenen Größe schätzen kann): liegt das erwartete Geburtsgewicht unter 1500 Gramm, ist eher ein Kaiserschnitt anzustreben, liegt es darüber, kann vaginal entbunden werden.

Zwillingsgeburten gelten als Risikogeburten und werden deshalb sehr sorgfältig überwacht (mehr darüber im Kapitel »Besonderheiten bei Zwillingsgeburten«). Möglicherweise raten Ihnen manche Ärzte von vornherein zu einer *Peridural-Anästesie* (PDA), die Ihre untere Körperhälfte vom Zwerchfell abwärts betäubt und somit gefühllos macht. Dann kann ein plötzlicher Kaiserschnitt ohne lange Vorbereitungen durchgeführt werden. Solche Not-Situationen sind allerdings äußerst selten geworden. Am besten Sie machen sich keine allzu genauen Vorstellungen, wie die Geburt Ihrer Zwillinge verlaufen sollte. Dann sind Sie nicht so enttäuscht, wenn doch alles anders kommt. Bei Drillingen wird in der Regel ein Kaiserschnitt geplant.

≡ Welche Frauen bekommen Zwillinge?

Frauen, die schon etwas älter sind und schon Kinder haben, können eher mit Zwillingen rechnen, als sehr junge werdende Mütter. Denn das Hormon, das die natürliche Auslese der Eianlagen während des Zyklus steuert, wirkt weniger zuverlässig je älter die Frau ist.

Deshalb sind die Chancen sechsmal so groß wie bei einer 20jährigen, daß eine Frau von 35 Jahren Zwillinge bekommt. Bis zum 35. Lebensjahr steigt die Kurve an, doch danach sinken die Chancen für doppelten Nachwuchs rapide. Die Chancen eineiige Zwillinge zu bekommen, bleiben dagegen unabhängig vom Alter konstant.

Theorien, daß die jahrelange Einnahme der Anti-Baby-Pille häufiger zu Mehrlingsschwangerschaften führen kann, sind nicht bewiesen worden. Allerdings kommt es aufgrund von Hormonbehandlungen zu Zwillings-, Drillings- bis hin zu Sechslingsschwangerschaften.

Neuerdings gibt es auch immer mehr Zwillinge und Drillinge, die außerhalb des Körpers gezeugt werden (in-vitro-Fertilisation), weil ihre Mütter auf natürlichem Weg nicht schwanger werden können. Um die Chance einer Schwangerschaft zu erhöhen und die langwierige Prozedur nicht zu oft wiederholen zu müssen, werden diesen Frauen mehrere befruchtete Eizellen gleichzeitig eingesetzt. Was daraus wird, hängt davon ab, wieviele solcher Eizellen sich dann tatsächlich in der Gebärmutter einnisten.

Die gängige Theorie, daß Zwillinge in der Familie erblich sind, ist immer noch nicht eindeutig bewiesen worden. Zwar kommt es in einigen Familien zu einer auffälligen Häufung von Zwillingsgeburten, doch konkrete Zusammenhänge haben Wissenschaftler bislang nicht nachweisen können.

Schließlich spielen auch noch regionale Faktoren eine Rolle. So gibt es in Finnland besonders viele Zwillinge (etwa bei jeder 59. Geburt). Hierzulande ist nur etwa jede 80. bis 90. Geburt eine Zwillingsgeburt. Den Rekord hält Nigeria mit einer Zwillingsgeburt auf jede 22. Geburt.

Tips für die Schwangerschaft

Wenn man Zwillinge erwartet, fällt das unter den Begriff Risikoschwangerschaft. Bedauerlicherweise gibt es so gut wie keine volkstümliche Literatur über Zwillingsschwangerschaften und wir werden den Zwillingsmütter können eigentlich nie so richtig abschätzen, wie hoch denn nun das Risiko tatsächlich ist.

Antwort auf diese Frage möchte das folgende Kapitel geben. Doch zunächst einmal sollten Zwillingsmütter zu Wort kommen und über ihre persönlichen Erfahrungen in der Schwangerschaft berichten. Vor allem bereits »erfahrene« Mütter konnten keine gravierenden Unterschiede zwischen einer Einzelschwangerschaft und einer Zwillingsschwangerschaft feststellen.

≡ Erfahrungen von Zwillingsmüttern

»Sowohl physisch als auch psychisch hatte ich eine überwiegend problemlose Schwangerschaft. Mein Bauch war in der 33. Woche so dick und hinderlich, daß ich nach einer halben Stunde einfacher Hausarbeit fix und fertig war. Ab der 30. Woche habe ich nicht mehr zugenommen an Körpergewicht, weil ich nur noch kleine Mengen essen konnte. So erging es mir in den beiden ersten Schwangerschaften aber auch. Die Kinder allerdings holen sich, was sie brauchen, mitunter auch auf Kosten der Gesundheit der Mutter.« *(Gudrun Sch.)*

»Ich hatte allgemein eine gute Schwangerschaft, meine seelische Verfassung war sehr gut. In den letzten Monaten ließ die erhöhte Blutmenge die Adern schwellen. Wenn ich länger saß und aufstand, taten mir die Oberschenkel weh und ich mußte mich erst einlaufen. Mein sonst lebhaftes Temperament glich dem einer Schnecke, ich war kurzatmig.« *(Marion D.)*

»Ich hatte einen wahnsinnig dicken Bauch, Schwangerschaftsstreifen, Blutungen und entzündete Nerven zwischen den Rippen, die natürlich nicht behandelt werden konnten. Zum Schluß lag ein Kind auf dem Schambein, was manchmal große Schmerzen verursachte.« *(Ulrike Sch.)*

»Die Schwangerschaft war die schönste Zeit meines bisherigen Lebens. Ich fühlte mich fit, gesund und jedermann meinte, ich sähe blendend aus. Der Bauch wurde dick und dicker, und ich unbegreiflicherweise immer beweglicher.« *(Andrea S.)*

»Bis auf die beschwerliche Zeit am Ende der Schwangerschaft fühlte ich mich körperlich gut. Dank meiner guten Einstellung hatte ich auch das zweite Risiko – Diabetes – im Griff. Ende der Schwangerschaft stellte sich eine beginnende EPH-Gestose ein, also leicht erhöhter Blutdruck und Wasseransammlungen in den Beinen.« *(Melitta K.)*

»Bis auf eine kleine Blutung am Anfang der Schwangerschaft verlief sie vom körperlichen her gesehen bilderbuchmäßig. Lästig war ein Ausschlag auf meinem Bauch durch die Anti-Schwangerschaftsstreifencreme. Zum Schluß der Schwangerschaft, die in der 33. Woche jäh endete, machten mir sogenannte Schwangerschaftswehen sehr zu schaffen, das heißt, die Gebärmutter zog sich partiell zusammen und ich hatte dabei das Gefühl, als zöge es meinen Bauch, der ohnehin immer tief unten hing, noch tiefer. Auf dem Heimweg vom Büro mußte ich mich einmal sogar auf die Straße setzen, weil ich einfach nicht mehr weiterlaufen konnte.« *(Marion v. G.)*

»Bis auf die letzten vier Wochen habe ich mich sehr wohl gefühlt. Ich war allerdings dauernd müde, hatte Vitaminmangel, Rückenschmerzen und ein sehr ausgeprägtes Geruchsempfinden. Etwa ab dem achten Monat konnte ich kaum noch schlafen. Die letzten vierzehn Tage vor der Geburt konnte ich weder sitzen noch liegen. Ich bin stundenlang Tag und Nacht durch die Wohnung gelaufen. Ich war hundemüde. Ich konnte auch nichts mehr essen und habe mich nur noch von Malzbier ernährt. Außerdem hatte ich Probleme mit meiner Blase. Ich traute mich nicht mehr aus der Wohnung.« *(Angela B.)*

≡ Vorsorge ist wichtig

Insgesamt sind zehn Vorsorgeuntersuchungen vorgesehen.

Müssen Frauen, die Zwillinge erwarten, öfter zum Arzt? Ja und nein. Das hängt ganz vom Verlauf der Schwangerschaft, von den Beschwerden, aber auch vom jeweiligen Gynäkologen ab.

Wenn Ihre Schwangerschaft ohne Komplikationen verläuft, werden Sie wie Einzelschwangere auch, alle vier Wochen bei Ihrem Arzt vorbeischauen, es sei denn, er möchte Sie besser unter Kontrolle haben. Ab der 30. Schwangerschaftswoche – bis dahin verlaufen Zwillingsschwangerschaften nicht unbedingt viel anders als Einzelschwangerschaften – wird Sie Ihr Arzt vielleicht im drei- oder zwei-Wochen-Rhythmus in die Praxis bestellen.

Wenn Sie Vertrauen zu ihm haben, werden Sie die Risiken der Zwillingsschwangerschaft weniger beunruhigen. Wenn Sie sich dagegen unverstanden oder schlecht behandelt fühlen, wechseln Sie ohne Hemmungen oder schlechtes Gewissen noch während der Schwangerschaft den Arzt.

Welche Untersuchungen werden beim Vorsorgetermin durchgeführt? Der Arzt prüft, ob der Muttermund noch fest verschlossen ist und den Gebärmutterstand. Die Schwangere wird gewogen, muß anfangs einen Tropfen Blut zur Untersuchung abgeben (sie wird in den Finger gepiekst) und auch der Urin wird untersucht.

Am Blutbild kann der Arzt ablesen, ob die Schwangere eventuell eine Eisentherapie mit Tabletten machen muß, im Urin läßt sich erhöhte Eiweißausscheidung (Hinweis auf Schwangerschaftsvergiftung) nachweisen, Wasseransammlungen und Blutdruckerhöhung sind weitere Anzeichen einer beginnenden Toxikose, die meist erst im letzten Schwangerschaftsdrittel auftritt. Sehr wichtig ist die regelmäßige Messung der Wachstumsgröße der Zwillingskinder (per Ultraschall). Nach der 33. Woche verläuft die Wachstumskurve bei Zwillingen etwas flacher als die von »Einlingen«. Das bedeutet jedoch nicht gleich eine Gefährdung. Manche Frauen stehen regelmäßigen Ultraschalluntersuchungen skeptisch gegenüber, sie befürchten, so viel Technik könne den Ungeborenen schaden. Doch bisher konnten keine negativen Folgen von Ultraschall-Untersuchungen (auch nicht in der Frühschwangerschaft) festgestellt werden.

Die Herztöne der Babies lassen sich ebenfalls per Ultraschall überprüfen. Auf dem Bildschirm sind dann zwei pulsierende Flecken zu sehen.

Bei Drillingen wird der Arzt häufigere Kontrolluntersuchungen für erforderlich halten. In der Regel rät er auch vorsorglich zu einer vorzeitigen Einweisung in die Klinik.

≡ Körperliches Befinden

≡ Doppelte Beschwerden?

Die hormonelle Umstellung in den ersten drei Monaten der Schwangerschaft fällt meist drastischer aus als bei einer Einlingsschwangeren. Die Plazenta, die erhebliche Menge an Sexualhormonen produziert, ist größer, beziehungsweise zweifach vorhanden. Aus der hormonellen Umstellung resultiert das häufige Auftreten von **Erbrechen**. Ein Großteil davon hat jedoch psychische Ursachen.

Gegen verstärkte Übelkeit hilft deshalb oft schon die Unterstützung der Umwelt und verständnisvolle Zuwendung. Oder Sie nehmen ein kleines Frühstück im Bett – noch vor dem Aufstehen – ein. Der Arzt kann aber auch Medikamente verordnen, die den Brechreiz (angeblich) lindern.

Körperliches Befinden   17

Gefahr durch das Erbrechen besteht allerdings erst, wenn der gesamte Stoffwechsel entgleist. Der Arzt kann das durch eine Urinuntersuchung auf Aceton feststellen. Gegebenenfalls wird eine Infusionsbehandlung notwendig, die ambulant oder stationär durchgeführt werden kann. Nach den ersten drei Monaten verschwindet das gesteigerte Erbrechen oft wie von selbst.

Mögliche **Depressionen** sind auch eine Begleiterscheinung der Hormonumstellung zu Beginn der Schwangerschaft. Sie verschwinden ebenso wie das Erbrechen, wenn der Körper sich an seine neue Situation gewöhnt hat.

Manche Frauen haben das Gefühl, kaum noch Luft zu bekommen. Vor allem beim Treppensteigen macht sich **Kurzatmigkeit** stark bemerkbar. Einfachste Hausarbeit strengt schon nach wenigen Minuten an.

Viele Frauen können gegen Ende der Schwangerschaft nur noch geringe Mengen essen, weil die Zwillinge auf den Magen drücken. **Sodbrennen** plagt viele werdende Zwillingsmütter. Es entsteht, weil Magensäure in die Speiseröhre zurückfließt. Medikamente gegen Sodbrennen haben vielen Frauen nicht geholfen. Besser ist es, sich ein paar Minuten aufrecht hinzusetzen, einen Zwieback zu knabbern oder ein paar Haselnüsse solange zu kauen, bis sie zu einem geschmacklosen Brei geworden sind.

Man kann aber auch einen Teelöffel Heilerde in einem Glas Wasser verrühren und trinken. Aus Majoran, Basilikum oder Ingwer können Sie einen Tee zubereiten, von dem Sie zwischen den Mahlzeiten immer wieder einmal einen Schluck nehmen. Oft hilft auch schon Speisen zu vermeiden, die den Magen reizen könnten: stark gewürzte und gebratene Speisen, saures Obst, Kaffee und Hefe-Gebäck.

Auch **auf die Blase drücken** die Zwillinge im fortgeschrittenen Stadium der Schwangerschaft. Manche Frauen trauen sich dann fast nicht mehr außer Haus, weil sie sich nicht mehr so recht auf ihre Blase verlassen können.

Ein Ausscheidungsproblem ganz anderer Art ist die lästige **Verstopfung**. Die Darmtätigkeit läßt während der Schwangerschaft etwas nach. Um die Verdauung dennoch gut in Gang zu halten, sollten Sie viel Rohkost essen, Vollkornprodukte und Joghurt mit Weizenkleie vermischt.

Wasseransammlungen machen Zwillingsmüttern ebenfalls zu schaffen. Oft passen die Schuhe von *»vorher«* nicht mehr oder die Fußsohlen brennen schon nach ein paar Schritten. Wenn Sie Umstandskleidung besorgen, denken Sie auch an Umstandsschuhe – weit und bequem, mit flachen Absätzen, möglichst ohne fremde Hilfe anzuziehen.

Mit dem Wachstum des Bauches erhöht sich der statische Druck auf die untere Körpervene, so daß die Bildung von **Krampfadern** begünstigt wird. Sind in der Familie vermehrt Krampfadern aufgetreten, sollten Sie besonders darauf achten.

Gegen Krampfadern kann Ihnen Ihr Arzt Stützstrümpfe verschreiben, die allerdings an heißen Sommertagen sehr lästig sein könnten. Bestes (vorbeugendes) Mittel gegen Krampfadern ist immer noch die Entlastung der Beine, die Sie deshalb so oft wie möglich hochlagern sollten. Darüber hinaus fördert morgendliches vier- bis fünfminütiges Abbrausen der Beine mit kaltem Wasser (keine Wechselbäder!) das Zusammenziehen der venösen Gefäße.

Ebenfalls treten vermehrt **Kreuzschmerzen** in der zweiten Hälfte der Schwangerschaft auf, da sich der Körperschwerpunkt nach vorn verlagert, und die Schwangere ein verstärktes Hohlkreuz ausbildet.

Gegen Kreuzschmerzen kann der Arzt ein Schwangerschaftsmieder verschreiben, dessen Nutzen allerdings nicht unumstritten ist. Die befragten Zwillingsmütter fanden jedoch, daß es der Wirbelsäule hilft, die enorme Last zu tragen. Gegen Kreuzschmerzen helfen auch das Tragen flacher Schuhe, besser auf einem Stuhl sitzen, statt im Sessel, und eine relativ harte Matratze zum Schlafen.

Manche Frauen empfinden auch die Lage der Kinder oder deren heftige Bewegungen als lästig oder sogar schmerzhaft. Bei Problemen mit dem **Ischiasnerv** können Massagen verschrieben werden.

Körperliches Befinden 19

Viele werdende Zwillingsmütter klagen auch über ihre **Unbeweglichkeit** in den letzten Wochen. Der Bauchumfang kann mehr als 1,20 Meter betragen, an Gewicht nehmen einige Frauen über 30 Kilogramm zu (mehr darüber in Kapitel »Ernährung« auf Seite 21). Da fällt jeder Schritt, jede Bewegung schwer – sogar Aufstehen oder Hinsetzen. Manche Frauen müssen sich immer erst eine Weile »*einlaufen*«.

Um **Schwangerschaftsstreifen** zu vermeiden, cremen sich viele Frauen den Bauch ein. Besser geeignet sind Öl und sogenannte Zupfmassagen. Allerdings hängen Risse im Gewebe, also Schwangerschaftsstreifen, von der jeweiligen Hautbeschaffenheit ab. Manche Frauen neigen zu diesen Streifen, andere wiederum nicht.

Gegen lästiges **Hautjucken** wegen übergroßer Dehnung des Bauches helfen Cremes gegen Juckreiz.

Die meisten Frauen leiden gegen Ende der Schwangerschaft unter **Schlaflosigkeit**. Das hat mehrere Gründe. Zum einen sind die Kinder meist dann aktiv, wenn bei der Mutter Ruhe eingekehrt ist. Zum anderen drücken sie auf die Blase und die meisten Frauen kommen ohne nächtlichen Gang zur Toilette nicht mehr aus.

Außerdem haben die meisten Mühe, mit dem dicken Bauch überhaupt noch zu liegen. Der nämlich muß bei jeder Drehung mit – das kann sich niemand vorstellen, der es nicht mitgemacht hat: der Bauch muß buchstäblich mit herumgehoben werden.

Hinzu kommen noch Phantasien, die sich um die nahende Geburt und die Zeit danach ranken. Einmal durch vorgenannte Gründe aufgewacht, können viele Frauen nicht mehr einschlafen. Stehen Sie in diesem Fall für ein paar Minuten auf, lenken Sie sich ab, gehen Sie in der Wohnung umher, machen vielleicht noch etwas Hausarbeit, wozu Sie tagsüber keine Lust hatten, lesen Sie oder trinken Sie ein Glas warme Milch. Mütter von »*Einzelkindern*« machen die gleichen Erfahrungen.

Wenn Sie sich doch über das eine oder andere körperliche Problem sorgen, sprechen Sie mit Ihrem Arzt darüber. Es ist nichts so banal, daß es sich nicht doch lohnte, untersucht zu werden. Wenn Sie regelmäßig die vorgesehenen Vorsorgetermine wahrnehmen, wird Ihr Gynäkologe Blut- und Urinwerte kontrollieren, die Ihnen, wenn sie von der Norm abweichen, nicht auf den ersten Blick Beschwerden bereiten.

Schwangerschaftsanämien, die bei Zwillingsschwangerschaften häufiger vorkommen als bei »*Einlingsschwangerschaften*«, erkennt der Arzt durch Kontrolle des roten Blutfarbstoffes. Dagegen kann er Eisen in Tablettenform verordnen.

Die sogenannte **Schwangerschaftsvergiftung** (Schwangerschaftstoxikose oder -gestose) kann im Rahmen der Vorsorge rechtzeitig erkannt werden. Sie kommt in etwa 20 Prozent der Fälle, in der Regel allerdings erst jenseits der 30. Woche, vor.

Sie äußert sich in folgenden Symptomen, die aber auch einzeln auftreten können: Blutdruckerhöhung, Wassereinlagerungen und Eiweißausscheidung im Urin. Die Behandlung reicht von diätetischen über medikamentöse Maßnahmen, rechtzeitiger Krankschreibung, bis hin zur stationären Krankenhauseinweisung.

▬ Muß man sich doppelt schonen?

Die Antwort darauf hängt wieder ganz von der individuellen Verfassung und Belastbarkeit der werdenden Mutter ab. Es gibt kein Patentrezept, wie man sich verhalten soll. Am besten Sie folgen den Signalen Ihres Körpers, gönnen sich eine Ruhepause, bevor Ihnen »*alles zuviel*« ist.

Verrichten Sie keine anstrengenden Hausarbeiten mehr, erledigen Sie vieles im Sitzen, schicken Sie Ihren Mann zum Einkaufen und legen Sie sich hin, so oft Sie können.

Auch bei den Vorbereitungen für die Ankunft der Zwillinge – Besorgungen, Kinderzimmer einrichten oder gar ein Umzug – sollten Sie sich sehr zurückhalten. Zu viel Schonung kann keinesfalls schaden, zu wenig dagegen sehr.

Körperliches Befinden   21

=== Ernährung in der Zwillingsschwangerschaft

Allgemein sollte die Ernährung ausgewogen und abwechslungsreich sein und nicht übertrieben kalorienreich. Auf keinen Fall sollten Sie jetzt für zwei oder gar für drei essen. Entscheidend ist, daß dem Körper alle benötigten Nährstoffe in vernünftiger Relation zugeführt werden. In der ersten Schwangerschaftshälfte genügt es, wenn Sie 2500 Kalorien pro Tag, in der zweiten Hälfte 2700 bis 2800 Kalorien zu sich nehmen. Bei einem abwechslungsreichen Speisezettel wird es bei einer Mitteleuropäerin nicht zur Fehlernährung in der Schwangerschaft kommen. Deshalb an dieser Stelle keine ausführlichen Empfehlungen. Besonders nahrhafte Gerichte, die wenig Platz im Magen brauchen, hat die Zeitschrift ELTERN zusammengestellt. Die Rezepte können dort beim Leserdienst gegen Rückporto bezogen werden.

Allerdings kann es auch in unseren Breitengraden zu Mangelzuständen kommen. Am häufigsten tritt die verminderte *Eisenzufuhr*, in Bayern auch ein *Jodmangel* auf und neu in der Diskussion sind ein Mangel an Magnesium und Fluor bei der Zahnbildung. Speziell bei Zwillingsschwangerschaften wird der Arzt sehr großzügig eine Eisentherapie verordnen. In Bayern sollten Zwillingsschwangere nach jüngsten Forschungsergebnissen zusätzlich Jod in Form von Kaliumjodidtabletten einnehmen, da der Neugeborenenkropf unter dieser Behandlung fast ganz verschwindet.

Magnesium wird mittlerweile ein Schutzeffekt bei Neigung zu Frühgeburt, bei Schwangerschaftsvergiftungen und bei einer Ernährungsstörung einer zu kleinen Plazenta zugeschrieben.

Fluor ist maßgeblich für die Entwicklung einer widerstandsfähigen Zahnbildung, deshalb sollte die Zwillingsschwangere zusätzlich Fluor bekommen. All diese Elemente können in sogenannten Multivitaminpräparaten kombiniert eingenommen werden, allerdings werden die Kosten dafür nicht von den Kassen übernommen. Einzelpräparate dagegen werden von den Kassen bezahlt und sind sehr sinnvoll.

Der erhöhte *Calzium-* und *Phosphorbedarf* kann in der Schwangerschaft durch ein Glas Milch oder ein Schälchen Magerquark am Abend gedeckt werden.

Die Gewichtszunahme bei Zwillingsschwangerschaften kann am Ende der Schwangerschaft etwa zwei bis drei Kilogramm über der normalen Gwichtszunahme bei Schwangeren von zehn bis elf Kilogramm liegen, aber auch wesentlich darüber. Doch eine zu große Gewichtszunahme hat keine Vorteile, im Gegenteil, es ergeben sich sowohl bei der Geburt Probleme durch zusätzliche Fettansammlungen (auch im Bereich des kleinen Beckens), als auch Nachteile für die Figur. Schwangerschaftsstreifen, die durch die Überdehnung der Bauchdecke häufiger entstehen, werden durch eine übermäßige Gewichtszunahme noch begünstigt.

Von selbst versteht sich, daß Sie während der Schwangerschaft *nicht rauchen*. Hören Sie jetzt damit auf, wenn Sie es vorher schon nicht geschafft haben.

Sind Sport und Sex tabu?

Eine Sportart können Sie getrost ausüben, so lange sie Ihnen Spaß macht und nicht vom Arzt verboten wird: Schwimmen. Denn Schwimmen entlastet die Wirbelsäule, die in Ihrem Fall noch stärker beansprucht wird als bei Schwangeren, die nur ein Kind erwarten. Andere Sportarten wie Joggen oder Radfahren werden Sie vielleicht schon bald von selbst aufgeben, weil Sie Ihnen zu anstrengend werden.

Generell kommt es darauf an, wie man eine Sportart betreibt. Hochleistungssport verbietet sich sowieso während der Schwangerschaft.

Fragen Sie Ihren Gynäkologen, aber auch ob Sie den gymnastischen Teil des Geburtsvorbereitungskurses mitmachen dürfen. Bei Frühgeburtsbestrebungen sind Bodengymnastikübungen verboten.

Gegen Sex in der Schwangerschaft ist so lange nichts einzuwenden, so lange Sie und Ihr Partner noch Spaß daran haben und keine Komplikationen aufgetreten sind. Allerdings wird der Bauch dabei bald lästig und bei den meisten Frauen läßt auch das Verlangen nach sexueller Betätigung entsprechend nach.

Körperliches Befinden   23

Wenn Sie unsicher sind, was Sie sich noch zumuten können, fragen Sie Ihren Arzt. Er kann am besten beurteilen, ob eine Gefährdung für die Schwangerschaft besteht.

Wie lange soll man noch arbeiten?

Auch wenn eine Frau Zwillinge erwartet, beträgt die Mutterschutzfrist vor dem errechneten Geburtstermin nur sechs Wochen. Doch die meisten Frauen, die vor der Geburt ihrer Zwillinge berufstätig waren, sind schon lange vor dieser Zeit arbeitsunfähig.

Ab der 30. Schwangerschaftswoche werden Krankschreibungen flexibel gehandhabt, das heißt manche Ärzte schreiben Frauen, die Zwillinge erwarten, problemlos krank, andere lassen sich recht bitten.

Ohne Probleme erfolgt die Krankschreibung, wenn sich irgendwelche Frühgeburtsbestrebungen feststellen lassen, also, wenn es zu vorzeitigen Wehen kommt oder zu einer beginnenden Öffnung oder Verkürzung des Muttermundes. Die Art der Arbeit ist dabei eher sekundär. Besser: Es besteht die Möglichkeit, daß Ärzte ein »generelles Beschäftigungsverbot« aussprechen. Das ist für die betroffenen Frauen finanziell günstiger, da sie Lohnfortzahlungen weiterhin in voller Höhe bekommen.

Praktische Tips für das Leben mit einem dicken Bauch

Hier ein paar Ideen, die Ihnen das Leben mit einem dicken Bauch leichter machen:

- Setzen Sie sich so oft Sie können hin. Ich habe sogar im Sitzen Geschirr gespült.
- Gehen Sie beim Bücken in die Knie und machen Sie keinen Katzenbuckel.
- Wenn Sie aus liegender Position aufstehen möchten: drehen Sie sich erst zur Seite und richten Sie sich dann seitlich auf.
- Stützen Sie sich mit Ellbogen auf einem Tisch, einer Arbeitsplatte in der Küche auf und lassen Sie den Bauch hängen.

24   Tips für die Schwangerschaft

- Schneiden Sie sich die Fußnägel beizeiten noch einmal. Es könnten Wochen kommen, da sehen Sie Ihre Füße nicht mehr!
- Deshalb sollten Sie sich auch rechtzeitig ein Paar Schuhe besorgen, in das Sie ohne zu gucken, ohne sich bücken zu müssen, hineinschlüpfen können.
- Massieren Sie Ihren Bauch regelmäßig mit einer Creme (besser: Öl) und wenden Sie auch die sogenannte Zupfmassage an.
- Als Umstandskleidung sind zu empfehlen: Weite Kleider, weite Sweatshirts und Jogginghosen ohne Hosengummi (mit Hosenträgern befestigt), Hosen nur dann, wenn sie ein verstellbares Gummi im Bund haben, andere Umstandshosen mit Elastikeinsatz rutschen ständig, kneifen und sind bald zu eng. Auch Latzhosen sind nicht unbedingt bis zuletzt tragbar.
- Im Winter empfiehlt sich statt Mantel ein dicker Umhang, den man auch noch im nicht schwangeren Zustand tragen kann.
- Viele Frauen bedienen sich im Kleiderschrank ihres Mannes.
- Um mit dem dicken Bauch besser liegen zu können: Stützen Sie ihn mit vielen Kissen ab.
- Wenn die Hüftknochen schmerzen: Betten Sie Ihre Hüfte auf die Mitte eines aufgeblasenen Schwimmreifens.
- Im letzten Schwangerschaftsdrittel empfiehlt es sich, Fingerringe (vor allem, wenn sie sehr eng sitzen) abzunehmen, da die Finger anschwellen.
- Beim Autofahren sollten Sie sich trotz Bauch anschnallen. Der Beckengurt verläuft dann unterhalb des Bauches.

Seelisches Befinden

Wie ist das, wenn man Zwillinge erwartet? Fühlt man sich dann anders als bei einer »normalen« Schwangerschaft? Frauen, die beides kennen, konnten keine gravierenden Unterschiede feststellen.

Auf und Ab

Gewisse, unbewußte Ängste haben viele Erstgebärende. Das kommt nicht nur bei Zwillingsmüttern vor. Viele Frauen machen sich natürlich Gedanken, ob sie mit den neuen Anforderungen fertig werden. Gerade hier ist die seelische Unterstützung durch Ehemann, Eltern und Freunde sehr wichtig. Sie sollten das Gefühl haben, daß Sie nicht allein sind, sondern daß Sie alle zusammen das schaffen, was auf Sie zukommt.

Gerade hierzulande begegnen Zwillingsschwangere nicht selten mitleidigen Blicken. Dann sollten Sie selbstbewußt darauf hinweisen, daß Zwillinge etwas ganz besonderes sind und nur eine von achtzig Schwangeren Zwillinge erleben **darf**.

In den ersten Wochen kann manchen Schwangeren auch die stärkere Hormonausschüttung zu schaffen machen. Depressionen sind die Folge. Sobald sich der Körper an die neue Situation angepaßt hat, verschwinden solche Stimmungsschwankungen wieder.

Was ist an den Ängsten wirklich dran

Die Hauptsorge bei Zwillingsschwangerschaften bezieht sich immer auf die Gesundheit und Lebensfähigkeit der Kinder nach der Geburt. Während bis in die siebziger Jahre die Sterblichkeit von Zwillingskindern fünf- bis zehnmal so hoch lag wie bei Einzelkindern, kann die Zwillingsmutter heute damit rechnen, daß ihre Kinder sich weitgehend ähnlich entwickeln wie die Einzelkinder.

Warum kann man diese optimistische Aussage machen? Einmal, weil durch die moderen Ultraschallschnittbildgeräte die Zwillingsschwangerschaft heute eigentlich immer früh genug erkannt wird, zum anderen, weil man mit der Entdeckung der wehenhemmenden Medikamente, die seit den siebziger Jahren in großem Maßstab eingesetzt werden, eine Möglichkeit fand, vorzeitige Wehentätigkeit zu unterbrechen. Dadurch konnte die Anzahl der Kinder, die unter 2500 Gramm wogen, von 60 Prozent auf mittlerweile unter 30 Prozent gesenkt werden.

Außerdem hat die Behandlung von *Frühgeburten* enorme Fortschritte gemacht. Dadurch gilt nicht nur, daß Zwillinge, die nach der 37. Woche geboren werden, gleiche Überlebenschancen haben wie Einlinge, sondern, daß auch die Frühgeborenen annähernd gleichgute Chancen haben. So sollten zum Beispiel Hirnblutungen bei Kindern unter 1000 Gramm in modernen Frühgeburtszentren nicht mehr häufiger als bei Kindern über 2000 Gramm sein.

Auch bei Drillingen und Vierlingen gibt es heute dank medizinischer Fortschritte gute Überlebenschancen. Das mittlere Geburtsgewicht liegt derzeit bei 1760 Gramm (nach einer Berechnung des ABC Club e.V., Darmstadt).

Mißbildungen, genetische Störungen und Stoffwechselstörungen sind bei Zwillingen nicht häufiger zu erwarten, als bei Einlingen. Die so spektakulären Doppelmißbildungen (siamesische Zwillinge) sind sehr selten, kommen nur etwa einmal auf 60000 Geburten vor.

Sie entstehen, wenn sich das befruchtete Ei sehr spät teilt, etwa 14 bis 15 Tage nach der Befruchtung. Zu diesem Zeitpunkt haben sich die Zellen des Keims bereits so spezialisiert, daß eine komplette Verdoppelung nicht mehr wahrscheinlich ist. Die meisten befruchteten Eianlagen teilen sich jedoch um den sechsten Tag nach der Zeugung.

Eine Reihe von Mißbildungen können heute schon frühzeitig durch die Ultraschalltechnik entdeckt werden. So wissen Sie aber auch schon bald, daß Sie sich auf zwei gesunde Kinder freuen können.

Bei Schwangeren ab dem 35. Lebensjahr ist allerdings eine **Fruchtwasserpunktion** zu empfehlen, um ein mongoloides Kind oder eine Störung der Rückenmarksanlage zu erkennen. Natürlich müssen bei Zwillingen beide Fruchthöhlen punktiert werden, um Zellen aus dem Fruchtwasser beider Kinder untersuchen zu können. Diese Untersuchung wird in der 16. Schwangerschaftswoche durchgeführt.

Die Doppelbelastung durch Zwillinge ist für die meisten Frauen zu diesem Zeitpunkt noch gar kein Thema.

Anders bei werdenden Drillingsmüttern. Sie sollten sich jetzt schon um eine Hilfe nach der Geburt bemühen. Am besten hören Sie sich bei anderen Drillingsfamilien um, welche Vergünstigungen einzelne

Gemeinden gegeben haben. Denn einen festgeschriebenen Anspruch auf irgendwelche bezahlten Hilfsdienste haben Sie nicht.

Die Beziehung zu zwei Babies im Bauch

Lange bevor sie geboren werden, können Babies schon Berührungen wahrnehmen, hören, schmecken, sich gut oder sich unwohl fühlen. Viele Mütter sprechen deshalb schon mit ihrem ungeborenen Kind und streicheln es.

Wie ist das Gefühl mit zwei Babies im Bauch und wie stellen sich Zwillingsschwangere darauf ein? Für die Zwillingsmütter, die an meiner Fragebogenaktion teilgenommen hatten, war es kein Problem, sich auf zwei Babies einzustellen, wenn sie sich an die Entdeckung erst einmal gewöhnt hatten. Die meisten hat das Wissen um die Zwillingsschwangerschaft eher positiv beeinflußt.

Ich selbst hatte sehr genaue Vorstellungen von der Lage meiner Kinder und auch von ihrem Wesen. Ich nannte sie damals »der Obere« und »der Untere«. Daß es nun einmal zwei waren, empfand ich nicht als »komisch«, sondern sehr bald als »völlig normal«.

Manche werdenden Zwillingsmütter sind irritiert, wenn sie tagelang vermeintlich nur die Bewegungen des einen Zwillingskindes gespürt hatten. So genau sind die Lebensäußerungen der Zwillinge dann doch nicht zu unterscheiden.

Letzte Vorbereitungen

≡ Wie bereitet man ältere Geschwister auf Zwillinge vor

Wenn ein zwei- bis dreijähriges Kind gleich zwei neue Babies vorgesetzt bekommt, sind Schwierigkeiten meist nicht auszuschließen. Die Mutter scheint nun überhaupt keine Zeit mehr zu haben, mit den Zwillingen kann man ja doch noch nicht spielen, der Papi kümmert sich auch nur noch um die »*Neuen*« und beim Spaziergang oder Verwandtenbesuch stehen immer nur diese beiden »*Schreihälse*« im Mittelpunkt.

Manche Kinder reagieren auf so viel »*Liebesentzug*« mit »*Wieder-in-die-Hose-machen*« oder sogar mit offener Aggressivität. Vielleicht haben Sie es hinterher leichter, wenn Sie Ihr erstgeborenes Kind gut auf seine neuen Geschwister vorbereiten. Und so könnte diese Vorbereitung aussehen:

- Eine Zwillingsmutter beispielsweise spielte schon während der Schwangerschaft mit ihrer damals knapp drei Jahre alten Tochter »Zwillinge«. Mit zwei (gleichen) Puppen, die die Babies darstellen sollten, übten Mutter und Tochter, wie es ist, Zwillinge zu haben.
- Nehmem Sie Ihr erstgeborenes Kind zu den Vorsorgeuntersuchungen zum Gynäkologen mit, vor allem zu den Ultraschalluntersuchungen.
- Wecken Sie aber keine falschen Erwartungen. Versprechen Sie Ihrem Ältesten keine neuen Spielkameraden, denn bis er/sie mit den Zwillingen spielen kann, dauert es noch eine ganze Weile. Zwillinge sind erst einmal eher »*Kaputtmacher*«, die die Spiele des älteren Kindes zerstören.
- Lassen Sie Ihr ältestes Kind die Bewegungen der Babies in Ihrem Bauch fühlen.
- Malen Sie ein Bild: das ist beispielsweise Thomas (drei Jahre) und das sind seine beiden neuen Schwestern oder Brüder.
- Vielleicht sagen Sie Ihrem Erstgeborenen, daß es besonders stolz darauf sein könne, gleichzeitig zwei Geschwister zu bekommen.
- Fragen Sie Ihr ältestes Kind um Rat, welchen Zwillingswagen Sie kaufen sollen. Lassen Sie es auch andere Anschaffungen aussuchen. Beziehen Sie Ihr erstgeborenes Kind in alle Vorbereitungen mit ein.
- Erwarten Sie nicht, daß Sie Ihr ältestes Kind stets zur Versorgung der Zwillinge voll einspannen können.
- Astrid Lindgren hat ein Buch geschrieben mit dem Titel »Ich will auch Geschwister haben«. Vielleicht gehen Sie es gemeinsam mit Ihrem älteren Kind durch.

Geburtsvorbereitungskurse

Sind die Zwillinge Ihre ersten Kinder, dann möchten Sie vielleicht an einem Geburtsvorbereitungskurs teilnehmen. Die meisten Schwangeren tun dies etwa zwischen dem sechsten und neunten Monat. Sie sollten unbedingt schon früher dran denken. Die Krankenkassen zahlen den Geburtsvorbereitungskurs, der vom Arzt verschrieben wird.

Kommt der Partner zur Geburtsvorbereitung mit, muß er seine Teilnahme selbst bezahlen. Alle größeren Kliniken, in denen Geburten betreut werden, bieten solche Vorbereitungskurse in der Regel an. Darüber hinaus führen auch freie Hebammen und entsprechend geschulte Personen Geburtsvorbereitungsveranstaltungen durch. Was bringen solche Kurse? Die meiste Zeit wird für Gespräche genutzt. Hier können Frauen Fragen stellen, die vielleicht nirgendwo sonst beantwortet würden. Im meist klein gehaltenen Teilnehmerkreis fällt es auch leichter, über eigene Sorgen und Nöte zu sprechen.

Hier können Schwangere, die ihr erstes Kind erwarten, von den Erfahrungen anderer Frauen profitieren, die schon einmal ein Kind geboren haben.

In diesen Vorbereitungskursen werden auch **Entspannungstechniken** geübt. Doch wer das *»Sich-Entspannen«* hier zum ersten Mal bewußt trainiert, braucht sich nicht zu wundern, wenn es nicht gleich oder gar nicht klappt. Sicher ist es sinnvoller, wenn Sie sich schon rechtzeitig mit gezielten Entspannungstechniken wie Yoga oder Autogenem Training beschäftigt haben. Und noch etwas wesentliches gibt es in Geburtsvorbereitungskursen zu lernen: Die richtige *Atemtechnik* für die Wehen. Den geringsten Teil der Geburtsvorbereitungskurse machen *»gymnastische«* Übungen aus. Sie sollen vor allem den Beckenboden für die Belastungen der Schwangerschaft und der Geburt trainieren. Doch viele Zwillingsschwangere dürfen nicht *»turnen«*, da die Gefahr einer Frühgeburt besteht.

Gehen Sie zu einem Geburtsvorbereitungskurs, den »Ihre« Hebamme leitet. Es ist besser, wenn Sie sie vor der Geburt Ihrer Zwillinge kennengelernt haben. Denn das schafft eine gute Atmosphäre und gibt Ihnen Vertrauen.

≡ Praktisches Zwillingstraining

Sind Sie noch unerfahren im Umgang mit Babies, weil die Zwillinge Ihre ersten Kinder sind, so überlegen Sie sich vielleicht, ob Sie nicht einen Säuglingspflegekurs besuchen sollten. Vielleicht haben Sie aber auch schon ein Kind und möchten sich trotzdem einmal informieren, wie es so zugeht in einer *»Zwillingsfamilie«*.

Den besten Einblick gewinnen Sie, wenn Sie einfach einmal – oder noch besser: öfter einmal – bei so einer Familie vorbeischauen. Nebenbei können Sie sich auch gleich mit Säuglingspflege vertraut machen.

Sieglinde A. hatte das große Glück, schon während der Schwangerschaft bei ihrer Freundin Sabine zu sehen, wie man mit Zwillingen zurechtkommt. Sie durfte den robusteren Zwilling wickeln, baden oder füttern. Und die Freundin gab ihr gute Tips, welche Anschaffungen sich wirklich lohnen (siehe auch Seite 127 ff.). Dieses praktische Zwillingstraining machte der werdenden Zwillingsmutter weit mehr Mut als jeder herkömmliche Säuglingspflegekurs.

Wenn Sie keine Freundin mit Zwillingen haben, fragen Sie doch einfach Ihren Gynäkologen, ob er Ihnen nicht entsprechende Kontakte vermitteln kann. Oder wenden Sie sich an einen Zwillingsclub (Adressen siehe Seite 228), der Ihnen gerne weiterhilft. Und vor allem scheuen Sie sich nicht, einfach bei einer dieser Adressen anzurufen. Die meisten Zwillingsmütter sind gerne bereit, ihre Erfahrungen weiterzugeben.

≡ Die Klinikwahl

Die meisten werdenden Eltern wünschen sich heute eine möglichst natürliche Geburt in nicht allzu steriler Umgebung. Zwillinge werfen solche Planungen in der Regel über den Haufen. Auf folgende Punkte sollten Sie letztlich bei der Wahl Ihrer Entbindungsklinik achten:

- Suchen Sie sich eine Klinik aus, die technisch auf dem neuesten Stand ist, etwa eine Uniklinik.
- Wählen Sie eine Klinik, in der es zum Standard gehört, daß mindestens ein Kinderarzt (besser: zwei) bei der Geburt dabei ist.

32   Letzte Vorbereitungen

- Auf alle Fälle aber, sollten Sie Vertrauen haben zu der Klinik Ihrer Wahl. Schließlich ist eine Geburt nicht ein rein mechanischer Vorgang, sondern vor allem ein Erlebnis mit viel Gefühl. Deshalb sollten Sie sich dort auch wohlfühlen, wo Sie Ihre Kinder zur Welt bringen werden.
- Regionale Tips zur Klinikwahl gibt ein Heft mit dem Titel »Wo bekomme ich mein Baby« (zwölf regionale Ausgaben), das alle Geburtskliniken und deren Leistungen in Ihrer (Groß)stadt beschreibt. Sie bekommen es im Zeitschriftenhandel oder bei Ihrem Frauenarzt.
- Schauen Sie sich die Klinik vorher an. Zu diesem Zweck veranstalten Kliniken Informationsabende.
- Falls Sie eine Frühgeburt befürchten, sollten Sie auf alle Fälle eine Klinik wählen, in der Ihre Babies anschließend auf einer Neugeborenen-Intensivstation untergebracht werden können.
- Falls Komplikationen zu erwarten sind, sollten Sie vielleicht alle weiteren Vorsorgeuntersuchungen direkt in der von Ihnen gewählten Geburtsklinik durchführen lassen. Das schafft Vertrauen zu den dortigen Ärzten und Hebammen.
- Denken Sie dabei auch daran, daß jeder Transport ein zusätzliches Risiko für Ihre Neugeborenen birgt.
- Melden Sie sich rechtzeitig in der Klinik Ihrer Wahl an. Meist genügt es, wenn Sie in dieser Klinik eine Vorsorgeuntersuchung machen lassen, bei der dann gleich alle wichtigen Daten aufgenommen werden.
- Fahren Sie den Weg zur Klinik ein paar Mal ab, prägen Sie sich die Strecke ein. Probieren Sie auch ein paar Schleichwege aus. Prägen Sie sich die direkte Route zur Klinik auch auf einer Nachtfahrt ein. Denken Sie bei Ihrer Entscheidung auch an die Dauer der Anfahrt.
- Erkundigen Sie sich auch, welcher Eingang des Krankenhauses Tag und Nacht offen ist.
- Falls Sie liegend in die Klinik gefahren werden müssen (etwa bei einem vorzeitigen Blasensprung mehrere Wochen vor dem errechneten Geburtstermin), brauchen Sie einen Krankenwagen. Notieren Sie sich deshalb frühzeitig die Telefonnummern der entsprechenden Sanitätsdienste (Deutsches Rotes Kreuz, Arbeiter-Samariterbund etc.). Notieren Sie sich auch die Tele-

fonnummer Ihrer Entbindungsklinik, eventuell mit Direkt-
durchwahl.
- Allerdings kann man Ihnen in keiner Klinik ein Bett reservie-
ren. Auch wenn Sie unangemeldet kommen, können Sie nicht
abgewiesen werden.
- Wenn Sie mehr als Zwillinge erwarten, sollten Sie unbedingt
eine sehr gut ausgerüstete Klinik wählen. Sicherheit für Mutter
und Kinder geht vor!

Die Wahl des Kinderarztes

Wenn Sie nicht schon einen guten Kinderarzt kennen, oder Ihre
Kinder Ihrem Hausarzt anvertrauen möchten, sollten Sie sich rechtzei-
tig, das heißt möglichst schon vor der Geburt Ihrer Zwillinge, einen
Kinderarzt suchen.

Bei der Wahl eines Arztes Ihres Vertrauens sollten Sie folgendes beachten:

- Suchen Sie sich einen Kinderarzt, dessen Praxis nicht zu weit
entfernt liegt, damit Sie ihn auch ohne große Anfahrt aufsuchen
können.
- Klären Sie vor Ihrer endgültigen Entscheidung, ob dieser Arzt
auch Hausbesuche macht.
- Rufen Sie ruhig schon vor der Geburt beim Kinderarzt Ihrer
Wahl an, und fragen, ob er überhaupt noch neue Patienten
annimmt.
- Fragen Sie bei dieser Gelegenheit auch gleich einmal ob es
möglich ist, für Zwillinge »Spezial-Termine« auszumachen. Das
heißt, ob Sie stets als erste Patienten entweder frühmorgens
oder nach der Mittagspause drankommen.

Oft sind junge Mütter, die noch keine Kinder hatten, in den
ersten Wochen nach der Geburt unsicher im Umgang mit den Babies.
Dann ist es beruhigend zu wissen, wohin man sich mit allen medizinischen Sorgen und Nöten wenden kann.

Wenn Ihre Zwillinge jedoch zu früh gekommen sind, hatten Sie vielleicht keine Gelegenheit mehr, sich nach einem passenden Kinderarzt umzusehen. Dann fragen Sie am besten auf der Kinderintensivstation Ihrer Entbindungsklinik nach. Die Klinikärzte, die Ihre Frühgeborenen dort betreuen, kennen oft auch Kollegen außerhalb, die sie weiterempfehlen können.

Letzte Besorgungen – eine Checkliste

Im wahrsten Sinne des Wortes: Sie sollten den Koffer für Ihren Klinikaufenthalt schon etwas früher gepackt haben als andere. Solange Sie noch mobil sind, das heißt, keine vorzeitigen Wehen haben und nicht liegen müssen, sollten Sie letzte Besorgungen machen:

- Haben Sie alle wichtigen Babyartikel schon besorgt?
- Wissen Sie schon, welchen Kinderwagen (Buggy) Sie sich zulegen möchten?
- Ist das Kinderzimmer fertig eingerichtet?
- Haben Sie sich in Ihrer Bücherei einen Stapel Bücher besorgt?
- Haben Sie sich auch ein Buch übers Stillen besorgt?
- Haben Sie mit Ihrem Arbeitgeber schon besprochen, wie es nach dem Mutterschaftsurlaub weitergehen soll?
- Hat Ihr Mann schon versucht, seinen Urlaub zu regeln? Eventuell möchte er Ihnen ja nach der Geburt Ihrer Zwillinge zur Hand gehen, Vielleicht kann er einen »Urlaub auf Abruf« vereinbaren, um flexibel zu sein?
- Bei Drillingen: Haben Sie sich um eine (bezahlte?) Hilfskraft bemüht?
- Haben Sie sich über Kinderärzte informiert, die für Sie in Frage kommen?
- Gehen Sie noch einmal zum Friseur, solange sie noch dazu fähig sind.
- Haben Sie Ihren Koffer für die Klinik schon gepackt?
- Notieren Sie sich rechtzeitig wichtige Telefonnummern: Gynäkologe (Praxis- und Privatnummer), Sanitätsdienste, Entbindungsklinik (eventuell mit Durchwahl zur Entbindungsstation).
- Und schließlich: Haben Sie ein paar Namen für die Kinder parat?

Umzug in eine größere Wohnung oder ein Haus

Wenn Sie ein Kind planen, haben Sie normalerweise auch den nötigen Wohnraum zur Verfügung, in dem Sie dieses Wunschkind unterbringen können. Wenn sich jedoch zu diesem geplanten Baby noch ein zweites, ungeplantes hinzugesellt, stehen Sie möglicherweise vor der Frage: Umziehen oder nicht?

Doch nicht nur das Platzproblem kommt auf Sie zu, wenn Ihnen Zwillinge »*ins Haus*« (oder die Wohnung) stehen. Denken Sie einmal an solche Dinge wie: Kann man den Zwillingswagen im Hausflur abstellen, paßt er in den Keller, gibt es einen Fahrstuhl im Haus, ist die Wohnung sehr hellhörig, könnten sich Nachbarn gestört fühlen, sind Lebensmittel- und andere wichtige Geschäfte in der Nähe, kommen Sie schnell zum Spazierengehen ins Grüne, haben Sie einen Balkon, um die Babies einmal so an die frische Luft stellen zu können und schließlich gibt es genügend Möglichkeiten, Wäsche zu trocknen?

Wenn Sie es sich leisten können, dann befolgen Sie meinen dringenden Rat: Ziehen Sie rechtzeitig um, in eine größere Wohnung, nicht höher gelegen als im ersten Stock, am besten mit Gartenanteil oder Gartenmitbenutzung, in ein Haus mit Garten, in eine kinderfreundliche Gegend mit wenig Verkehrsaufkommen und einigen Geschäften in der Nähe.

Doch nicht jede Familie kann eine größere Wohnung oder auch nur den Umzug bezahlen. Leider sind es jedoch meist die ohnehin sozial schwächeren Familien, deren Wohnsituation sich dringend ändern müßte. Gehen Sie, wenn Sie sich keine hohen Mieten leisten können, rechtzeitig zum Wohnungsamt, zum Sozialamt. Sprechen Sie mit Ihrer Gemeinde. Scheuen Sie sich nicht zu fragen, ob Sie Anspruch auf Wohngeld haben oder auf eine Sozialwohnung. Seien Sie hartnäckig und geben Sie nicht schon von vornherein auf.

Wir hätten mit unseren Kindern sehr viel mehr Freude gehabt, wäre uns der übrige Streß durch mangelhafte Wohnverhältnisse (kein Fahrstuhl, vierter Stock, laute Nachbarn, Baustellen) erspart geblieben.

Die letzten Wochen

Zwillinge kommen oft zu früh, Drillinge meistens .

Während die Frühgeburtenrate noch vor etwa zehn Jahren bei über 60 Prozent lag, ist sie mittlerweile auf 20 Prozent zurückgegangen.

Die Hauptursache für die immer noch bestehende hohe Rate ist vorzeitige Wehentätigkeit durch vermehrte Dehnung der Gebärmutter und den erhöhten Gewichtsdruck des Kindes auf den Muttermund, hinzu kommt häufig noch eine Verschlußschwäche des Muttermundes.

Während früher bei nicht-diagnostizierten Zwillingsschwangerschaften die Schwangerschaftsdauer im Schnitt bei 34,5 Wochen lag, liegt sie heute bei 38 Wochen.

Bei Drillingen ist in erhöhtem Maße mit einer Frühgeburt zu rechnen. Die mittlere Tragzeit beträgt bei Mehrlingsgeburten heute 33,4 Schwangerschaftswochen (nach einer Untersuchung des ABC Club e.V., Darmstadt).

Was kann man tun, um eine Frühgeburt zu verhindern?

Schonung: Wenn keine Komplikationen aufgetreten sind und keine Frühgeburtsbestrebungen bestehen, wenn darüber hinaus beide Zwillinge einen gleichmäßigen Wachstumsverlauf zeigen, ist »*doppelte*« Schonung nicht nötig.

Cerclage: Manche Gynäkologen befürworten eine Cerclage, dabei wird der Muttermund mit einem Bändchen verschlossen (in der 16. Woche). Die Cerclage wird unter Narkose gemacht (auch Periduralanästhesie) und erfordert einen kurzen Klinikaufenthalt von etwa einer Woche. Auch im Anschluß daran müssen Sie sich vielleicht schonen. Gelöst wird die Cerclage in der 38. Schwangerschaftswoche. Mit dem Beginn der Geburt ist dann oft in den nächsten Tagen zu rechnen.

Die Cerclage ist nicht ganz unumstritten, aber absolut erforderlich bei einwandfrei festgestellter Muttermundschwäche. Vor allem fürchten Ärzte die dadurch erhöhte Infektionsgefahr.

Wehenhemmende Medikamente: Wehenhemmer können durch eine Infusion (den Tropf) gegeben werden oder in weniger schweren Fällen in Tablettenform. Die Medikamente sorgen dafür, daß sich die Gebärmutter entspannt (also die Tendenz, sich zusammenzuziehen, nachläßt), zusätzlich geben manche Ärzte ein Beruhigungsmittel, das die Frauen insgesamt ruhiger stellt. Den Babies schaden beide Medikamente nicht, wenn sie in richtiger Dosierung gegeben werden.

Bei den werdenden Zwillingsmüttern können Wehenhemmer mit Nebenwirkungen wie Herzklopfen und Nervosität einhergehen.

Liegen: Zusätzlich zur Einnahme wehenhemmender Mittel werden Sie liegen müssen. Nicht immer müssen Sie dazu stationär in die Klinik aufgenommen werden.

≡ Die letzten Wochen zu Hause

Die letzten Wochen zu Hause werden Ihnen möglicherweise noch schwerer fallen, wenn Sie fest liegen müssen:

- Sie brauchen jemanden, der für Sie kocht und ein paar Hausarbeiten verrichtet.
- Am einfachsten ist es immer noch, wenn Verwandte – Zwillingsvater, die Mutter oder Schwiegermutter – einspringen können.
- Im dörflichen Bereich ist es oft einfacher, eine Haushaltshilfe oder Dorfhelferin anzufordern, die von der Krankenkasse bezahlt wird.
- Gehören zum Haushalt noch mehrere Kleinkinder, sind die Kassen eher bereit, eine Haushaltshilfe zu zahlen.
- Andererseits muß die Zwillingsschwangere gerade in diesem Fall damit rechnen, daß ihr Arzt zu stationärer Aufnahme in der Klinik rät. Denn eine echte Schonung der Mutter ist mit Kleinkindern im Haushalt kaum möglich.
- Ein Problem ist sicher die Isolation der werdenden Mutter. Jetzt zeigt sich, wer gute Freunde hat.

Wenn Sie in der Klinik liegen müssen

Stationäre Aufnahme in der Klinik Wochen vor dem Entbindungstermin ist dann geboten, wenn die Gefahr einer Frühgeburt besteht, bei Schwangerschaftstoxikosen und wenn die Kinder nicht mehr ausreichend von der Plazenta versorgt werden.

In den meisten Fällen muß eine Infusionsbehandlung durchgeführt werden. Zur Wehenhemmung wird ein sogenannter **Wehenhemmer** eingesetzt. Zusätzlich wird heute oft Magnesium in die Infusion gegeben (oder in Tablettenform). Magnesium entspannt die Muskulatur und wirkt sich auch günstig auf Plazentainsuffizienz (Mangelversorgung der Babies) aus. Droht eine Frühgeburt, wird zusätzlich bis zur 36. Schwangerschaftswoche ein Cortisonpräparat gespritzt, das die Lungenreife der Ungeborenen beschleunigt.

Wehenhemmende Medikamente putschen auf. Oft muß gleichzeitig Valium zur Beruhigung gegeben werden.

Für die Frauen bedeutet längeres Liegen im Krankenhaus vor allem dann psychische Belastung, wenn sie sich Sorgen über weitere (kleine) Kinder machen müssen, die sie nun quasi *»unversorgt«* zu Hause zurücklassen müssen.

Das Liegen an sich wird gerne akzeptiert, wenn die Zwillingsschwangeren Fortschritte erkennen, das heißt, wenn die Wehen nachlassen und sich die Kinder weiterhin gut entwickeln. Allerdings hat man nach endlos langem Liegen »eher die Energie zum Gebären als zum Zuwarten« *(Zwillingsmutter Vreny V.).*

Die stationäre Behandlung sollte nicht zu streng sein, das heißt, die Frauen sollten aufstehen dürfen, um auf die Toilette zu gehen und um sich zu waschen. Strenges Liegen ist überhaupt nur bei vorzeitigem Blasensprung erforderlich.

Wer sehr lange gelegen hat, wird nach der Entbindung sehr wackelig auf den Beinen sein. Doch Muskelschwäche und eventuelle Kreislaufschwächen nach langen Wochen des Liegens sind eher subjektiv empfundene Beschwerden, gefährlicher ist die Thrombosegefahr, die bei zu strengem Liegen und anschließender operativer Entbindung (Kaiserschnitt) auftreten kann.

Es geht los

Zwillingsgeburten kündigen sich an wie Geburten von einzelnen Kindern. Sie können Wehen in regelmäßigen Abständen (von etwa zehn Minuten) bekommen. Da die Gebärmutter sehr gedehnt ist, können diese ersten **regelmäßigen Wehen** auch nur als leichtes Ziehen in der Rückengegend empfunden werden.

Im Fall ausgetragener Zwillinge kann es auch zu einer **Wehenschwäche** kommen, weil die Gebärmutter so gedehnt ist, daß sie sich nicht mehr richtig zusammenziehen kann. Dann kann es sogar sein, daß Sie ein Mittel bekommen müssen, das die Wehentätigkeit anregt, oder daß mit der Sprengung der ersten Fruchtblase nachgeholfen wird, oder schließlich sogar ein Kaiserschnitt nötig wird.

In vielen Fällen kommt die Zwillingsgeburt durch einen **Blasensprung** in Gang. Nur beim Blasensprung, sollten Sie sich liegend in die Klinik transportieren lassen, da die Gefahr eines Nabelschnurvorfalls besteht.

Bei Frauen, die bis zuletzt wehenhemmende Mittel bekommen haben, genügt oft schon, den Tropf abzustellen, damit die Geburt in Gang kommt. Bei manchen Zwillingsmüttern muß die Geburt schließlich sogar eingeleitet werden, weil die Plazenta die Babies nicht mehr ausreichend versorgt.

Soll man nun beim ersten Anzeichen sofort in die Entbindungsklinik fahren?

Eile ist vor allem geboten nach einem Blasensprung mit schlagartigem Einsetzen der stärkeren Wehen und bei Mehrgebärenden, also Frauen, die schon Kinder bekommen haben.

Ansonsten wird die Geburt nicht rascher verlaufen als bei Einlingen. Im Gegenteil, bei Zwillingen kann die etwas häufiger auftretende Wehenschwäche den Geburtsablauf noch verzögern. Wenn Sie sich in der Klinik besser aufgehoben fühlen, sollten Sie rechtzeitig dort hin fahren. Andererseits habe ich von einigen Frauen gehört, sie hätten sich bewußt erst sehr spät auf den Weg gemacht, da man ja nie wisse, »was die dort mit einem alles noch anstellen«.

Entscheiden Sie diese Frage dennoch nicht nur nach Ihrem Gefühl, sondern vor allem nach Rücksprache mit Ihrem Gynäkologen, denn Wehen bedeuten zusätzliche Belastung für die Kinder. Deshalb ist eine frühzeitige Überwachung mit CTG wichtig, um Gefahren (zum Beispiel Sauerstoffmangel) rechtzeitig zu erkennen.

Drillingsschwangere verbringen die letzten Wochen ihrer Schwangerschaft ohnehin schon in der Klinik. Die (Kaiserschnitt-)Geburt ihrer Kinder wird geplant.

Die Zwillingsgeburt

Besonderheiten bei Zwillingsgeburten

Das wichtigste bei einer Zwillingsgeburt ist die Überwachung des kindlichen Befindens. Das geschieht durch den Kardiotokographen (CTG), den **Herztonwehenschreiber**, der in den sechziger Jahren entwickelt wurde. Das Gerät nimmt die kindlichen Herztöne durch ein Mikrophon beziehungsweise durch einen Ultraschalltonknopf kontinuierlich auf und zeichnet sie auf. Aus dem Verlauf der CTG-Kurven können Geburtshelfer und Hebamme mit ziemlicher Sicherheit auf das Befinden beider Kinder schließen.

Die Überwachung mit dem Herztonwehenschreiber durch die Bauchdecke hindurch ist bei intakter Fruchtblase auch bei Zwillingen möglich. Entweder werden die Herztöne auf zwei Geräten aufgezeichnet oder abwechselnd mit nur einem Gerät überwacht. Ersteres sollte Standard sein.

Eine zusätzliche Überwachungsmöglichkeit ist die Kontrolle der Östrogene im Urin, beziehungsweise im Blut der Mutter. Diese Untersuchung wird meist schon vor Beginn der Wehentätigkeit durchgeführt. Im Fall einer Zwillingsgeburt ist sie jedoch nicht so aussagekräftig, da selbst bei Normalwerten, ein Zwillingskind minderversorgt sein kann.

Schließlich kann man noch eine **Fruchtwasserspiegelung** vornehmen, die allerdings nur bei dem Kind möglich ist, das vorne liegt. Eine Verfärbung des Fruchtwassers weist auf eine Gefährdung des Ungeborenen hin.

Ist die Fruchtblase des ersten Kindes schon geplatzt, kann das führende Kind auch per Kopfschwartenelektrode überwacht werden. Diese so entstehende Herztonkurve (EKG) ist etwas genauer und wird vor allem nicht durch den Lagewechsel der Schwangeren während der Geburt gestört.

Die genaueste Methode um die Sauerstoffversorgung des vorangehenden Kindes festzustellen, ist die Blutentnahme aus der kindlichen Kopfhaut. Dazu genügt ein Tropfen Blut, der dann im Labor auf Sauerstoff- und Kohlendioxydgehalt untersucht wird. Diese zusätzliche Überwachung ist aber nur erforderlich, wenn das CTG nicht sicher interpretiert werden kann. Das kommt allerdings nur selten vor.

Für die Gebärende hat die Überwachung per CTG einen Nachteil: sie muß relativ bewegungslos liegen. Schon bei kleinsten Lageveränderungen verrutschen die Ultraschalltonknöpfe und die kindlichen Herztöne müssen neu eingestellt werden. Allerdings können Sie darum bitten, daß man Sie zeitweise wieder von sämtlichen Überwachungsgeräten befreit, so daß Sie sich frei bewegen können. Wenn die gleich zu Beginn der Wehentätigkeit geschriebenen Herztonkurven unauffällig sind, steht dem nichts im Wege. Die kindlichen Herztöne sollten dann in halbstündigen Abständen weiterhin kontrolliert werden. Heute besteht auch schon die Möglichkeit, den ersten Zwilling über die EKG-Ableitung telemetrisch zu überwachen.

Die Zwillingsgeburt dauert bei Erstgebärenden zwischen sieben und acht Stunden (durchschnittlich), bei Mehrgebärenden nur etwa vier bis fünf Stunden. Soweit es den Kindern während der Entbindung gut geht, kann die Gebärende jede Position einnehmen, die sie wünscht und in der es ihr leichter fällt, sich zu entspannen.

Ebenso wichtig wie die Überwachung der kindlichen Herztöne ist eine Venenkanüle im Arm der Mutter. Jederzeit kann dann ein dringend notwendiges Medikament intravenös gegeben werden. Die Infusion kann kurzfristig von der Venenkanüle abgestöpselt werden, wenn Sie herumlaufen möchten.

Welche Medikamente können während der Zwillingsgeburt nötig sein? Gerade bei Zwillingsschwangerschaften ist die Gebärmutter häufig so überdehnt, daß sie sich nicht mehr richtig zusammenziehen kann. Ein Wehenmittel kann die Wehen verstärken.

Je nach Dauer der Geburt, kann auch Glukose durch den venösen Zugang gegeben werden. Denn während der Geburt soll die werden-

Besonderheiten bei Zwillingsgeburten   43

de Mutter nüchtern bleiben, da bestimmte Komplikationen eine Narkose notwendig machen können.

Die Wehenschmerzen können medikamentös gelindert werden. Denn selbst eine noch so intensive Geburtsvorbereitung und Anwendung von Atemtechniken, können die Schmerzen nicht ganz ausschalten. Denken Sie nicht, daß Sie etwas falsch machen, wenn Sie die Wehen als sehr schmerzhaft empfinden. Wehen verursachen nun einmal Schmerzen, auf die jede Frau anders reagiert.

Die totale **Wehenschmerzausschaltung** ist durch die Periduralanästhesie möglich. Allerdings muß sie schon exakt gelegt werden (im Rücken), damit sie ihre vollständige Wirkung erzielt. Nachteilig wirkt sich dabei aus, daß die Schwangeren in der Austreibungsphase oft nicht richtig mitpressen können. Das macht dann häufiger den Einsatz von Saugglocken und Zangen erforderlich.

Während der Austreibungsphase, die beim ersten Kind bis zu einer halben Stunde dauern kann, werden beide Kinder kontinuierlich überwacht. In dieser Phase besteht das Hauptrisiko für die Kinder.

In vielen Fällen wird der Geburtshelfer jetzt eine lokale Betäubung der Beckenbodennerven (Pudendusanästhesie) durchführen, damit bei einem eventuellen **Dammschnitt** keine Schmerzen auftreten.

Nach der Geburt des ersten Kindes sind zwei Dinge wichtig, nämlich die genaue Kontrolle, ob es dem zweiten Kind (noch) gut geht und die Kontrolle der Lage des zweiten Kindes.

Ersteres erfolgt durch Kontrolle der Herztöne (die zweite Fruchtblase wird nicht sofort springen) und die Lage kann durch Untersuchung von der Scheide aus oder durch ein Ultraschallbild geklärt werden.

Dann wird abgewartet bis wieder Wehen einsetzen. Eventuell muß ein Wehenmittel gegeben werden, um die Wehentätigkeit erneut in Gang zu bringen. Wenn sich der Kopf des zweiten Babies richtig einstellt, also zum Becken hin tiefer tritt (eventuell durch Aufforderung zum Mitpressen), wird meist die zweite Fruchtblase gesprengt. In der Regel wird dann das zweite Kind in den nächsten zwei Wehen geboren werden.

Frühere Statistiken lassen den Schluß zu, daß das zweite Kind gefährdeter ist. Allerdings wurden früher Lageanomalien des zweiten Kindes und Versorgungsstörungen häufiger nicht erkannt. Da der Geburtskanal vom ersten Kind vorgebahnt wird, kann das zweite Kind oft durch eine einzige Preßwehe geboren werden.

Der Zeitabstand zwischen beiden Geburten liegt bei zehn bis zwanzig Minuten. Es gibt aber auch Geburtshelfer, die keine Bedenken haben, wenn der Abstand eine halbe Stunde und mehr beträgt, vorausgesetzt, die Herztöne sind völlig normal.

≡ Häufigste Komplikationen bei Zwillingsgeburten

Wie bei jeder »*Einlingsgeburt*« auch, kann es plötzlich zu einer Verschlechterung der kindlichen Herztöne kommen. Je nach dem wie weit die Geburt fortgeschritten ist, wird der Arzt die Wehen stoppen oder die Geburt so schnell es geht beenden. Treten die verschlechterten Herztöne in der sogenannten Eröffnungsphase auf (also wenn der Muttermund noch nicht vollständig offen ist), werden sofort Wehenhemmer verabreicht, um die Wehen zu stoppen. Dabei erholt sich das Kind (oder die Kinder) meist schnell. Danach wird über das weitere Vorgehen entschieden. Häufig genügt es schon, wenn die Gebärende ihre Lage ändert. In einigen Fällen wird aber auch ein Kaiserschnitt notwendig sein.

Treten die Herztonveränderungen während der Austreibungsphase auf, wird der Arzt die Geburt meist vaginal beenden können, vorausgesetzt, der Kopf ist tief genug im Becken. Das geschieht durch die Saugglocke, beziehungsweise durch die Geburtszange und das Mitpressen der Schwangeren.

Wenn sich die Herztöne des zweiten Kindes nach der Geburt des ersten verschlechtern, kann in vielen Fällen doch noch eine normale

Geburt erreicht werden und zwar durch sofortiges Sprengen der zweiten Fruchtblase, Wehentropf und Mitpressen der Gebärenden.

Ein Kaiserschnitt nur für das zweite Kind wird nur sehr selten erforderlich sein.

Der gefährlichste Geburtsabschnitt für die Mutter ist die Nachgeburtsphase, also der Zeitraum zwischen der Geburt des zweiten Kindes und dem Ausstoßen der Nachgeburt, oder sogar noch den folgenden zwei Stunden. Wenn sich die Plazenta löst, kommt es zu einer Blutung, die gerade bei Zwillingsmüttern deutlich stärker ausfallen kann, weil die Gebärmutter überdehnt war und sich deshalb häufig nicht mehr so fest zusammenziehen kann. Der Blutverlust kann sehr schnell und erheblich sein. Unter diesen Umständen ist es wieder von Vorteil, wenn Ihnen bereits zu Beginn der Geburt eine Infusion gelegt worden ist, durch diesen Zugang können Ihnen jetzt sofort Blutersatzstoffe, beziehungsweise Medikamente gegeben werden, die die Gebärmutter zu Kontraktion bringen.

Nach der Geburt und anschließendem hohen Blutverlust kann sogar eine Bluttransfusion notwendig werden. Nach der Geburt des zweiten Zwillings wird meist vorsorglich das Mittel Methergin gespritzt, das die Gebärmutter zur Kontraktion anregt.

Falls eine stärkere Blutung auftritt und die Nachgeburt noch nicht gelöst ist, muß sie unter Narkose gelöst werden. Diese Probleme treten aber auch bei *Einlingsgeburten* auf, wenn auch nicht so oft.

≡ Ist eine »sanfte Geburt« möglich?

Auch bei Zwillingen ist ein sanfter Start ins Leben möglich. Eine gleichzeitige Überwachung des zweiten Kindes von außen ist dadurch nicht gestört.

Entbindungen bei möglichst wenig Licht, sind wegen der Gefahr der Fehlbeurteilung der Kinder besser nicht zu empfehlen. Auch aus der Spätabnabelung sollten Sie kein Glaubensbekenntnis machen.

Bei einer Frühgeburt sollte die Nabelschnur sofort durchtrennt werden, um eine Blutüberfüllung des Neugeborenen zu vermeiden. Bei Normalgewichtigen kann auch beim ersten Zwilling mit der Nabelschnurdurchtrennung gewartet werden.

Auf keinen Fall sollten Sie auf eine Herztonüberwachung der Zwillinge verzichten, wie von Extremanhängern der sogenannten sanften Geburt schon gefordert wurde. Das gleiche gilt für die vorsorglich gelegte intravenöse Nadel, beziehungsweise die Infusion.

Sind Hausgeburten oder ambulante Geburten empfehlenswert?

Im Zuge der Rückkehr zu natürlichen Geburtsmethoden, haben auch wieder Hausgeburten zugenommen. Daneben praktizieren auch immer mehr Mütter die ambulante Geburt.

Hausgeburten sind an sich schon problematisch. Auch aus anfangs völlig normalem Geburtsverlauf können sich plötzlich schwere Komplikationen ergeben. Sie als werdende Zwillingsmutter sollten eine Hausgeburt erst recht nicht ernsthaft in Betracht ziehen. **Zwillingsgeburten sind Risikogeburten.**

Der postulierte, aber nie bewiesene bessere psychische Start ins Leben für das Kind, muß im Fall von Zwillingen wegen der möglichen medizinischen Gefahren zurückstehen.

Eine ambulante Geburt dagegen, könnte man bei Zwillingen akzeptieren. Wegen der erhöhten Geburtsbelastung, dem häufig stärkeren Blutverlust und dadurch verlängerten Erholungsphase, wegen der häufigeren Frühgeburts- und Mangelgeburtsfrequenz bei Zwillingen, vor allem aber wegen der erheblichen Mehrarbeit, die auf die Mutter zukommt, wird sie in der Regel froh sein, wenn sie sich einige Tage in der Klinik erholen kann.

Außerdem zieht die Entscheidung für eine ambulante Geburt einen Rattenschwanz von Vorbereitungen nach sich.

Sie brauchen eine Hebamme, die Sie und die Kinder weiterhin zu Hause betreut, Sie brauchen einen Kinderarzt, der regelmäßig nach den Babies sieht und schließlich müssen Sie jemanden haben, der Ihnen im Haushalt und bei der Versorgung der Babies hilft.

Die Zwillinge kommen per Kaiserschnitt

Beginnt die Geburt vor der 34. Schwangerschaftswoche, dann werden die Kinder sehr häufig durch Kaiserschnitt entbunden. Auch wenn die Kinder in Steißlage liegen, wird vielfach ein Kaiserschnitt gemacht. Auch bei Wachstumsstörungen eines oder beider Kinder infolge Plazentainsuffizienz kann eine operative Entbindung notwendig werden.

Darüber hinaus muß bei Schwangerschaftstoxikosen, die medikamentös nicht beherrscht werden können, oft frühzeitig entbunden werden. Wenn eine Einleitung durch Wehenmittel nicht möglich ist, muß wiederum ein Kaiserschnitt gemacht werden.

Und schließlich machen Indikationen wie vorliegende Nachgeburt (die Plazenta versperrt die Geburtswege), vorzeitige Lösung der Nachgeburt mit stärkeren vaginalen Blutungen ebenso wie bei »Einlingen« die operative Entbindung notwendig.

Ein sofortiger Kaiserschnitt muß manchmal gemacht werden, wenn während der Geburt eine Herztonverschlechterung eines oder beider Kinder eintritt und die Geburt noch nicht unmittelbar bevorsteht.

Die früher häufige Hektik beim akut erforderlichen Kaiserschnitt ist heute nur noch selten nötig. Auftretende Komplikationen können auch bei Zwillingen meist rechtzeitig vorhergesehen und der erforderliche Kaiserschnitt kann mit der Schwangeren besprochen werden.

48   Die Zwillingsgeburt

Es ist auch möglich den Kaiserschnitt unter Periduralanästhesie zu machen. Manche Frauen erhoffen sich von der PDA, daß sie auf diese Weise wenigstens »etwas von der Geburt ihrer Kinder mitbekommen«. Doch dieses Mitbekommen erfordert – auch wenn die unmittelbare Sicht auf das Operationsfeld durch Tücher verhängt ist – starke Nerven. Auch hat es sich gezeigt, daß die PDA nicht immer so zuverlässig wirkt, daß das Schmerzempfinden gänzlich ausgeschaltet ist.

Wird der Kaiserschnitt unter Vollnarkose durchgeführt, so bekommen Sie dennoch alle Vorbereitungen zur Operation mit. Denn um die Babies nicht zu lang mit der Narkose zu belasten, wird sie erst sehr spät eingeleitet.

Der Narkosearzt wird die Narkose über die bereits gelegte Venennadel einleiten, vorher läßt er die Patientin schon über eine Sauerstoffmaske Sauerstoff einatmen.

Die Schwangere wird auf dem OP-Tisch etwas auf die linke Seite gelagert, da dadurch der Druck der Gebärmutter auf die untere Hohlvene vermindert wird und so der Kreislaufkollapsgefahr begegnet wird.

Dann beginnt die Operation. Der Chirurg durchtrennt das Fettgewebe, die Schichten des Bauchfells, drückt die Muskeln auseinander und öffnet dann die Fruchtblase. Nachdem das Fruchtwasser abgesaugt wurde, werden die Babies, eins nach dem anderen mit den Händen herausgeholt. Dabei kommt es vor, das das eigentlich »erstgeborene« Baby als Nummer zwei das Licht der Welt erblickt. Der Schnitt selbst wird dicht über der Schamhaargrenze quer gemacht. Nur wenn es sehr schnell gehen muß, weil Komplikationen aufgetreten sind, wird ein senkrechter Schnitt gemacht. Die innere Wunde wird mit einem Faden verschlossen, der sich von selbst auflöst. Der äußere Faden wird nach ein paar Tagen gezogen. Die Narbe selbst wird später kaum zu sehen sein, da der Schnitt besonders sorgfältig zugenäht wird.

Die Kaiserschnittentbindung ist auch heute noch mit einem erhöhten Risiko verbunden. Es besteht die Gefahr einer Thrombose, verstärkter Blutung und auch eine erhöhte Infektionsgefahr. Beide Risiken lassen sich durch entsprechende vorbeugende Maßnahmen auf ein Minimum reduzieren.

Unangenehm für die Frauen sind vor allem die postoperativen Schmerzen und die Notwendigkeit der Infusionsbehandlung (oft mit hochwirksamen Antibiotika vorbeugend gegen Infektionen) während der ersten drei Tage nach der Operation.

Noch am Tag der Kaiserschnittentbindung wird die Stationsschwester mit der frischgebackenen Zwillingsmutter das Aufstehen üben. Spätestens 24 Stunden nach der Narkose können die Kinder auch schon zum Stillen angelegt werden.

Drillings- und Vierlingsgeburten

Drillings- und Vierlingsgeburten gehören zu den Risiko-, bzw. Hochrisikogeburten, denn ein erhöhtes Risiko besteht für die frühgeborenen Kinder einerseits, aber auch für die Mütter. Deshalb sollten Sie sich unbedingt für eine gut gerüstete Klinik entscheiden, der auch eine Intensivstation für Neugeborene angehören sollte. Selbst Drillinge werden in der Regel nicht vaginal entbunden, da u. a. die Gefahr besteht, daß sich die Kinder verhaken. Vierlinge kommen oft so früh, daß eine vaginale Entbindung schon wegen der Frühgeburtlichkeit der Kinder nicht in Frage kommt.

≡ Sind die Zwillinge ein- oder zweieiig?

Wenn Eltern wissen möchten, ob ihre Zwillinge ein- oder zweieiig sind, dann ist gleich nach der Geburt der rechte Moment, um das festzustellen. Spätere Tests sind teuer und sie werden in der Regel nur dann gemacht, wenn geklärt werden muß, ob Transplantationen zwischen den Zwillingsgeschwistern möglich sind.

Welche Methode zur Feststellung der Eiigkeit gibt es und wie sicher sind sie?

Sind zwei **Plazenten** vorhanden, so ging man früher davon aus, daß es sich um zweieiige Zwillinge handelte. Doch auch bei eineiigen gibt es zwei Plazenten, was mit dem Teilungszeitpunkt zusammenhängt. Auch die Tatsache, daß es nur eine große Plazenta gibt, besagt noch gar nichts. Denn auch bei zweieiigen Zwillingen können zwei Plazenten zu einer großen zusammenwachsen.

Auch, daß sich jedes Kind in einer eigenen Fruchtblase entwickelt hat, besagt noch gar nichts. Bei den meisten eineiigen Zwillingen gibt es zwei **Fruchthüllen**. Das hängt ebenfalls mit dem Teilungszeit-

Sind die Zwillinge ein- oder zweieiig? 51

punkt zusammen. Je später sich das befruchtete Ei teilt, desto mehr haben die Zwillinge gemeinsam. Es gibt auch bei zweieiigen Zwillingen Kinder, die einander sehr **ähnlich sehen**.

Kurz nach der Geburt sieht man manchen Kindern schon an, daß sie sehr unterschiedlich sind. Andererseits müssen sich die Zwillinge erst noch »**zurechtwachsen**«. Gewichtsunterschiede durch unterschiedliche Versorgung im Mutterleib, deformierte Köpfchen durch enge Geburtswege, lassen Zwillinge zunächst unterschiedlich erscheinen, obwohl sie sich nach ein paar Wochen zum Verwechseln ähnlich sehen.

Manche eineiigen Zwillinge bleiben aber auch Zeit ihres Lebens unterschiedlich, weil sich vorgeburtliche Gewichtsunterschiede gar nicht mehr ausgleichen.

Am einfachsten läßt sich feststellen, ob Zwillinge ein- oder zweieiig sind, wenn man ihre **Blutgruppen** mit einander vergleicht. Direkt nach der Geburt kann zu diesem Zweck aus der Nabelschnur etwas Blut entnommen werden. Stimmen beide Blutgruppen – auch die Untergruppen und der Rhesusfaktor – überein, dann kann davon ausgegangen werden, daß es sich um eineiige Zwillinge handelt. Allerdings könnten auch bei zweieiigen Zwillingen die Blutgruppen rein zufällig so übereinstimmen.

Bei eineiigen Zwillingen sind die **Zähne gleich angeordnet**, selbst Unregelmäßigkeiten sind bei beiden gleich.

Fingerabdrücke eineiiger Zwillinge sind zwar nicht absolut identisch, aber sehr ähnlich, ähnlicher als bei zweieiigen Zwillingen. Selbst EKGs können gewisse Hinweise geben, sie weisen bei eineiigen Zwillingen ähnlichere Muster auf als bei zweieiigen. Jede Methode für sich ist nicht absolut sicher. Den zuverlässigsten Beweis für Ein- oder Zweieiigkeit bringt eine Kombination mehrerer Untersuchungen.

Das Verfahren der **Chromosomenanalyse** weist eine Sicherheit von nahezu 100 Prozent auf. Allerdings ist dieser Test sehr zeitaufwendig und wird nur in wenigen Speziallabors durchgeführt. Darüber hinaus ist die Chromosomenanalyse auch teuer.

Erfahrungen von Zwillingsmüttern

Damit Sie sich ein Bild machen können, wie Frauen die Geburt ihrer Zwillinge tatsächlich erleben, hier Auszüge aus Antworten auf meinen Fragebogen.

»Durch das Lachgas wurde ich schläfrig. Zwilling I wurde trocken geboren in der klassischen Lage. Zwilling II lag mit dem Kopf nach oben, drehte sich aber, als Zwilling I aus dem Weg war und kam auch ohne Komplikationen nach. Es war eine leichte Geburt ohne Riß und ohne Schnitt.« *(Dagmar D. 38. Woche)*

»Im Kreißsaal bekam ich Wehenhemmer und habe trotz Wehen gut geschlafen. Um 6 Uhr wurden die wehenhemmenden Medikamente abgesetzt. Die Wehen wurden stärker. Die Preßwehen gegen 11 Uhr waren jedoch nicht stark genug, also bekam ich weitere Medikamente. Um 11.25 Uhr war mein Sohn endlich da und hat gebrüllt wie am Spieß.

Meine Tochter, die oben quer lag, drehte sich danach nicht und als sich auch durch Schieben und Drücken von außen nichts tat, rief mein Arzt nach langen Handschuhen, zog sich Oberhemd und Kittel aus, und behielt nur die Plastikschürze oben drüber an. Das hat mich so erschreckt, daß ich vom Rest nicht mehr viel mitbekam.

Der Arzt griff mit der rechten Hand rein und zog meine Kleine an den Füßen einfach raus. Mein Mann hat mir bei der Geburt sehr geholfen. Die Hebamme war eine arrogante Zicke.« *(Susanne S. 35. Woche)*

»Am Anfang der 30. Woche spürte ich leichtes Ziehen im Rücken – Wehen. Ich bekam wehenhemmende Mittel. Drei Tage und zwei Nächte verbrachte ich schlaflos am Tropf, (das Mittel wirkt aufputschend). Dann war die Frühgeburt nicht mehr aufzuhalten.

Um Null Uhr kam ich in den Kreißsaal, um 1.36 Uhr kam Nina, um 1.53 Uhr Nadine. An das meiste kann ich mich nicht mehr erinnern, da ich fast immer geschlafen habe. Ja wirklich! Während der Geburt schlief ich immer wieder ein.« *(Heike F. 30. Woche)*

»Die Einleitung der Geburt verlief erfolglos. Dann wurde eine PDA gelegt. Durch den großen Bauch und die Überbelastung des Rükkens konnte man kaum zwischen die Wirbel kommen. Es dauerte 45 sehr schmerzhafte Minuten bis die Peridural-Anästhesie lag.

Beim Schneiden riß das Zwerchfell oder ein Teil davon. Jetzt stellte sich heraus, daß die Betäubung nicht reichte. Ich hatte tierische Schmerzen. Mein armer Mann wurde zur Seite geschoben, denn jetzt brach Panik aus. Vollnarkose!

Den Kindern ging es von Anfang an bestens. Ich durfte sie erst nach drei Tagen sehen.« *(Melitta K. 40. Woche)*

»Damals durften die Väter noch nicht dabei sein. Als die Wehen um 19 Uhr im Abstand von fünf Minuten kamen, ging mein Mann nach Hause. Ich legte mich in den Kreißsaal, wickelte etliche Papiertaschentücher um den Zeigefinger und jedesmal, wenn eine Wehe kam, biß ich feste drauf.

Lernschwester Christel hielt während der ganzen Zeit meine Hand, wischte mir den Schweiß ab. Sie hat mir sehr geholfen. Der Arzt entschied, das erste Kind mit der Saugglocke zu holen. Um 21.14 Uhr war er da, dann bekam ich eine Narkose und unser zweiter Sohn wurde mit der Zange ans Licht der Welt geholt.« *(Marianne E. 36. Woche)*

»Nach einem Blasensprung um zwei Uhr nachts, Fahrt zur Klinik, mußten wir erst einmal jemanden herausbimmeln, denn alle Türen waren abgesperrt. Man legte mir nur einen Wehenschreiber an, überwachte also nur die Herztöne eines Zwillings. Um 4 Uhr 30 war das erste Kind da, eigentlich auf recht sanfte Weise.

Dann hatte ich keine müde Wehe mehr. Die zweite Fruchtblase wurde gesprengt. Dann stellte der Arzt fest, daß Nabelschnur und Ärmchen des zweiten Kindes in die Geburtswege vorgefallen waren. Das bedeutete Not-Kaiserschnitt.

Ich hatte das Gefühl, es dauert ewig, bis der OP vorbereitet war. Nichts ging mehr vor und nichts zurück. In dieser endlosen Viertelstunde versuchte der Arzt schweißtriefend den Kopf des Kindes zu fassen, um die Nabelschnur zurückzustopfen, wohl weil er nicht untätig daneben stehen wollte.

Ich hatte das Gefühl, er sei mit dem ganzen Arm in mir verschwunden. Im letzten Moment gelang es ihm doch noch. Das Kind wurde ruckzuck geboren, es war vollkommen blau, atmete nicht. Ich bin nicht gläubig, nun aber hoffte ich doch inständig, daß es atmet. Schließlich atmete es, und ich dachte, jetzt bist du haarscharf an einem hirngeschädigten Kind vorbeigekommen.« *(Sabine N. 38. Woche)*

»Ich bemerkte abends unregelmäßige Verspannungen am Bauch. Da der Bauch bei Zwillingen sehr gedehnt ist, meinte mein Arzt, daß man nicht auf klassische Wehen in bestimmten Abständen warten müsse, die Geburt könne auch mit leichtem Ziehen anfangen.

Um 23.15 Uhr betraten wir das Krankenhaus. Mir wurde ein Rollstuhl angeboten, doch die letzten Schritte wollte ich zu Fuß gehen. Die Hebamme empfing uns freundlich und meinte, wir wollen alles so ruhig und gemütlich wie möglich machen.

Ich habe meine Atemübungen gemacht und kam auch mit allem klar. Die Atmosphäre war harmonisch.

Die Hebamme versuchte die schmerzhafteren Rückenwehen wegzumassieren, was ihr auch einigermaßen gelang. Dann kam der Oberarzt und zur Unterstützung beim Pressen die Nacht- und die Kinderschwester. Daß mein Mann dabei war, gab mir sehr viel Ruhe. Die Hebamme machte einen Dammschnitt. Nach der vierten Preßwehe war es Sonntag, 1.15 Uhr und Jan war geboren.

Ich wollte schnell zum Ende kommen und war einverstanden, daß für die weiteren Wehen ein Tropf gesetzt wurde. Nach sechs Minuten wurde Jens geboren, er kam mit einem Füßchen zuerst raus (unvollendete Fußlage).« *(Hildegard W. 41. Woche)*

»Bei mir war ein Kaiserschnitt nötig, weil beide Kinder mit dem Kopf nach oben lagen. Nach Ausziehen, Einlauf, Bad und Beine wickeln wurde die PDA (2 Ampullen) gesetzt, ein klein wenig konnte ich noch die Zehen bewegen. Leider wurde mir die Sicht durch grüne Tücher total zugehängt, ich konnte die Ärzte nur hören. Angst hatte ich nicht. Der Narkosearzt sprach sehr lieb mit mir. Ich spürte fast nichts. Es ging rasch. Ich spürte das Herausziehen des ersten Kindes, Jana, und das zweite flutschte auf den leeren Platz und eine Minute später wurde Nina geboren.

Bei mir wurde nun der Bauch geschlossen, ich spürte einen tiefen, brüllenden Schmerz. Nach zwei Minuten hielt ich es nicht mehr aus und bekam ein Narkosemittel in den Arm. Darauf habe ich negativ reagiert. Das Aufwachen war widerlich. Bunte Farben stürzten auf mich ein. Ich war schlechter Laune, mir ging es mies, alles tat mir weh und ich konnte nur wenig sprechen. Mein Mann mußte mir x-mal erklären, welches Kind zuerst kam und wie schwer beide waren. Ich konnte es mir nicht merken.

Drei Tage lang lag ich mit Schmerzen von den Schultern bis zu den Fußspitzen flach. Ich fühlte mich, als hätte mich jemand gründlich zusammengeschlagen.« *(Marion D. 41. Woche)*

»Als festgestellt wurde, daß das Fruchtwasser grün war, wurde zum erstenmal von einem Kaiserschnitt gesprochen. Als ich nach dem Baden am Wehenschreiber angeschlossen wurde, rutschten die Herztöne des zweiten Babies zum erstenmal weg. Der Arzt wollte die Geburt unbedingt forcieren. Ich kam an den Tropf und die Fruchtblase wurde geöffnet. Die Wehen wurden jetzt sehr schlimm, ich bekam kaum noch Luft und hatte furchtbare Rückenschmerzen.

Alle Übungen aus dem Vorbereitungskurs konnte ich vergessen, da ich ja auf dem Rücken liegen konnte. Wir versuchten wenigstens die Atemübungen beizubehalten.

Es gab praktisch keine Pause mehr zwischen den Wehen. Der Muttermund hatte sich nicht weiter geöffnet. Die Herztöne des zweiten Babies fielen jetzt auf 70 (normal ist 150) und kamen nach zehn Minuten immer noch nicht wieder hoch.

Der Arzt riet wieder zu einem Kaiserschnitt. Mir ging es jetzt so mies, daß mir alles egal war. Also willigten wir beide ein. Jetzt sollten wir noch den Anamnesebogen ausfüllen und unterschreiben. Mir war nach allem, nur nicht danach. Mir war nur noch zum Heulen, ich fände es besser, wenn dieser Bürokratenschwachsinn danach erledigt worden wäre.

Im OP bekam ich alles mit, was rundherum ablief. Mir hat es gereicht. Ich wäre am liebsten gegangen. Soll doch Kinder kriegen wer will, ich nicht! Danach weiß ich nichts mehr.« *(Angela B. 38. Woche)*

Die Gefühle nach der Geburt

Die Gefühle danach

So eine Geburt haben sich wohl alle gewünscht: Ist das erste Baby geboren, bekommt man es auf den Bauch gelegt. »Schön sieht sie aus,« war *Helga H.*'s erster Eindruck von Stefanie, die den behaglichen Platz allerdings räumen mußte, als ihre Schwester geboren wurde. Während das zweite Baby kommt, kann das erste untersucht, gebadet und angezogen werden.

Manche Mütter beschleicht nach der Geburt des ersten Kindes zwar das Gefühl: »So, die anderen (Mütter von »Einlingen«) hätten es jetzt geschafft.« Doch wenn beide Kinder erst einmal da sind, gesund und ohne Komplikationen geboren, kann sich ebenso wie nach einer Geburt eines Einzelkindes ein großes Glücksgefühl einstellen.

Allerdings kann die Freude auch auf sich warten lassen. Wenn Sie nicht sofort nach der Geburt vom Glück überwältigt werden, denken Sie nicht, daß mit Ihnen etwas nicht stimmt. Jeder fühlt und empfindet anders. Oft überwiegt auch einfach die Erschöpfung.

Eine »*Bilderbuch*«-Geburt ist jedoch nicht allen Zwillingsmüttern vergönnt. Im Durchschnitt kommen Zwillinge immer noch etwa drei Wochen zu früh oder es stellen sich andere Komplikationen ein.

Wenn Ihre Zwillinge unter solchen Umständen geboren werden, sind Sie vielleicht nach der Geburt gar nicht recht froh, obwohl letzten Endes doch noch alles gut gegangen ist, die Kinder und Sie gesund sind.

Einerseits möchten Sie gerne glücklich sein, andererseits bedrückt Sie jedoch, daß Sie Ihre Kinder nicht bei sich haben können, weil sie vielleicht intensivmedizinisch versorgt werden müssen.

Auch bei mir stellte sich das vielbeschriebene Glück nicht recht ein. Ich fühlte mich deshalb schuldig, ich entsprach so wenig dem »*Idealbild einer guten Mutter*«.

Die Geburt von Maximilian und Constantin war durch äußere Umstände (sieben Wochen zu früh, grünliches Fruchtwasser, unverschämte Hebamme und vieles mehr) eher ein Schockerlebnis gewesen, das ich erst einmal verarbeiten mußte.

Alle Zwillingsmütter, deren Kinder zu früh geboren und auf der Intensivstation betreut werden mußten, berichteten übereinstimmend von gespaltenen Gefühlen. Sie waren froh, zwei gesunde Kinder geboren zu haben, und sie waren tieftraurig, weil sie ihren Babies nicht nahe sein konnten.

Als besonders bedrückend empfanden es diese Mütter, wenn ihre Zimmerkolleginnen ihre »*termingerecht*« geborenen Kinder rund um die Uhr bei sich hatten.

Manche Zwillingsmütter sahen Ihre Kinder erst nach – bis zu zehn Tagen – zum ersten Mal. »Ich hatte das Gefühl, das wären gar nicht meine«, sagte eine Mutter. Eine andere fühlte sich »als Mutter eines Blinddarms«.

Übereinstimmend berichteten alle Zwillingsmütter, die ihre Babies nicht von Anfang an bei sich haben konnten, daß sich diese Trennung negativ auf die Mutter-Kind-Beziehung ausgewirkt hatte. Alle mußten sich erst einmal an ihre Kinder gewöhnen. Glücks- und Muttergefühle stellten sich erst mit einiger Verzögerung ein.

Bei Zwillingsgeburten kommt es aber auch überdurchschnittlich oft zu einem **Kaiserschnitt**.

Doch auch Zwillingsmütter wünschen sich wie alle anderen werdenden Mütter eine »*normale*« Geburt. Vielfach stellen sie – vor allem, wenn sie Erstgebärende sind – ganz besondere Erwartungen an die Geburt: »Sie sollte der Höhepunkt meines Lebens werden«, hatte eine Frankfurter Zwillingsmutter geplant. Als wegen Wehenschwäche schließlich doch ein Kaiserschnitt gemacht werden mußte, »brach eine Welt für mich zusammen«.

Es ist besser, einen Kaiserschnitt von vornherein miteinzukalkulieren, denn dann kann die Enttäuschung nicht so groß sein. Allerdings wird bei Frauen, bei denen »*nur*« ein Kaiserschnitt möglich war, immer irgendwie das Gefühl, sie seien um etwas betrogen worden, aufkommen.

Angela B. ist es so ergangen: »Ich war sehr enttäuscht und furchtbar deprimiert, da ich ja meine Kinder auch nicht sehen konnte. Ich fühlte mich betrogen, das Gefühl, geboren zu haben, fehlte mir völlig. Ich habe lange gebraucht, um dies zu überwinden.«

Manche Frauen haben das Gefühl, sie seien keine vollwertigen Mütter, weil sie nicht zu einer »*normalen*« Geburt fähig waren. Es fällt ihnen auch schwer, von Anfang an eine Beziehung zu ihren Kindern aufzubauen. »Bei einem Kaiserschnitt sind die Kinder einfach so da, so plötzlich und man ist nicht aktiv dabei«, schrieb eine Schweizerin, »die Geburt hatte im wichtigsten Moment eine Lücke«.

»Kaiserschnitt-Mütter« fühlen sich auch in den ersten Tagen danach meist so schlapp, daß sie ihre Kinder gar nicht besuchen können oder möchten. Hoher Blutverlust und eventuell etwas Fieber machen sich bemerkbar. Daß sich unter diesen Umständen keine Jubelgefühle einstellen, liegt auf der Hand. Für Frauen, die wegen einer Kaiserschnitt- oder Frühgeburt Depressionen haben, sollte psychologische Betreuung im Krankenhaus eigentlich selbstverständlich sein. Tatsache ist jedoch, diese Mütter werden mit ihren unguten Gefühlen alleingelassen. Zum Glück ist so ein schlechter Start schnell vergessen, wenn es dem Trio *»Mutter und Zwillinge«* besser geht.

So überwinden Sie Ihr Wochenbett-Tief

- Ein Großteil Ihrer möglichen Depressionen geht auf die hormonelle Umstellung zurück. Mütter von »Einzelkindern« sind davon genauso betroffen.
- Setzen Sie sich nicht selbst unter Druck, bloß weil sich das große Glück anfangs noch nicht einstellen will. Eine Geburt ist immer ein einschneidendes Erlebnis im Leben einer Frau. Das will erst einmal verkraftet werden.
- Vielleicht haben Sie sich die Geburt anders vorgestellt, jetzt sind Sie enttäuscht, weil alles doch so ganz anders gelaufen ist.
- Vielleicht waren die äußeren Umstände nicht so, wie sie hätten sein sollen? Die Kinder zu früh dran, die Hebamme muffig oder arrogant, der Ehemann als Partner bei der Geburt eher lästig?
- Das alles kann Ihnen ein Gefühl des Versagt-Habens verschaffen. Doch ein Versagen bei der Geburt gibt es nicht. Eine Geburt wird sehr individuell empfunden, auch die Schmerzempfindlichkeit verschiedener Frauen ist sehr unterschiedlich.
- Richten Sie sich selbst ein bißchen her. Etwas Make-up, eine Haarwäsche oder eine Dusche können Wunder wirken.
- Besonders depressiv sind Sie vielleicht, wenn Sie Ihre Kinder erst Tage nach der Geburt sehen dürfen, weil sie in einer anderen Klinik untergebracht sind. Bitten Sie die Kinderärzte um ein Polaroidfoto, das ist besser als nichts.
- Lassen Sie sich nicht hängen, tun Sie lieber etwas gegen Ihren ausgedehnten Bauch, machen Sie ordentlich Gymnastik.
- Versuchen Sie Ihre Milchproduktion in Gang zu bringen (siehe Seite 89), das läßt Ihnen weniger Zeit für traurige Gedanken.
- Setzen Sie sich neue Ziele, planen Sie für die Zukunft. Alles hat sich nun monatelang auf den Tag X konzentriert. Jetzt ist er da und die Luft ist erst einmal raus. Die Anspannung ist weg und Sie hängen erst einmal in der Luft. Nicht Trübsalblasen hilft über einen solchen Schwebezustand hinweg, sondern *eine neue Aufgabe*.

Der Klinikaufenthalt

Unterbringung und Betreuung

Wie Sie sich den Klinikaufenthalt so angenehm wie möglich machen können:

- Überlegen Sie rechtzeitig, ob Sie lieber im Einzelzimmer oder im Mehrbettzimmer liegen möchten. Wenn Ihre Kinder zu früh geboren werden, ist es möglicherweise angenehmer allein zu liegen, als ständig mit einer glücklichen jungen Mutter mit glücklichem, rosigen Baby konfrontiert zu sein. Vielleicht hilft Ihnen aber auch gerade in dieser Situation ein Gesprächspartner, mit dem Sie Ihre Sorgen besprechen können.
- Das kann in diesem Fall am ehesten eine Mutter sein, die sich in etwa der gleichen Lage befindet. Bitten Sie deshalb, daß man Sie mit einer Mutter zusammenlegt, deren Baby ebenfalls zu früh geboren wurde und deshalb auch auf der Intensivstation betreut werden muß. Geteiltes Leid ist halbes Leid.
- Oder lassen Sie sich zu einer Frau legen, die »nur« einen gynäkologischen Eingriff hinter sich hat.
- Wenn Sie Rooming-In praktizieren möchten, ist es sicherlich einfacher, wenn Sie mit Ihren Zwillingen ein Einzelzimmer haben.
- Sind die Zwillinge Ihre ersten Kinder, so fühlen Sie sich vielleicht unsicher im Umgang mit Babies. Dennoch möchten Sie nicht immer gleich eine Kinderschwester rufen, die ohnehin oft genug glauben, Mütter kämen mit ihren Babies nicht zurecht. Dann ist es wieder von Vorteil, wenn Sie Ihr Zimmer mit einer bereits »erfahrenen« Mutter teilen, die Ihnen sicher den einen oder anderen Handgriff gerne erklärt.
- Passen Sie auf, was Sie essen, wenn Sie stillen möchten. In den meisten Fällen bekommen Sie keinerlei spezielle Kost für stillende Mütter.
- Wenn Sie etwas brauchen, scheuen Sie sich nicht, darum zu bitten. Wenn Sie etwas beunruhigt, fragen Sie. Lassen Sie sich nicht so einfach abspeisen. Kuschen Sie nicht vor weißen Kitteln und Häubchen.

– Bitten Sie Ihre Besucher zu unterschiedlichen Zeiten zu kommen, damit der Ansturm auf einmal nicht zu groß ist.

Rooming-In

Was für viele Mütter heute gar keine Frage ist, will bei Zwillingen wieder doppelt gut überlegt sein, nämlich, ob Sie Ihre Zwillinge bei sich im Zimmer haben möchten oder lieber auf Rooming-In verzichten sollten.

Wenn Sie sich für Rooming-In entscheiden, sollten Sie sich auch für ein Einzelzimmer entschieden haben. Mit einer entsprechenden Zusatzversicherung (die allerdings schon bestehen muß) sind die Kosten für diesen »Luxus« abgedeckt, andernfalls müssen Sie den Aufpreis selbst bezahlen. Doch das ist eben der Preis für mehr Ruhe.

Welche Vorteile hat es, wenn Sie Ihre Babies von Anfang an bei sich haben?

– Es ist eigentlich ganz unnatürlich, wenn Mutter und Neugeborene nach der Geburt getrennt werden.
– Rooming-In fördert ganz eindeutig die Mutter-Kind-Beziehung.
– Rooming-In ist auch eine gute Gelegenheit für junge Zwillingsmütter, die gerade zum erstenmal Mutter geworden sind, sich mit der Versorgung ihrer Babies unter Anleitung der Kinderschwestern vertraut zu machen.
– Wenn Sie Ihre Zwillinge stillen möchten, sollten Sie sich auf jeden Fall für Rooming-In entscheiden. Nur wenn Sie Ihre Babies jederzeit anlegen können, wird nämlich die Milchproduktion entsprechend angeregt. (Siehe auch Seite 89.)

Vielleicht hängt jedoch die Entscheidung, ob Sie mit Zwillingen Rooming-In praktizieren möchten oder nicht, nicht allein von Ihnen ab. In den meisten Kliniken werden die Babies abends abgeholt und erst morgens wieder gebracht. Das heißt: tagsüber ist Rooming-In erwünscht, nachts nicht.

Möglicherweise möchten Ihnen die Kinderschwestern auch nur jeweils ein Kind tagsüber überlassen, weil »Sie ja doch nicht mit beiden gleichzeitig fertig werden«. Dieser Einwand ist völliger Unsinn, denn was machen Sie eigentlich, wenn Sie mit Ihren Zwillingen schließlich zu Hause sind? Sie **müssen** mit beiden Kindern (allein) zurechtkommen. Und das üben Sie am allerbesten noch während Ihres Klinikaufenthaltes.

Andererseits nutzen Sie den Klinikaufenthalt vielleicht, um sich noch einmal zu erholen. Wenn die Kinderkrankenschwestern Ihre Babys stets bringen, sobald die Kleinen Hunger haben, und Sie die Zwillinge selbst wickeln und baden dürfen (im Babyzimmer), ist das auch fast wie Rooming-In und eine sehr empfehlenswerte Lösung.

Die Zwillinge in der Intensivstation und Kinderklinik

Manche Intensivstationen für Neugeborene informieren die Eltern mit einer kleinen Broschüre. Diesem Heftchen oder Informationsblatt können Sie auch die Besuchszeiten entnehmen. Denn auch wenn die Intensivstationen tagsüber durchgehend geöffnet sind, gibt es doch Situationen, in denen Besucher unerwünscht sind. Während Schwestern und Ärzte Dienstwechsel (Übergabe) machen, oder auch während der Visite, müssen Eltern draußen bleiben.

Sonst aber hat sich die Einstellung gegenüber Elternbesuchen grundlegend geändert. Während noch vor wenigen Jahren, Eltern draußen vor der Glasscheibe stehen mußten, werden sie heute sogar bei der Versorgung ihrer Kinder voll miteingespannt. Viele Eltern übernehmen nach ein paar Tagen die Pflege der Kinder völlig selbständig. Auf jeden Fall sollten Sie mit den Schwestern absprechen, wann Sie kommen, damit sie Ihnen Ihre Zwillinge noch *»übriglassen«*.

Wenn Ihnen die Intensivstation mit ihrem grellen Licht, überall tickenden Monitoren, Brutkästen und Schläuchen, Krankenhauskitteln und Desinfektionsmittelgeruch zunächst fremd und fast unmenschlich vorkommt, so werden Sie sich schon bald daran gewöhnt haben. Hier wird alles für Ihre Babies getan, die viele Technik muß sein. Nur sie garantiert, daß Ihre Kinder gesund überleben können.

Frühgeborene und andere Sorgenkinder

Als Frühgeborene bezeichnet man Kinder, die vor der 37. Schwangerschaftswoche (gerechnet vom ersten Tag der letzten Periode an) geboren werden. Sie wiegen meist weniger als 2500 Gramm und weisen gewisse Unreifezeichen auf, die der Kinderarzt an Hand einer Tabelle genau bestimmen kann.

Das geringe Geburtsgewicht allein ist heute kein Kriterium mehr für die Frühgeburtlichkeit, denn es gibt ja gerade bei Zwillingsschwangerschaften häufig mangelernährte Kinder – sogenannte Mangelgeburten – die auch jenseits der 37. Schwangerschaftswoche deutlich unter 2500 Gramm wiegen können. Daneben gibt es auch Kombinationen von Frühgeburt und gleichzeitiger Mangelgeburt.

≡ Chancen und Risiken

In der Klinik erfahren die untergewichtigen oder frühgeborenen Kinder eine intensiv-medizinische Behandlung und Überwachung. Untergewichtige Babies, die nach der 37. Schwangerschaftswoche geboren wurden, machen weniger Probleme, als reine Frühgeburten. Nicht das zu geringe Geburtsgewicht ist das eigentliche Problem, sondern die Unreife der Körperorgane.

Ganz voran stehen die Unreife des Gehirns und der Lunge. Es kommt so zu Funktionsstörungen des Atemzentrums, des Temperaturzentrums, zu einem fehlenden Saug- und Schluckreflex, darüber hinaus zu einem mangelnden Gasaustausch (Sauerstoffaufnahme und Kohlendioxydgabe) in der Lunge. Die Unreife der Leber führt zusätzlich zu einer Abbaustörung des Bilirubins (Abbauprodukte des roten Blutfarbstoffs) mit verstärkter Gelbsucht.

Die moderne Medizin hat eine Reihe von Möglichkeiten, die fehlenden oder gestörten Organfunktionen bei Frühgeborenen durch operative oder medikamentöse Maßnahmen zu ersetzen oder zu unterstützen.

64   Frühgeborene und andere Sorgenkinder

Am einfachsten läßt sich eine **konstante Körpertemperatur** herstellen, nämlich im Inkubator. Später reicht ein beheizbares Wärmebettchen.

Über einen Inkubator verfügt heute jeder Kreißsaal, auch wenn an das Krankenhaus selbst keine Kinderabteilung angeschlossen ist. Sie sollten nicht enttäuscht sein, wenn Ihre Kinder nach der Entbindung nicht an die Brust angelegt, sondern möglichst schnell wegen der Gefahr der Auskühlung im Inkubator untergebracht werden. Zu Beginn ist die Erhaltung der lebenswichtigen Funktionen sicher wichtiger, als die psychische Mutter-Kind-Beziehung.

Normalerweise wird das Frühgeborene aber erst noch auf einem speziellen Wärmetisch versorgt, entweder von den Geburtshelfern der Klinik, vom Anästhesisten oder vom Kinderarzt – das ist von Klinik zu Klinik, je nach Ausbildung und Organisation verschieden. Auf diesem Wärmetisch, meist mit angeschlossener Atmungs- und Absaugmöglichkeit, werden Atmung, Herz und Reflexe direkt nach der Geburt beobachtet.

Bei einer Atemstörung wird das Frühgeborene sofort mit einer Maske oder auch durch eine **Intubation**, wobei ein kleiner Plastikschlauch in die Luftröhre eingeschoben wird, beatmet. Erschrecken Sie also nicht, wenn Sie Ihr Kind nicht schreien hören. Auch wenn es spontan, aber ungenügend geatmet hat, muß es beatmet werden. Unter der künstlichen Beatmung kann es nicht schreien, oder besser nur lautlos schreien, da die Stimmbänder lahmgelegt sind.

Falls erforderlich, wird die künstliche Beatmung im Inkubator fortgesetzt. Der Sauerstoffgehalt im Inkubator und bei länger anhaltender Beatmung wird durch ein Meßgerät genau überwacht. Wichtig ist aber nicht nur der Sauerstoffgehalt der Atemluft, sondern auch wieviel Sauerstoff die Lunge des Frühgeborenen aufnimmt. Das hängt von der Lungenreife ab, die unterschiedlich ausgebildet und oft erst in der 37. Schwangerschaftswoche abgeschlossen ist. Bei drohender Frühgeburt kann die Lungenreife durch Spritzen eines Cortisonpräparates beschleunigt werden.

Heute wird auch der sogenannte Oberflächenfaktor künstlich gewonnen und bei Frühgeborenen eingesetzt und kann so Probleme bei der Beatmung mindern. Dieser Oberflächenfaktor ist bei den Frühchen selbst noch nicht in ausreichendem Maße vorhanden. Er sorgt dafür, daß die Lungenbläschen nicht zusammenfallen.

Die Überwachung der so wichtigen Atemfunktion erfolgt durch Messung des Sauerstoff- und Kohlendioxydgehaltes im kindlichen Blut. Dabei wird ein Tropfen Blut aus der Ferse entnommen, der im Labor untersucht werden kann. Sauerstoff- und Kohlendioxydgehalt des Blutes können aber auch durch einen feinen Sensor durch die Haut hindurch über eine längere Zeit hinweg gemessen werden.

Auch wenn keine maschinelle Beatmung des Kindes erforderlich ist, wird durch einen Monitor die Herz- und Atemtätigkeit fortlaufend kontrolliert. Diese **Überwachungsgeräte** sind mit einer Warnvorrichtung ausgestattet, die Signal geben, falls eine Störung auftritt. Die Überwachung der Sauerstoffaufnahme ist deshalb so wichtig, weil es gerade bei Frühgeborenen in Folge von Sauerstoffmangel noch in den ersten drei Tagen nach der Geburt zu Hirnblutungen kommen kann.

Intensiv-medizinische Erfolge, auch bei der Behandlung von Frühgeburten sind aber mittlerweile so gut, daß sogar Kinder mit einem Geburtsgewicht von unter 1000 Gramm recht gute Überlebenschancen haben und die Gefahr einer Hirnblutung in den entsprechenden Behandlungszentren sehr gering ist.

Bei einer drohenden Frühgeburt vor der 32. Schwangerschaftswoche, ist deshalb empfehlenswert, wenn die Zwillingsschwangere eine Entbindungsklinik mit angeschlossenem neonatologischen Zentrum (Neugeborenen-Intensivstation) wählt.

Der Grund dafür liegt an der mittlerweile eindeutig nachgewiesenen Gefahr eines Autotransportes für diese kleinen Kinder unter 1800 Gramm. Durch die Erschütterungen beim Autofahren, kommt es trotz optimaler Versorgung im Inkubator während der Fahrt doch häufiger zu Hirnblutungen, weil die zarten, unreifen Hirngefäße leicht reißen könnten.

Ein weiteres Risiko für Frühgeborene ist ihre Abwehrschwäche und die damit verbundene **Infektionsgefahr**. Gegebenenfalls muß die Infektionsgefahr durch die Gabe von Antibiotika bekämpft werden.

Das Problem der Saug- und Schluckstörungen kann durch Sondenernährung und mit Infusionen behandelt werden. **Sondenernährung** heißt, daß die Kinder die Milch per Sonde (ein kleiner Plastikschlauch) direkt in den Magen gespritzt bekommen. In einigen Kliniken wird der Schlauch mit einem kleinen Pflaster an der Nase des Kindes festgeklebt, in anderen Kliniken wird das Baby vor jeder Mahlzeit neu sondiert. Für zartbesaitete Eltern empfiehlt es sich während dieser Prozedur wegzusehen, da sich die Kleinen (vor allem wenn sie schon etwas größer sind) oft heftig dagegen wehren.

Anfangs werden die Babies je nach Geburtsgewicht und Milchaufnahme in sehr viel kürzeren Abständen (alle zwei, oder alle drei Stunden) »gefüttert«. Maximilian und Constantin starteten mit 8 Gramm Milch! Drei Jahre danach kauten sie Kaugummi, und niemand dachte mehr an die erste beschwerliche Zeit zurück.

Die Ernährung per Sonde wird dann, wenn die Kinder etwas kräftiger sind, nach und nach durch Ernährung aus der Flasche ersetzt. Anfangs strengt das die Kinder noch sehr an, sie schlafen bei dieser Prozedur ein und es dauert ewig bis sie nur etwa 20 Gramm Milch aus der Flasche getrunken haben. Wenn das Flaschentraining übertrieben wird, können die Babies sogar abnehmen.

Ein weiteres Frühgeborenenproblem ist die **Gelbsucht**, die in Folge der Leberunreife auftritt und zu einer Hirnschädigung führen kann, falls die Werte einen bestimmten Grenzwert überschreiten. Heute ist ein Blutaustausch fast nicht mehr erforderlich, normalerweise reicht eine sogenannte Phototherapie, um die Gelbsucht abzubauen. Dabei wird die Haut des Kindes mit Licht einer bestimmten Wellenlänge bestrahlt. Dieses Licht spaltet den gelben Farbstoff (Bilirubin) in der Haut zu ungiftigen Substanzen, die auch besser in der Niere und in der Galle ausgeschieden werden können.

Wichtig ist, daß mit der Phototherapie rechtzeitig begonnen wird. Messen läßt sich der Bilirubingehalt des Blutes im Labor und es gibt genaue Tabellen, die anzeigen, ob und wann man mit der Phototherapie beginnen muß.

Unterschiede zwischen frühgeborenen Zwillingen und frühgeborenen »Einlingen« sind hinsichtlich ihrer weiteren Entwicklung nicht bekannt. Untergewichtige Zwillinge sind insgesamt gesehen sogar eher noch widerstands- und damit lebensfähiger.

Mögliche Behinderungen und was man dagegen tun kann

Bei Zwillingen kommt es geringfügig häufiger als bei Einzelkindern zu Bewegungsstörungen, die eine frühe krankengymnastische Behandlung erfordern. Die Ursache dafür ist zum einen die erhöhte Frühgeburtenhäufigkeit, in geringerem Maße eine Ernährungsstörung der Kinder in der Gebärmutter.

Bei zu früh geborenen, untergewichtigen Kindern führen Reifungsstörungen des Gehirns, Mangelernährung, Sauerstoffmangel und auch Hirnblutungen zu mehr oder weniger ausgeprägten Bewegungsstörungen und Haltungsschäden.

Zwillinge, die mit normalem Gewicht nach der 37. Woche geboren werden, zeigen keine häufigeren Erkrankungen als Einlinge. Zerebrale (gehirnbedingte) Bewegungsstörungen und Entwicklungsverzögerungen können durch krankengymnastische Betreuung um so erfolgreicher geheilt werden, je früher sie erkannt und behandelt werden. Um eventuelle Schäden frühzeitig festzustellen, empfiehlt sich bei »Sorgenkindern« im ersten Vierteljahr alle vier Wochen eine Untersuchung beim Kinderarzt und im restlichen ersten Lebensjahr Untersuchungen im Abstand von drei Monaten. Viele große Kliniken sehen auch spezielle Untersuchungs- und Kontrolltermine (Risikosprechstunden) vor. Fragen Sie danach. Bei Zwillingen kann es aber auch aufgrund der extremen Enge im Mutterleib zu Haltungsschäden kommen. Bei Steißlagen sind Hüftgelenksstörungen häufiger anzutreffen, durch Fehlhaltung des Kopfes kann eine narbige Muskelverkürzung an der Halsmuskulatur entstehen, der sogenannte *»Schiefhals«*.

Welche Gymnastik-Methode gibt es? Es waren zwei tschechische Ärzte, Dr. KAREL BOBATH und Dr. VACLAV VOJTA, die krankengymnastische Therapien entwickelt haben. Eine hierzulande noch nicht anerkannte Methode (was über ihren Wert und ihre Wirksamkeit jedoch nichts aussagt) geht auf den ungarischen Arzt PETÖ zurück. Fragen Sie Ihre Krankengymnastin danach.

Bei der **Bobath-Methode** werden Eltern genau angeleitet, wie sie das Baby beim Wickeln, Baden, Füttern, Tragen, An- und Ausziehen und Schlafenlegen bewegen sollen, damit das Kind möglichst nur normale Haltungs- und Bewegungsanreize bekommt. Bobath-Gymnastik gilt als spielerische Therapie, stellt aber an die Eltern hohe Anforderungen, weil der ganze Tagesablauf des Babies in die Therapie mit einbezogen werden muß.

Die **Vojta-Methode** gilt als leicht zu lernen, jedoch auch als aggressiv. Sie scheint von den Kindern oft als Zwang empfunden zu werden, dessen Sinn sie nicht verstehen.

Bei der Vojta-Therapie werden durch bestimmte Handgriffe Bewegungsmuster ausgelöst, die die krankhaften Bewegungsabläufe durchbrechen sollen. Auch hier wird die Mutter mit einbezogen. Sie lernt bestimmte Reizgriffe und wie sie Druck auf verschiedene Stellen des Körpers ausüben kann, diese Maßnahmen bringen das Kind dazu, die gewünschten koordinierten Bewegungen auszuführen.

Die Entscheidung, nach welcher Methode mit Ihrem Kind geturnt werden muß, hängt von der jeweiligen Störung ab. Bei leichteren Fällen wird häufiger die Bobath-, bei schwereren Fällen die Vojta-Therapie empfohlen. Auf jeden Fall aber sollte die krankengymnastische Therapie so früh wie möglich beginnen.

»Als meine Kinder acht Monate alt waren, mußte ich mit ihnen Gymnastik nach Vojta machen, da sie sehr schwache Muskeln hatten und sich nicht hochziehen wollten. Als sie ein Jahr alt waren, habe ich auf eigenen Wunsch damit aufgehört und die Behandlung nur noch spielerisch fortsetzen lassen, da ich das Gefühl hatte, mit der Vojta-Therapie mehr seelischen Schaden anzurichten als es half. Die Kinder schrien fürchterlich, wann immer ich sie ausziehen mußte und wenn es nur zum Baden war. Trotzdem verdanken wir dieser Vojta-Therapie sehr viel. Allen anderen Eltern würde ich raten, die Therapie so früh wie möglich zu beginnen, da die Babies die Behandlung dann noch nicht so mitbekommen und die Therapie auch schneller abgeschlossen werden kann«, waren *Ute B.*s Erfahrungen mit krankengymnastischer Behandlung. Auch wenn bei der Vojta-Methode nur zu bestimmten Zeiten geturnt wird, also nicht wie bei Bobath der ganze Tagesablauf mit einbezogen wird, bedeutet die krankengymnastische Betreuung eines Kindes eine enorme Belastung für die Zwillingsmutter. »Ich mußte mit beiden Kindern Krankengymnastik betreiben«, schrieb Ursula Oe., »ich mußte dreimal täglich zu Hause turnen, das bedeutete einen Zeitaufwand von drei Stunden. Außerdem hatte ich zunächst zweimal wöchentlich, später einmal wöchentlich einen Termin bei der Krankengymnastin. Es war furchtbar, aber es hat sich gelohnt.«

Hinzu kommt die seelische Belastung der Zwillingsmutter (und des -vaters), denn genaue Voraussagen darüber, ob eine Bewegungsstörung behoben werden kann oder nicht, können in der Regel nicht gemacht werden. Allerdings gilt: je früher die Behandlung nach einer der beiden Therapiemethoden einsetzt, desto wahrscheinlicher ist ein Erfolg.

Es gibt auch die Möglichkeit einer »*Mobilen Therapie*«, das heißt, die Krankengymnastin kommt zu Ihnen nach Hause. Das ist insbesondere für Zwillingsmütter von Vorteil, die doch erhebliche Mühen in Kauf nehmen müssen, mit beiden Kindern, eine Arzt- oder Krankengymnastikpraxis aufzusuchen. Erkundigen Sie sich bei Ihrem Kinderarzt nach der Mobilen Therapie oder rufen Sie den Bundesverband für spastisch Gelähmte und andere Körperbehinderte e. V. in Düsseldorf an. (Adresse siehe Seite 234.) Hausbesuche der Krankengymnastin können auf Rezept verschrieben werden.

Kann man Zwillinge erfolgreich stillen?

Reicht die Milch für zwei oder drei?

Es ist tatsächlich so: die Nachfrage regelt das Angebot. Selbst Frauen mit kleinem Busen fürchten zu Unrecht, daß sie den Bedarf zweier Babies nicht decken können. Das kann ich aus eigener Erfahrung bestätigen: durch Abpumpen konnte ich Maxi und Conny in den ersten acht Wochen voll mit Muttermilch versorgen. Dann hatte ich keine Lust mehr und stillte schließlich mit Tabletten ab, da der Milchfluß von allein kein Ende mehr nehmen wollte.

Auch wenn ein oder beide Babies einen Wachstumsschub durchmachen und praktisch über Nacht eine größere Portion brauchen, können Sie mithalten. Der Trick: die Babies einfach öfter anlegen. Auch wenn Sie Ihre Milch nur durch Abpumpen gewinnen, empfiehlt es sich, in kürzeren Abständen zu pumpen, wenn plötzlich mehr Milch gebraucht wird. Dennoch könnten Sie von Selbstzweifeln geplagt, versucht sein, doch einmal zum Fläschchen zu greifen, um nachzufüttern. Ganz besonders wichtig ist es aber, daß Sie an sich selbst glauben und an Ihre Fähigkeit, Ihre Babies ausreichend mit Milch versorgen zu können.

Bei meinen Gesprächen mit jungen Zwillingsmüttern, habe ich auch immer wieder festgestellt, daß sie trotz bester Voraussetzungen nicht stillen konnten, weil sie nicht den Mut dazu hatten und niemand sie unterstützte.

Deshalb ein dringender Rat: Wenden Sie sich schon vor der Geburt an eine Stillgruppe oder noch besser an eine Zwillingsmutter, die ihre Zwillinge stillt oder gestillt hat. Selbst erfahrene Mütter, konnten ihre Zwillinge manchmal nur deshalb problemlos stillen, weil sie bei anderen die nötige moralische Unterstützung fanden.

Eine informative Broschüre (gegen DM 1,– in Briefmarken plus frankiertem Rückumschlag) über das Stillen von Zwillingen gibt die Arbeitsgemeinschaft Freier Stillgruppen heraus. Ein Sonderheft gibt's auch bei der La Leche Liga Schweiz.

Auch Drillinge können zumindest teilweise gestillt werden. Statt von vornherein gleich abzustillen, sollten Sie vielleicht für »Notsituationen« Ihre Milchproduktion aufrechterhalten.

Stillen im Krankenhaus

Zwillinge, die termingerecht geboren werden und nicht auf der Intensivstation betreut werden müssen, können Sie schon in der Klinik stillen. Selbstverständlich sollten Zwillinge ebenso wie Einzelkinder möglichst bald nach der Geburt angelegt werden, also bereits im Kreißsaal. Vielleicht möchten Ihnen die Kinderschwestern die Babies immer nur einzeln (nur zu jeder Fütterungszeit eines) bringen. Sie sollten aber auf jeden Fall darauf bestehen, beide zu jeder vorgesehenen Zeit zu stillen. Denn so kommt die Milchproduktion schneller in Gang und auch die Brustwarzen können sich besser an die ungewohnte Belastung gewöhnen.

So habe ich meine Zwillinge gestillt

Was in den Stillbüchern steht, klingt sehr oft theoretisch. Wie klappt das nun tatsächlich, wenn man seine Zwillinge stillen möchte? Welche Schwierigkeiten gibt es und wie kann man sie meistern?

An dieser Stelle habe ich den (leicht gekürzten) Stillbericht einer Zwillingsmutter aufgenommen, die heute als Beraterin der La Leche Liga tätig ist. Wenn Sie gelesen haben, wie es ihr ergangen ist, haben Sie vielleicht mehr Mut, Ihre Zwillinge zu stillen:

»Zur Vorbereitung las ich das Stillbuch von HANNI LOTHROP und besuchte ab dem fünften Schwangerschaftsmonat eine Stillgruppe. Das machte mich euphorisch und absolut sicher, daß ich die Zwillinge würde stillen können. Katja und Johanna wurden termingerecht, spontan und 2800 Gramm schwer geboren. Die erstgeborene Johanna lag auf meinem Bauch und mußte schnell wieder weggenommen werden, weil Katja fünf Minuten später geboren wurde. Katja lag auf meinem Bauch während Johanna gewogen und gewaschen wurde. Ich war mit meinen Gefühlen sehr aufgespalten und durcheinander.

Wegen der Zwillinge lag ich im Einzelzimmer. Besuche von Wilfried, meiner Mutter und meiner Oma waren immer als intensive Hilfe für mich gedacht. Ich »brauchte« dann jeweils nur ein Baby zu versorgen. Das andere bekam bei bleibender Unruhe nach dem Stillen etwas aus den immer bereitstehenden Zusatzflaschen. Diese Zusatzflaschen symbolisierten das Mißtrauen der Schwestern und ich hatte nicht die Kraft selbstsicher dagegen aufzutreten.

Nach dem Stillen sollte ich die Kinder wiegen. Das ging natürlich überhaupt nicht, weil ich genug zu tun hatte, das Stillen mit zweien zu lernen. Ich probierte viel herum, wenn ich allein war und war sehr nervös dabei: Zuerst konnte ich die Babies nur nacheinander stillen und wenn während der Stillzeit des zuerst erwachten Babies, auch das zweite aufwachte, habe ich ganz hektisch ausgewechselt. Ich legte also die erste weg – in Reichweite, damit sie an meinem Finger lutschen konnte. Die andere habe ich an meine noch volle Brust genommen. Reichte das Fingerlutschen nicht mehr, habe ich es genau umgekehrt gemacht.

Ich begann **gleichzeitiges Stillen** zu üben – sehr ungeschickt: Ich wußte nicht, wie ich die Kleinen (46 cm) halten sollte, und die Positionen, die den Kindern am besten paßten, taten mir sehr an der Dammnaht weh. Die sieben Tage in der Klinik waren also sehr strapaziös, hauptsächlich, weil ich es mir einfacher vorgestellt hatte und nun rund um die Uhr nicht so richtig zurecht kam.

Zu Hause sollte alles besser werden, dessen war ich sicher (aus Büchern). Aber auch das ging nicht so schnell, wie ich erwartete. Wilfried hatte vier Wochen frei. In dieser Zeit lernte ich tagsüber gleichzeitig zu stillen und brauchte dann auch »organisatorisch« keine Zusatzflaschen mehr.

Aber abends und nachts wußten wir uns nicht anders als mit Zusatzflaschen zu helfen. Nahrungsmäßig waren sie wohl absolut überflüssig. Doch wir sahen damals wohl keine andere Möglichkeit, wie Wilfried mir das Bemuttern für eine Erholungspause hätte abnehmen können.

Mein größter Wunsch damals war: Könnte ich doch auch im Liegen im Bett gleichzeitig stillen. Die Stillzeiten waren sehr lang – bis zu zwei Stunden und ineinander übergehend. So saß ich stundenlang festgenagelt, manchmal habe ich das als Ruhepause genossen, manchmal brannte mir die Hausarbeit unter den Nägeln. Da ich zwei Hände freihaben mußte, um beim richtigen Erfassen der Brustwarze zu helfen und wechselseitig eine zum Aufstoßen an die Schulter hochheben mußte, habe ich mir mit sieben Kissen um meinen Schoß geholfen, dabei geht leider das Geborgensein und Gewiegtwerden in Mutters Arm verloren. Auch der Blickkontakt zu dem Kind, das gerade gestillt wird, wird durch zwei geteilt, und das auch nicht immer ganz gerecht: ich konnte ja nicht immer genau gleichlange hin- und hergucken. Also habe ich manchmal lieber dabei gelesen.

Als sie etwas größer waren (neun Monate), so daß sie bequem in meiner Armbeuge beim Liegen auflagen, ohne den Kopf abzuknicken, ging auch das gleichzeitige **Stillen im Liegen**. Es tritt dabei ein leichtes Ziehen an der Brust und an den Warzen auf und ich hatte wohl Glück, daß es nicht zu wunden Warzen gekommen ist. Für das richtige Leertrinken ist diese Lage auch nicht ganz optimal. Aber uns drei stellte diese Situation endlich zufrieden. Gegen Ende des ersten Jahres stillte ich tagsüber meist auf dem Boden, Sofa im Rücken, eine im Arm seitlich, eine zwischen meinen Beinen stehend. In den seltenen Fällen, in denen sie dazu zu müde waren, versuchte ich nochmal die alte Position auf dem Kissenberg – aber das war der reinste Tornado und ich mittendrin.

Während ich mein drittes Kind erwartete, waren Katja und Johanna zwischen eineinhalb und zwei Jahre alt. Wir stillten während der Schwangerschaft ganz allmählich ab.«

Gisela S. empfand es als besonderes Glück, zwei Kinder gleichzeitig stillen zu können.

Kann man Frühgeborene stillen?

Zwillinge werden immer noch durchschnittlich drei Wochen zu früh geboren. Da die kleinen Frühchen meist noch einige Zeit im Brutkasten oder später im Wärmebettchen auf der Intensivstation zubringen müssen, ist es schon ein Hindernislauf, bis es schließlich doch noch mit dem Stillen klappt. Meine Zwillinge, die sieben Wochen zu früh geboren wurden, hätte ich stillen können. Die Kinderschwestern der Kinderklinik unterstützten meine Stillversuche, die ich nach circa dreieinhalb Wochen begann. Doch die flaschengewöhnten Kinder tranken nur schlecht und ich hatte nicht den Mut, weiterzumachen.

Das positive Beispiel der schweizerischen Zwillingsmutter *Evi K.* beweist, daß sich die Startschwierigkeiten sehr wohl überwinden lassen. Sie konnte ihre fünf Wochen zu früh geborenen Zwillinge Simon und Oliver schließlich voll stillen. Wie die meisten Frühgeborenen verbrachten auch Simon und Oliver erst einmal ein paar Tage im Inkubator (Brutkasten) und wurden durch die Magensonde ernährt. Nach rund zehn Tagen, kam der große Moment: Die Zwillinge durften zum ersten Mal an die Brust. Mit dem kleineren Oliver klappte es erstaunlich gut, er trank auf Anhieb 50 Gramm. Sein Bruder blieb bei der Flasche. Knapp drei Wochen nach ihrer Geburt, holten Evi und ihr Mann die Zwillinge nach Hause. Evi war fest entschlossen, nicht zuzufüttern. Und dieser Vorsatz ließ sich unerwartet gut einhalten. Sie nahm immer sofort das Kind an die Brust, das zuerst aufwachte. Jeder Zwilling trank zwischen fünf und sieben Mal pro Tag. Acht Monate lang fütterte *Evi K.* nie etwas zu, auch keinen Tee.

Wenn es bei Ihnen nicht auf Anhieb so reibungslos klappt, beherzigen Sie die Tips, wie Sie Ihre Milchproduktion in Gang bringen können, auf Seite 89. Am besten ziehen Sie sich für ein paar Tage, Wochen mit Ihren Zwillingen ins Bett zurück. Immer wenn sich ein Baby meldet, nehmen Sie es sofort an die Brust und auf diese Weise können Sie flaschengewohnte Babies vielleicht doch noch umerziehen.

Wieder zu Hause

Heimkehr in Etappen

Spätestens dann, wenn Sie allein – also ohne Ihre Kinder – aus der Klinik nach Hause kommen, wird Ihnen vielleicht schmerzlich bewußt, daß leider nicht alles so glatt gelaufen ist, wie Sie sich das gewünscht hätten.

Sie werden das fertig eingerichtete Kinderzimmer mit etwas Wehmut betrachten. Da stehen nun die kleinen Bettchen und warten vorerst vergebens, denn Ihre Zwillinge liegen noch im Brutkasten oder im Wärmebettchen in der Kinderklinik.

Nachbarn, die wohl bemerkt haben, daß Sie schwanger waren, werden sich wundern, wo denn nun der Nachwuchs bleibt, und Sie darauf ansprechen. Sie werden also auf Schritt und Tritt mit der Tatsache konfrontiert, daß Ihre Zwillinge nicht gerade den besten Start ins Leben hatten.

Vergessen Sie schnell, daß Sie eigentlich traurig sind, daß Sie Ihre Babies noch nicht mit nach Hause nehmen konnten, und nutzen Sie die ersten Wochen ohne Kinder für folgende Dinge:

- Erholen Sie sich erst einmal. Lassen Sie sich nicht vom vielen Hin und Her zwischen zu Hause und Kinderklinik stressen. Streß schadet der Milchproduktion, die Sie vielleicht fürs spätere Stillen in Gang halten möchten.
- Nutzen Sie die Zeit dennoch für letzte Besorgungen.
- Wenn Sie schon Kinder haben, so genießen Sie gemeinsam die letzten Wochen bevor die Zwillinge kommen. Jetzt ist Gelegenheit, sich noch einmal intensiv um ältere Kinder zu kümmern.
- Nutzen Sie diese »*Schonfrist*« auch, um sich ein letztes Mal gemeinsam mit Ihrem Mann als sozusagen »**kinderloses**« Ehepaar zu vergnügen.
- Nutzen Sie auch die Gelegenheit, sich bei jedem Besuch in der Kinderklinik mit der Versorgung Ihrer Babies vertrauter zu machen. Denn beim ersten Kind ist man naturgemäß doch etwas unsicher. Sie aber haben die Chance, die Kinderschwestern und Ärzte noch wochenlang mit Fragen übers Füttern, Baden, Wickeln, über Krankheiten, Blähungen, Spucken usw. zu bombardieren.
- Bei Drillingen haben Sie ohnehin damit gerechnet, daß Sie erst einmal ohne Kinder heimkommen. Nutzen Sie die Zeit, um eine (bezahlte?) Hilfskraft zu finden.

≡ Die Zwillinge kommen heim

Und irgendwann einmal ist der »*große Tag*« da: Die Zwillinge dürfen nach Hause. Sicher haben Sie diesen Moment mit Ungeduld erwartet.

Wenn Sie sich vom Klinikpersonal verabschieden, vergessen Sie nicht, sich die Telefonnummern (Durchwahl) der betreffenden Station zu notieren, wenn Sie sie nicht sowieso schon längst auswendig wissen.

Scheuen Sie sich nicht, bei Problemen einfach noch einmal in der Kinderklinik anzurufen. Die Kinderschwestern und Ärzte sinds gewohnt, denn die meisten Eltern melden sich nochmal.

Manchmal kommt es aber auch vor, daß Sie Ihre Zwillinge oder Drillinge in Etappen heimnehmen dürfen. In diesem Fall überwiegen bei Zwillingen wohl eher die Nachteile. Sie haben den Tag der Heimkehr Ihrer Kinder schon lange erwartet. Sie sind auch froh, daß Sie endlich wenigstens ein Kind zu Hause haben. Doch jetzt fühlen Sie sich erst recht zerrissen. Einen kleinen Vorteil hat diese Lösung allerdings auch: Sie können sich so auch etappenweise an Ihren Alltag mit Babies gewöhnen. Bei Drillingen zählt vor allem dieser Aspekt.

Manchmal kommt es aber auch vor, daß Sie einen der Zwillinge in Etappen heimnehmen dürfen. In diesem Fall überwiegen wohl eher die Nachteile. Sie haben den Tag der Heimkehr Ihres Kindes schon lange erwartet. Sie sind auch froh, daß Sie endlich wenigstens ein Kind zu Hause haben. Doch jetzt fühlen Sie sich erst recht zerrissen. Einen kleinen Vorteil hat diese Lösung allerdings auch: Sie können sich so auch etappenweise an Ihren Alltag mit Babies gewöhnen.

Frühgeborene werden in der Regel dann entlassen, wenn sie gesund sind, gut trinken und ein *»normales«* Geburtsgewicht erreicht haben. Als Richtwert werden 2500 Gramm angenommen. Doch aufs Grämmchen genau geht es sowieso nicht.

Entscheidend für die Entlassung aus der Kinderklinik ist der positive Gesamteindruck, den ein Kind macht. Meist wird dieses Gewicht von 2500 Gramm noch vor dem errechneten »offiziellen« Geburtstermin erreicht. Doch sollten Sie nicht enttäuscht sein, wenn es etwas länger dauert.

Heimkehr zusammen

Wenn Sie das große Glück haben, gemeinsam mit Ihren neugeborenen Zwillingen die Klinik verlassen zu können, dann muß zu Hause alles bestens vorbereitet sein. Denn Sie werden in der ersten Zeit nach der Geburt kaum Gelegenheit haben, fehlende Dinge zu besorgen oder größere Anschaffungen zu tätigen. Folgende Dinge sollten Sie im Hause haben:

Milchpulver, Fencheltee, Fläschchen, Sauger, Schnuller, Milchpumpe, Brustwarzensalbe, Windeln, Pflegepräparate, Babykleidung und Babybadewanne.

Viele frischgebackene Zwillingsväter planen einen mehrwöchigen Urlaub ein, wenn Mutter und Babies nach Hause kommen. Meiner Erfahrung nach kommt man jedoch gerade in den ersten Wochen noch etwas besser mit den Kindern allein zurecht. Zwar ist man als junge Mutter (ohne ältere Kinder) noch etwas unsicher, doch das legt sich bald und die Babies schlafen in den ersten Wochen auch tagsüber noch viel.

Ich persönlich habe es praktischer empfunden, daß mein Mann erst dann drei Wochen lang Urlaub nahm, als sich bei mir die ersten Anzeichen totaler Übermüdung einstellten: nachts ohnehin keinen ordentlichen Schlaf mehr und tagsüber auch kaum noch eine Pause, in der beide Kinder über einen längeren Zeitraum hinweg gleichzeitig geschlafen hätten.

Andererseits fühlen Sie sich nach einem kurzen Klinikaufenthalt (zehn Tage oder weniger) vielleicht noch nicht so fit, um allein mit den Babies zurecht zu kommen, obwohl sie tagsüber noch viel schlafen. Vielleicht sind Sie nach einem Kaiserschnitt noch etwas wacklig auf den Beinen oder Sie möchten Ihre Zwillinge stillen und brauchen Hilfe im Haushalt. Außerdem haben Sie möglicherweise noch ältere Kinder, die auch versorgt sein wollen. In diesen Fällen ist es eventuell ratsamer, wenn der Zwillingsvater Ihnen alles andere abnimmt und Sie sich voll auf die Zwillinge konzentrieren können.

Vielleicht kann Ihr Mann »Urlaub auf Abruf« nehmen? Auf jeden Fall aber sollte er schon vor der Geburt klären, ob er sich im Notfall kurzfristig freimachen kann.

Die ersten Wochen

Die neue Situation für Erst-Eltern

Durch die Geburt eines Kindes ändert sich das ganze bisherige Leben: Sie müssen Ihren Tagesrhythmus auf das Kind einstellen – Sie selbst und Ihr Partner stehen plötzlich an zweiter Stelle. In Ihrem Fall sind es sogar zwei Kinder.

Obwohl Sie wußten, auf was Sie sich einlassen, als Sie Ihre *»Wunschkinder«* planten, kann diese Umstellung schwer fallen. Sie kommen sich vielleicht isoliert vor, bei den Kollegen von früher sind Sie abgeschrieben. Zwar stört es Sie nicht, daß Sie nun abends nicht mehr wie gewohnt (spontan) ausgehen können, doch daß Sie nicht einmal tagsüber das tun können, wozu Sie Lust haben, irritiert schon etwas.

Ihr Mann fühlt sich vielleicht etwas überflüssig in der ersten Zeit – alles dreht sich nur um die Babies. Nicht nur, daß er nun seine gewohnten Streicheleinheiten teilen muß, er wird in allen Lebensbereichen vernachlässigt: keine frisch-gebügelten Hemden, kein warmes Essen mehr, keine Intimitäten. Die kleine Familie muß erst zusammenwachsen.

Nicht so krass fällt die Umstellung auf Zwillinge aus, wenn Sie schon Kinder haben. Allerdings kommen dann eventuell ein paar handfeste Eifersuchtsprobleme auf Sie zu.

Die Mutter-(Vater-)Kinder-Beziehung

Sheila Kitzinger schreibt in ihrem Buch »Schwangerschaft und Geburt« ›Mutterliebe ist kein Sofortkleber‹. Besser kann man es nicht ausdrücken. Zwar liegt einem das Wohl der kleinen Wesen von Anfang an am Herzen, doch so richtig vertraut wird man erst mit der Zeit.

Vielleicht haben Sie als Zwillingsmutter besondere Schwierigkeiten mit zwei Kindern auf einmal vertraut zu werden. Vielleicht denken Sie zunächst immer nur an die beiden Kinder als Einheit *»Zwillin-*

ge«, oder Sie fühlen sich instinktiv zu einem Baby mehr hingezogen als zum anderen, sei es, weil Ihnen das eine Kind ähnlicher, erstgeboren oder schwächer ist. Das braucht Sie nicht zu schrecken. Das alles sind völlig normale und unbedenkliche Reaktionen.

Sie müssen nicht befürchten, daß Sie beiden Kindern nicht gerecht werden können. Je unverkrampfter Sie Ihre Babies kennenlernen, mit ihnen umgehen, desto harmonischer die Beziehungen zu ihnen.

Wenn Ihre Zwillinge eineiig sind, sich sogar gleichen wie ein Ei dem anderen, ist es unter Umständen noch schwieriger, eine harmonische Mutter-Kind-Beziehung zu jedem Baby einzeln aufzubauen. Das gleiche gilt auch für den Vater. Vielen Zwillingseltern macht es vor allem anfangs Mühe, ihre Zwillinge auseinanderzuhalten. Und daß sie ihre Kinder verwechseln, macht es ihnen auch nicht leichter, mit den Kleinen vertraut zu werden. Auch die Startbedingungen beeinflussen ganz wesentlich den Aufbau einer harmonischen Eltern-Beziehung zu den Zwillingen. Kommen die Babies zu früh auf die Welt, und müssen sie erst einmal auf der Intensivstation betreut werden, dauert die Phase des Kennenlernens (und Liebenlernens) länger.

≡ Alles spielt sich ein

Zum Glück stellt sich auch bei einer Familie mit Zwillingen eine gewisse Routine ein.

Was Sie tun können, um die ersten Wochen leichter zu überstehen, haben andere Zwillingseltern zusammengetragen:

– Wenn Ihnen alles über den Kopf zu wachsen droht, denken Sie immer daran: alles spielt sich irgendwann ein. Oft genügen ein paar Wochen und Sie haben die nötige Routine.
– Auch der hartnäckigste Schreihals wird eines Tages gelernt haben, durchzuschlafen. Babies müssen den richtigen Tag-Nacht-Rhythmus erst noch lernen. Es ist alles eine Frage der Zeit.
– Wenn Sie richtig fertig sind, heulen Sie einfach mal nach Her-

zenslust. Besser: Rufen Sie eine Zwillingsmutter an, die Sie versteht und tröstet.

– Vertrauen Sie nicht unbedingt darauf, daß Sie bei Ihrer sonstigen Umwelt (auch und gerade nicht bei Verwandten und Nachbarn) Verständnis finden. Denn wer nicht in der gleichen Situation ist wie Sie oder jemals war, kann nicht begreifen, daß eine junge Zwillingsmutter manchmal keine glückliche Zwillingsmutter ist.

– Wenn Sie das Gefühl übermannt, einfach nicht mehr zu können, packen Sie Ihre Babies in den Kinderwagen, drehen Sie eine Runde. Im Laufen reagieren Sie sich ab, die Kinder schlafen meist ein (eine Wohltat nach viel Geschrei!) und schließlich hilft Ihnen vielleicht auch die Bewunderung der Umwelt wieder auf die Beine.

– Neugierige Besucher sollten Sie in den ersten Wochen (und Monaten) nur dann gerne sehen, wenn diese auch bereit sind, mitanzupacken.

– Wenn Sie beim Stillen Probleme haben, wenden Sie sich an die La Leche Liga (Adressen Seite 234) oder an eine andere Stillgruppe.

– Wenn Sie es sich leisten können, sollten Sie sich in den ersten Wochen und Monaten unbedingt eine Hilfe besorgen, und zwar bevor Sie zu stark abgebaut haben.

– Vor allem, wenn Sie noch ältere (kleine) Kinder haben, die in den ersten anstrengenden Wochen zu kurz kommen könnten, sollten Sie nicht auf eine (bezahlte) Hilfe verzichten, wenn die Verwandtschaft nicht freiwillig einspringt.

– Machen Sie sich immer wieder klar, daß es allen Zwillingsmüttern ähnlich geht. Es gibt kaum eine, und waren die Zwillinge auch noch so erwünscht, an der die Anstrengungen der ersten Zeit spurlos vorübergingen. Supermütter gibt es nicht.

Figurprobleme

Sind die Zwillinge erst einmal geboren, so bleibt Ihnen immer noch ein ansehnlicher Bauch. Ich ging etwa acht Wochen nach der Geburt eine neue Hose kaufen, weil mir immer noch keines meiner früheren Kleidungsstücke vernünftig paßte. In der Boutique fragte mich die Verkäuferin interessiert: »Wann ist es denn soweit?« Ich hatte eine Hose für meinen »*Babybauch*« verlangt.

Mir war klar, ich mußte etwas tun, um diesen ausgeleierten Bauch wieder in seine ursprüngliche Form (Kleidergröße 36) zu bekommen. Gymnastik mache ich nicht gern, maßvolleres Essen ist leider auch nicht meine Sache und so traute man mir noch drei Jahre »danach«, eine Schwangerschaft im vierten Monat zu.

Was machen andere Zwillingsmütter gegen den Bauch:

- Gymnastik, Gymnastik und nochmals Gymnastik und zwar früh genug anfangen, regelmäßig beibehalten und über einen langen Zeitraum hinweg.
- Maßvoller essen und regelmäßige sportliche Betätigung, die darüberhinaus auch fürs seelische Gleichgewicht nötig ist und Streß abbauen hilft.

Figurprobleme

- Sagen Sie nicht, Sie hätten keine Zeit... das ist ein Vorwand lieber gemütlich zu Hause sitzen zu bleiben.
- Abwarten: ein wenig Babyspeck geht nach ein paar Monaten von selbst weg, vor allem nach dem Abstillen.
- Viele Zwillingsmütter schwören auch auf den Streß mit den Babies. Die viele Lauferei allein hätte schon zu Gewichtsverlusten geführt.
- Manche versuchen es auch mit regelmäßigen Massagen mit einer elektrischen Massagebürste.
- Eine Zwillingsmutter hat jetzt – fünf Jahre nach der Geburt ihrer Zwillinge – Bodybuilding entdeckt und schwört darauf.
- Ein wenig müssen Sie sich auch an den Gedanken gewöhnen, daß Ihr Körper nie wieder wie vor der Schwangerschaft sein wird. Das Gewebe ist weicher geworden, fraulicher könnte man auch sagen.
- Wenn gar nichts mehr hilft und Ihre Bauchhaut Wellen schlägt, müssen Sie sich vielleicht doch zu einer operativen Bauchdekkenstraffung entschließen, deren Kosten unter Umständen von der Krankenkasse übernommen werden.

Der Alltag beginnt

Erfahrene Mütter rechnen bei Zwillingen täglich mit sieben bis zehn Stunden Säuglingspflege; dieser Wert dürfte noch der günstigste sein. Nur ganz wenige Zwillingskinder brauchen anfangs weniger als sechs Mahlzeiten. Da sich die Rhythmen der Babies zudem auch noch verschieben und sie zu unterschiedlichen Zeiten kommen, gibt es in den ersten Monaten täglich zwischen 10 und 12 Fütterungszeiten.

Aber nicht nur der enorme Zeitaufwand in den ersten Wochen ist ein Problem, hinzu kommt der permanente Schlafmangel, dem Zwillingsmütter ausgesetzt sind.

Alle Tips und Hinweise in den folgenden Kapitels gelten sowohl für Zwillinge, als auch für Drillinge, auch wenn hier der Einfachheit halber nur von »Zwillingen« die Rede ist.

Füttern

Stillen

Bis Sie beim Stillen Ihrer Zwillinge eine gewisse Routine erreicht haben, wird es vielleicht einige Zeit dauern. An manchen Tagen wird es Ihnen vielleicht vorkommen, als stillten Sie rund um die Uhr. Doch wenn sie diese Anfangsschwierigkeiten erst einmal gemeistert haben, sind die Zwillingsmütter in der Regel froh, daß sie durchgehalten haben, denn das Stillen bringt eine Menge Vorteile mit sich.

Gleichzeitig oder einzeln stillen?

Richtlinien dafür, was nun besser ist oder nicht, gibt es nicht. Die größere Zeitersparnis – bei Zwillingen immer ein ganz wichtiger Aspekt – bringt das gleichzeitige Stillen. Manche Mütter berichten auch von einem intensiveren Let-down-Reflex (Milcheinschuß) beim gleichzeitigen Stillen.

Wenn beide Babies zur gleichen Zeit großen Hunger haben, bleibt Ihnen vielleicht gar keine andere Wahl, als (nervenschonenderweise) beide gleichzeitig anzulegen.

Haben Ihre Zwillinge unterschiedliche Rhythmen, dann stellt sich Ihnen dieses Problem *»einzeln oder gleichzeitig«* gar nicht, und sie stillen Sie ohnehin zu unterschiedlichen Zeiten. Allerdings ist es auch gerade in den ersten Wochen und Monaten, wenn die Zwillinge noch so zart sind und das Köpfchen nicht selbst halten können, sehr schwierig, sie ohne fremde Hilfe anzulegen. Dann stillen Sie Ihre Babies anfangs vielleicht lieber einzeln, bis es später dann doch gemeinsam klappt. Und noch ein weiterer Umstand könnte gegen gemeinsame Stillzeiten sprechen: wenn die Kinder sehr unterschiedliche Trinker sind, der eine ein starker Sauger, der andere ein langsamer Nuckler, dann erscheint es Ihnen eventuell ratsamer, die Babies einzeln zu versorgen.

Still-Positionen

Es gibt keine Ideal-Stellung für das gleichzeitige Stillen von Zwillingen – am besten, Sie experimentieren mit verschiedenen Sitzgelegenheiten (Bett, Couch, Boden, Schaukelstuhl) und Kissen und Polstern so lange herum, bis Sie es für sich und die beiden Kleinen bequem gemacht haben. Gute Dienste erweisen einem auch sogenannte Stillkissen, die es auch in zwillingstauglichen Größen gibt.

Wenn Sie niemanden haben, der Ihnen das zweite Baby zureichen könnte, legen Sie es sich erst einmal in Reichweite (etwa auf den Schoß), bis Sie das erste angelegt haben. Sie sollten Ihre Scheu überwinden, diese kleinen Wesen allein in die richtige Position zu bringen, denn so zerbrechlich wie sie aussehen, sind sie nicht.

Beim gleichzeitigen Stillen von Zwillingen gibt es drei Grundpositionen:

- Sie stillen beide Babies in der Position, in der auch Einzelkinder gestillt werden. Dabei liegen Körper und Beine des einen Babies nach links, die des anderen Babies nach rechts. Die Kleinen liegen also vor Ihrem Körper »*überkreuz*«.

- Sie legen die Babies parallel zueinander – beide Körper liegen dabei in gleicher Richtung vor Ihrem Bauch.

- Oder Sie legen beide Babies mit Körper und Beinen nach hinten – die Köpfchen der Kinder liegen also vorn, die Beinchen auf Ihrer *»Rückseite«*.

Für unterwegs empfiehlt sich folgende Stellung: Position 3, die Füße dabei an einem Tisch, an einer Bank oder an einem Mäuerchen abstützen.

Jedem seine eigene Brust?

Auch das ist eine Sache des Gefühls. Es gibt Zwillingsmütter, die auch in diesem Fall jedem Kind gern seine ganz eigenen Rechte zugestehen (und damit gut fahren).

Andere wechseln ab, was den Vorteil hat, daß jedes Baby sowohl von der rechten als auch von der linken Seite visuelle Anregungen und Stimulation für die Entwicklung des Gehirns bekommt.

Stillen nach Bedarf

Stillkinder sind oft in kürzeren Abständen dran als Flaschenkinder. Wie ist das aber bei Zwillingen? Muß man sie rund um die Uhr stillen? Die meisten Zwillingsmütter, die ihre Zwillinge stillen, richten sich ganz nach dem Bedarf ihrer Babies und müssen trotzdem nicht zu jeder Tages- und Nachtzeit stillen. Warum sollte sich nicht auch bei Zwillingskindern ein für alle akzeptabler Rhythmus einspielen?

Ein Beispiel: Die Amerikanerin *Patti Lemberg* hatte vor allem in den ersten Wochen Schwierigkeiten, denn ihre Zwillinge wollten alle 45 Minuten gestillt werden. Sie hatte wunde Brustwarzen, die sie mit Lanolin behandelte. Außerdem legte sie das weniger hungrige Kind an die schmerzhaftere Seite. Mit zweieinhalb Monaten tranken David und Allan alle zwei bis drei Stunden und kamen zweimal in der Nacht. Zwischen sechs und sieben Monaten gewöhnten sich beide an einen vier-Stunden-Rhythmus.

In einer Schrift der La Leche Liga in Amerika »Mothering Multiples« heißt es, daß vor allem eineiige Zwillinge schnell in einen gleichen Rhythmus verfallen, so daß sie gleichzeitig gestillt werden können. Das ist schon ein enormer Zeitgewinn.

Müttern von zweieiigen Zwillingen rät die Autorin KAREN KERKHOFF, Gromada, einfach einmal auszuprobieren, ob es klappt, den zweiten Zwilling aufzuwecken. Manche Kinder lassen sich so *»gleichschalten«*, bei anderen ist es hoffnungslos.

Wenn Sie ein solches Kind haben, genießen Sie doch den Luxus, jeweils nur ein Baby auf einmal versorgen zu können. Mir hat diese Einstellung oft geholfen.

Wie Sie Ihre Milchproduktion richtig in Gang bekommen

Bis das Stillen richtig klappt, können schon einige Monate ins Land gehen. Daran sollten Sie stets denken und nicht zu früh aufgeben. Hier ein paar Tips, wie Sie Ihren Milchfluß auf Ihre Zwillinge einstellen können:

- Legen Sie beide Babies an beiden Brüsten an. Baby I beginnt rechts zu trinken, wechseln Sie es nach zehn Minuten nach links, wo es sich satt trinken darf. Baby II legen Sie zuerst links an, nach zehn Minuten wechseln Sie es nach rechts, wo es sich satt trinken darf.
- Eine andere Möglichkeit: Legen Sie Baby I nur rechts an und Baby II nur auf der linken Seite. Am nächsten Tag machen Sie es genau umgekehrt. So stimulieren beide Babies beide Seiten.
- Stillen Sie das hungrigere Baby stets an der volleren Brust.
- Wenn der Start mit dem Stillen schlecht klappt, oder eines der Babies noch eine Weile in der Klinik bleiben mußte, dann ziehen Sie sich einfach ein paar Tage mit den Zwillingen ins Bett zurück und stillen Sie sie rund um die Uhr nach Bedarf. Am Ende einer Woche haben sich in der Regel Milchproduktion und Bedarf der Babies aufeinander eingespielt.
- Das ist auch die beste Methode, um Frühgeborene von der Flasche doch noch aufs Stillen zu bringen. Allerdings brauchen Sie dann dringend jemanden, der Ihnen im Haushalt hilft.

Geringe Milchproduktion

Die Sorge, Sie könnten nicht genug Milch für zwei Babies haben, ist meist unbegründet. Ein gesundes Selbstvertrauen in die eigene »*Leistungsfähigkeit*« hilft. Was Sie sonst noch tun können, um Ihren Milchfluß zu steigern, sagen Ihnen folgende Punkte:

– Stillen Sie Ihre Zwillinge möglichst oft. Gut sind etwa zehn- bis zwölfmal pro Tag und zwar beide Zwillinge, gleichzeitig oder nacheinander.

– Setzen Sie sich nicht selbst unter zusätzlichen Druck und wiegen Sie die Babies nicht nach jeder Stillmahlzeit. Wenn Ihre Kinder einen gesunden Gesamteindruck machen, genügt es, sie einmal pro Woche zu wiegen.

– Ein gutes Zeichen dafür, ob ein Baby genug zu trinken bekommt oder nicht, ist die Anzahl seiner nassen Windeln. Pro Tag sollte es zwischen sechs und acht gut durchnäßte Windeln haben.

– Wenn Sie zufüttern müssen, so ist es besser nur ein oder zwei Mal pro Tag zuzufüttern. Jedes Fläschchen zusätzlich stört die Nachfrage-Angebot-Regelung für Ihre Milchproduktion und kostet zusätzliche Zeit.

– Versuchen Sie, die zugefütterte Menge langsam zu verringern, (etwa 10 Gramm pro Tag). Rechnen Sie dann aber damit, daß Sie Ihre Zwillinge öfter anlegen müssen.

– Babies müssen beim Stillen und beim Flasche-Trinken gänzlich verschiedene Backenmuskel- und Zungenbewegungen machen. Der ständige Wechsel verwirrt die Kinder.

– Lassen Sie sich selbst verwöhnen. Das Bemuttern der Mutter hat oft ungeahnte Wirkung auf den Milchfluß und die Milchproduktion.

– Pumpen Sie weiterhin Milch ab, so daß Sie Ihre Brüste zwischen zehn- und zwölfmal pro Tag leermachen.

– Wenn nur ein Baby beim Stillen Probleme hat, stillen Sie beide gleichzeitig. Das Baby, das besser trinkt, stimuliert den Let-Down-Reflex stärker, das schlechter trinkende Baby muß dann automatisch mehr schlucken, um die Milch aufzunehmen. Manchmal ist so schon ein schlechter Trinker kuriert worden.

Gewichtszunahme

Nehmen Zwillinge unterschiedlich an Gewicht zu, dann ist das noch lange kein Alarmzeichen dafür, daß einer vielleicht zu wenig abbekommt. Zwillingskinder können nun einmal ganz unterschiedlich sein – der oder die eine ist ein guter Trinker, der Zwillingsbruder oder die -schwester ein schlechter Trinker. Beobachten Sie einmal genau die *Trinkgewohnheiten* Ihrer Kinder, das erklärt vielleicht manche Gewichtsunterschiede. Es empfiehlt sich ohnehin, wenn Sie unsicher sind, ob auch jeder seine Portion bekommt, Buch zu führen. Legen Sie sich eine Liste an, in der Sie notieren, wann welches Baby aus welcher Brust zu trinken bekommen hat und wie stark sein Verlangen nach Milch war.

Als Faustregel für die Gewichtszunahme eines Babies gilt: *im Durchschnitt sollte es etwa ein Pfund pro Monat zunehmen.* Wichtig ist, daß Ihre Babies konstant zunehmen. Gehen Sie nicht vom Geburtsgewicht aus, sondern vom niedrigsten gewogenen Wert. Nach der Geburt verlieren Babies zunächst ein wenig Gewicht. Wenn Ihnen die Gewichtszunahme Ihrer Babies zu niedrig erscheint, beherzigen Sie folgende Tips:

- Die Babies sollten pro Tag zwischen acht- bis zwölfmal trinken. Notfalls wecken Sie sie.
- Das, was Sie selbst zu sich nehmen, sollte möglichst nahrhaft sein. Schreiben Sie einmal auf, was Sie in den letzten zwei Tagen gegessen haben. Essen Sie viel frische Früchte, Gemüse, Vollkornprodukte, Fleisch, Fisch, Eier, Käsewürfel und trinken Sie viel. Mir haben Malzbier und Milchbildungstee, aber auch jede Menge Mineralwasser geholfen.
- Fragen Sie Ihren Arzt, ob er Ihnen die Vitaminpräparate weiterverschreibt, die Sie schon während der Schwangerschaft zu sich genommen hatten.
- Wenn Sie unsicher sind, ob Ihre Babies genug Milch bekommen, setzen Sie sich mit einer Stillgruppe in Verbindung. Mit Frauen, die Erfahrung im Stillen haben, können Sie Ihre Sorgen besprechen.
- Oder fragen Sie Ihren Kinderarzt.
- Kümmern Sie sich in erster Linie um Ihre Kinder. Der Haushalt

muß warten. Zu viel in Hetze beim Stillen, verringert die Milch-produktion, aber auch die Kinder spüren, daß die Mutter nervös ist und trinken schlechter.

Das Bäuerchen

Manche Babies müssen zwischendurch oder nach der Mahlzeit einmal aufstoßen. Sie können das eine quer über Ihre Oberschenkel legen (mit dem Bauch nach unten) und sanft auf seinen Rücken klopfen, während Sie das andere weiterstillen.

Sie können aber auch ein Baby, vor allem, wenn es schon selbst den Kopf halten kann, aufrecht auf ihren Schoß setzen, während Sie das andere Kind weiterstillen. Oder Sie legen das Baby, das aufstoßen möchte, bäuchlings auf die Couch (das Bett) neben sich und massieren mit Ihrer freien Hand den Rücken.

Abpumpen

Wenn Sie Ihre Milch abpumpen, sollten Sie folgende Hinweise beachten:

- Mieten Sie sich eine elektrische Pumpe. Die Adressen von Verleihfirmen für medizinische Geräte finden Sie im Branchenfernsprechbuch.
- Bei entsprechender Indikation (etwa bei Schlupfwarzen, denen Sie aber auch mit Brustschilden beikommen können) bekommen Sie die Milchpumpe auf Rezept.
- Wenn Sie nur gelegentlich etwas Milch abpumpen müssen, um vielleicht einen kleinen Vorrat anzulegen, ist oft das Ausstreichen der Brust per Hand praktischer. Informieren Sie sich darüber ausführlich in einem Stillbuch.
- Besorgen Sie sich eine ausreichende Menge Glasfläschchen für Ihre abgepumpten Milchportionen. Sie bekommen sie meist direkt in der Kinderklinik.
- Eingefroren im Gefrierfach hält die Milch bis zu zwei Jahre bei

mindestens 18 Grad minus. Vor dem Einfrieren sollten Sie die Milch im Kühlschrank vorkühlen.

– Im Kühlschrank hält sich Muttermilch 24 Stunden. Im Tiefkühlfach hält sie sich zwei Wochen lang.

– Vorgekühlte Milch können Sie zu bereits gefrorener Milch gießen, wenn die Menge der hinzugegossenen Milch geringer ist, als das bereits Gefrorene, das nicht antauen soll.

– Kennzeichnen Sie die Milchportionen mit Datum.

– Frieren Sie unterschiedlich große Portionen Muttermilch ein, so daß Sie auch schnell einmal 20 Gramm im Bedarfsfall zusätzlich auftauen und füttern können.

– Einmal aufgetaute Milch muß schnell verbraucht werden.

– Gekühlte Muttermilch setzt sich ab, weil sie nicht homogenisiert ist. Vorsichtig schütteln.

– Zum Erwärmen von kühlschrankkalter Milch kann man sie unter fließend warmes Wasser halten.

– Um die Milchproduktion ordentlich anzukurbeln, empfiehlt sich häufiges Pumpen auf beiden Seiten. Am Anfang sollten Sie im drei-Stunden-Rhythmus pumpen, auch immer dann, wenn Sie praktisch über Nacht mehr Milch brauchen, sollten Sie in diesem Rhythmus abpumpen. Sonst genügt ein vier-Stunden-Rhythmus.

– Ihre Brustwarzen sollten Sie nach jedem Pumpen mit einer entsprechenden Salbe einschmieren, denn das Pumpen beansprucht sie ebenso wie das natürliche Stillen.

– Rechnen Sie damit, daß das Gewebe Ihrer Brüste durch das Abpumpen mit der elektrischen Milchpumpe stärker beansprucht wird, als durch das Stillen. Damit Ihre Brüste auf beiden Seiten gleichgeformt bleiben, sollten Sie rechts und links möglichst gleichmäßig abpumpen. Sonst leiert das Gewebe auf einer Seite stärker aus, als auf der anderen.

Abstillen

Zwillinge können so unterschiedlich sein, wie zwei einzelne Kinder, wie auch »normale« Geschwister. Deshalb entwöhnen sie sich vielleicht auch zu ganz unterschiedlichen Zeiten von der Mutterbrust.

Vielleicht ist ein Zwilling schon fürs Abstillen bereit, trinkt nur noch an der Brust, weil der andere Zwilling noch gestillt werden will.

Vielleicht haben Sie auch das Gefühl, daß Sie den Zeitpunkt der Entwöhnung Ihren Zwillingen überlassen möchten. Oder aber Sie empfinden das Stillen ganz plötzlich als lästig. Dann müssen Sie den Zeitpunkt setzen, auch wenn es nicht ohne Tränen abgeht. Mit dem Abstillen ist es wie mit dem Stillen: Jede Zwillingsmutter muß für sich selbst entscheiden, wie es für sie und ihre Babies am besten ist. Es gibt einfach keine festen Regeln.

Stillen und Zufüttern mit der Flasche

Wenn Ihre Milch nicht für beide Babies reicht, müssen Sie vielleicht Fertig-Babynahrung zufüttern, die der Muttermilch relativ angeglichen ist. Die meisten Zwillingsmütter finden dieses kombinierte Füttern, halb Stillen, halb Fläschchen, sehr zeitraubend und umständlich.

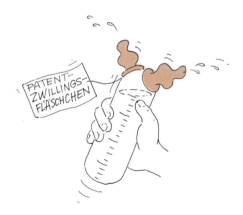

Sie können diese Halbe-Halbe-Lösung entweder so handhaben, daß Sie pro Mahlzeit je ein Kind stillen und das andere mit der Flasche füttern. Bei der nächsten Mahlzeit wechseln Sie Brust- und Flaschenkind.

Sie können aber auch einige Mahlzeiten ganz mit Flaschen, andere nur mit Stillen bestreiten.

Erstere Version ist mit weniger Hektik verbunden, als etwa beide Kinder pro Mahlzeit halb an die Brust und halb ans Fläschchen zu nehmen. Und gegenüber zweiter Methode hat sie den Vorteil, daß wohl so die Milchproduktion besser stimuliert wird, als wenn Sie einige Mahlzeiten an der Brust ganz überspringen. Besonders lästig und zeitraubend ist das kombinierte Füttern von Muttermilch und Fertignahrung, wenn Sie gar nicht stillen können, sondern Ihre Milch nur durch Abpumpen gewinnen. Für diesen Fall hat *Andrea S.*, eine Zwillingsmutter aus Frankfurt eine weitere Methode erprobt: Sie teilte die abgepumpte Milch gerecht auf zwei Fläschchen auf, den fehlenden Rest füllte sie direkt mit fertiger Babynahrung auf. Den Zwillingen bekam dieses Gemisch sehr gut, im Magen hätten sich beide Milchsorten ohnehin vermischt.

Manche Zwillingsmütter entscheiden sich auch dafür, ein Kind voll zu stillen, das andere voll mit der Flasche zu füttern. Das ist zwar mit weniger Hektik verbunden, doch es fällt bestimmt nicht leicht, sich für ein Kind zu entscheiden.

Oder Sie stillen ein Kind voll, das andere darf den Rest an der Brust trinken und bekommt zusätzlich ein Fläschchen. Das hat den Vorteil, daß kein Kind ganz auf die Brust verzichten muß.

In diesem Zusammenhang soll auch ein weiterer Fall nicht unerwähnt bleiben. Es gibt Zwillingsmütter, die genug Milch für beide Babies haben, diese jedoch nicht stillen können. Bei mir war das so. Also pumpte ich täglich drei Stunden und länger meine Milch ab, die ich anschließend verfütterte oder einfror. Diese drei Stunden täglich fehlten mir an allen Ecken und Enden. Als ich endlich eingesehen hatte, daß es nicht zum Idealbild einer *»guten Mutter«* gehört, sich selbst fertig zu machen, konnte ich den Milchfluß nur mit Hilfe von Tabletten stoppen.

Mein ganz persönlicher Rat: Machen Sie sich nicht fertig mit Abpumpen. Sie geben Ihren Zwillingen mehr, wenn Sie sie ganz gelassen und zufrieden mit dem Fläschchen

Fertignahrung füttern, als wenn Sie ausgelaugt und übermüdet, Muttermilch in der Flasche geben. Lassen Sie sich nicht kaputtmachen vom Mythos Muttermilch!

Andererseits sollten Sie sich bevor Sie ganz aufgeben, auf alle Fälle an die La Leche Liga oder die Arbeitsgemeinschaft Freier Stillgruppen (Adressen auf Seite 234) wenden, eine regionale Stillgruppe besuchen oder noch besser: Rufen Sie eine stillende Zwillingsmutter an.

Bei Drillingen lassen sich Kombinationen von Fläschchen und Stillen wohl nicht vermeiden. In ihrem Fall ist die Möglichkeit zu Stillen in manchen Situationen vielleicht mehr als praktisch. Schnell ist ein kleiner hungriger Schreihals so beruhigt. Die anderen beiden bekommen dann die Flasche.

Wenn es mit der Muttermilch gar nicht klappt

Muttermilch ist das beste für die Kinder, aber nicht unbedingt für die Mütter, wie Sie im vorangegangenen Kapitel lesen konnten. Es gibt Gründe, die Sie zum Abstillen bewegen könnten:

- Sie haben noch ältere (kleine) Kinder, die ohnehin schon zu kurz kommen.
- Für viele Mütter von zu früh geborenen Zwillingen ist auch das Hin und Her zwischen Kinderklinik und Haushalt zu anstrengend.
- Wenn Sie nicht genügend Selbstvertrauen in Ihre Fähigkeit zum Stillen haben, wenn Sie einfach nicht sicher werden, ob Ihre Milch für zwei Babies tatsächlich reicht, sollten Sie sich nicht weiter mit Selbstzweifeln plagen, sondern vielleicht doch lieber abstillen. So genießen Sie Ihre Kinder besser.
- Wenn Ihre Milch tatsächlich nicht reicht, und Sie zufüttern müssen, macht das sehr viel mehr Arbeit, als wenn Sie nur eine Art zu Füttern – entweder das Stillen oder die Fläschchen – beibehalten.
- Wenn Sie Ihre Kinder aus irgendeinem Grund nicht stillen können und Sie Ihre Milch nur abpumpen können, sitzen Sie

stundenlang an der elektrischen Milchpumpe und müssen die Milch anschließend noch per Flasche füttern. Diese Methode ist so zeitaufwendig, daß Sie darauf verzichten sollten.

– Wenn Sie auf's Stillen verzichten, sollten Sie dazu stehen und sich kein schlechtes Gewissen machen (lassen). Wichtig ist allein, daß Sie entspannt mit Ihren (zufriedenen) Babies umgehen können.

Fläschchen. Welche Milch wie zubereiten?

Wenn Sie Ihre Kinder nicht stillen, füttern Sie am besten die normale Babymilch aus Milchpulver. Dabei entscheiden Sie sich für das Produkt, das Ihnen am besten erscheint. Fragen Sie in der Klinik, welche Milch die Kinderschwestern empfehlen, oder lassen Sie sich vom Kinderarzt beraten. Einen Markenwechsel sollten Sie vielleicht nur nach Rücksprache mit ihm vornehmen. Im Prinzip sind alle Fertigmilch-Produkte gut verträglich und Blähungen lassen sich bei keiner Sorte ganz vemeiden.

Haben Sie schon ein Kind in der Familie, das an einer Kuhmilchunverträglichkeit litt, dann gehen Sie bei Ihren Zwillingen vielleicht besser erst gar nicht das Wagnis ein und füttern gleich ein Sojamilchprodukt. Diese Babynahrung ist teurer als normales Milchpulver, kann aber vom Kinderarzt verschrieben werden.

Sojamilchprodukte haben auch noch weitere Vorteile: Sie verderben nicht so schnell wie Milch, sie lassen sich angeblich unbeschadet über mehrere Stunden hinweg warm halten. Und wenn die Babies viel spucken, so riecht diese Milch im Gegensatz zur Babynahrung auf Kuhmilchbasis nicht nach Erbrochenem.

Wenn Ihre Kinder nicht unter einer Kuhmilchallergie leiden, normale Babynahrung gut vertragen, dann können Sie etwa ab dem neunten Monat auf Kuhmilch mit 3,5 Prozent Fettgehalt umstellen. In diese Milch rühren Sie am besten Schmelzflocken ein (die Mengenangaben stehen auf der Packung).

Hier ein paar Tips für die Zubereitung von Flaschennahrung:

- Besorgen Sie sich eine **neue** Thermoskanne. Wenn Sie eine Thermoskanne haben, der noch nicht der Geruch und Geschmack von Tee oder Kaffee anhaftet, können Sie auch diese benutzen.
- Bereiten Sie ein bis zwei mal pro Tag abgekochtes Wasser vor, das Sie in der Thermoskanne über Stunden hinweg warmhalten können.
- Für den Notfall, daß Sie doch einmal auf frischabgekochtes Wasser zurückgreifen müssen, sollten Sie sich immer einen Rest abgekochtes Wasser kalt aufheben. Dann können Sie kochendheißes mit kaltem Wasser mischen und erhalten so schnell ein trinkfertiges Fläschchen.
- Prüfen Sie die Temperatur der Fläschchen in dem Sie sich ein paar Tropfen Milch in den Mund spritzen (nicht am Sauger saugen).
- Ein weiterer Tip für schnelle Zubereitung lautet: Machen Sie mehrere Flaschen fertig (etwa die Tagesration) und stellen Sie sie nach Abkühlen in den Kühlschrank. Bei Bedarf kann man sie im Wasserbad oder Flaschenwärmer auf Trinktemperatur bringen. Der entscheidende Nachteil: es dauert beinahe länger, eine kühlschrankkalte Milch aufzuwärmen, als nach oben beschriebenen Methoden, die Flaschen frisch zuzubereiten. Und manche Babies vertragen vorgekochte, wiederaufgewärmte Milch nicht. Denn durch das Abkühlen, Stehenlassen und Wiederaufwärmen verändert sie sich leicht.
- Schnell aufwärmen läßt sich die vorbereitete Milch allerdings im elektrischen Wasserkochtopf oder im Mikrowellenherd (circa 30 Sekunden).
- Besonders für die Morgen- und Nachtflaschen empfiehlt es sich, das abgemessene Milchpulver und eventuell Medikamente (wie Fluortabletten, Eisentropfen) bereits in die Fläschchen zu füllen.
- Es wird auch öfter einmal vorkommen, daß Sie ein Kind auf dem Arm haben und gleichzeitig (einhändig) ein Fläschchen zubereiten müssen. Deshalb sollten Sie alles griffbereit aufbewahren.
- Wenn Sie anfangen, ab und zu Säfte mit ins Milchfläschchen zu

geben, kann die Milch gerinnen. Sie wird dennoch von den meisten Babies gut vertragen, allerdings verstopfen die Sauger schneller.

- Manche Säfte sind auch faserig (Pfirsich, Birne etc.) und verstopfen die Sauger aus diesem Grund.
- Alle Hersteller empfehlen, einmal angemachte Babymilch nicht mehr aufzuwärmen, wenn etwas übrig bleibt. Bei Zwillingen haben Sie aber den Vorteil, daß der eine vielleicht gern den Rest trinkt, den der andere übriggelassen hat.
- Problematischer ist es, Milch warmzuhalten. Die Milch ist entweder nicht mehr richtig warm oder sie kippt um. Ist das Fläschchen erst einmal kalt geworden, füttern Sie es lieber so – Zimmertemperatur schadet einem Babymagen nicht.

Kann man Zwillinge gleichzeitig füttern?

Es dauert nicht lange, da haben die meisten Mütter irgendeinen Trick gefunden, wie sie ihre Zwillinge gleichzeitig füttern können, so daß keines warten muß und die »Raubtierfütterungen«, wie wir das bezeichnenderweise nannten, problemloser werden. Hier einige Vorschläge:

- Beide Kinder gleichzeitig zu füttern, ist ähnlich wie beim Stillen einfacher, wenn die Babies schon ihr Köpfchen halten können und nicht mehr ganz so schlapp in Ihren Armen liegen.
- Eine Bayreuther Zwillingsmutter legte ihre Zwillinge dazu immer in einen weitausladenden Sitzsack, der sich den Kinderkörpern gut anpaßte, setzte sich dann davor und gab ihnen gleichzeitig die Flasche.
- Andere Zwillingsmütter legten ihre Kinder dazu in Babywippen oder Maxi Cosis.
- Sie können auch nur ein Kind in die Wippe setzen (vielleicht den besseren Trinker) und das andere im Arm halten zum Füttern.
- Ich legte beide auf Kissenberge und gab ihnen gleichzeitig das Fläschchen. Das ging aber erst als sie über ein Jahr alt waren.
- Manche Mütter setzen sich selbst aufs Bett und legen je ein Zwillingsköpfchen zum Flaschetrinken auf ihre Oberschenkel.
- *Marianne E.* legte ihre Zwillingssöhne zum Flaschefüttern ge-

meinsam in ein Kinderbett – Kopf an Kopf. Sie stellte sich davor und gab ihnen so zu trinken.

- Eine andere Zwillingsmutter ließ ihre Zwillinge gemeinsam (aber allein) trinken. Dazu legte sie die Kinder auf die Seite. Unter die Fläschchen packte sie eine Stoffwindel. Die Fläschchen müssen bei dieser Methode aus Glas sein, da nur Glasflaschen schwer genug sind, um in Trinkposition liegen zu bleiben.
- Andere Zwillingsmütter haben die Flaschen mit Sofakissen abgestützt, wenn sie ihre Zwillinge allein trinken ließen.
- Schneiden Sie sich aus einem Schaumstoffstück einen Flaschenhalter zu (einen Keil in ein brikettförmiges Teil).

Je eher Ihre Zwillinge in der Lage sind, ihr Fläschchen selbst zu halten, desto früher sind Sie entlastet. Unsere Kinder lernten es erst mit über 18 Monaten!

Wenn Sie fürchten, Sie könnten Ihren Zwillingen beim Füttern nicht das erforderliche Maß an Zuneigung geben, wenn Sie sie gleichzeitig »abfertigen«, so halten Sie sich vor Augen, wie gestreßt Sie sind, wenn das wartende Kind wie am Spieß brüllt. Dann ist's nämlich mit viel Zuneigung beim ersten Zwilling auch vorbei und Sie hetzen durch die Mahlzeit. Beim zweiten werden Sie dann auch kaum noch die nötige Ruhe finden. Also, sparen Sie lieber beim Füttern etwas Zeit und schmusen Sie mit Ihren Babies bei anderen, entspannteren Gelegenheiten.

Wenn man Zwillinge nicht gleichzeitig füttern kann und möchte

Manche Zwillingsmütter füttern ihre Kinder grundsätzlich nur einzeln, weil sie der Meinung sind, nur so bekäme jedes Kind genau die Aufmerksamkeit, die eine Mutter beim Fläschchentrinken geben sollte. Wenn Sie nicht mit zwei extrem geduldigen Kindern verwöhnt sind, kann Sie diese Methode – immer schön der Reihe nach – zum Verzweifeln bringen.

Und wie ist es, wenn ein Zwilling stets geduldiger ist als der andere? Muß dann das geduldige Kind immer warten? Oder wechseln Sie der Gerechtigkeit halber ab?

Bei uns war das so, allerdings wären wir froh gewesen, wenn wir unsere Babies gleichzeitig hätten füttern können. Doch es half einfach nichts: wenn ich Maximilian und Constantin gleichzeitig das Fläschchen geben wollte, spuckten sie stets große Mengen wieder aus.

Ließ ich mich durch das Geschrei des anderen, der warten mußte (etwa Max) verunsichern, dann legte ich den halbsatten Constantin zur Seite (er spuckte natürlich), fing an, den schreienden Max zu füttern, noch bevor der seine Flasche leergetrunken hatte, schrie natürlich Conny, also legte ich Max neben mich (er spuckte) und versuchte, Connys Fläschchen weiterzugeben. Inzwischen waren beide Babies so unzufrieden (und die Mutter konfus), daß keines der beiden mehr trinken wollte. Wenn sie sich schließlich beruhigt hatten, konnte ich sicher sein, daß der Abstand zur nächsten gefürchteten Raubtierfütterung nur sehr kurz sein würde, denn beide waren nur halbsatt geworden.

- Seien Sie rechtzeitig mit allen Fläschchen bereit.
- Es lohnt sich unter diesen Umständen auch, einen Zwilling zu wecken und zu füttern, solange der andere noch schläft.
- Nehmen Sie aber auf jeden Fall den ersten, der sich muckst, **sofort** auf und füttern Sie ihn.
- Lassen Sie sich keinesfalls vom Geschrei der Nummer zwei irritieren, sondern geben Sie dem ersten Zwilling unbedingt erst sein Fläschchen fertig.
- Vielleicht gehen Sie mit dem gerade trinkenden Zwillingsbaby im Arm zum Bettchen des anderen und sprechen erst einmal beruhigend auf ihn ein. Allerdings können viele Babies erst recht schlecht warten, wenn sie das Fläschchen schon sehen.
- Vielleicht hat das Bettchen Rollen und Sie können es sanft hin und her bewegen.
- Andere Zwillingsmütter haben gute Erfahrungen mit einem normalen Einzelkinderwagen gemacht, den sie sich in die Wohnung stellten.
- Sehr gut hilft auch eine Hängewiege (Lullababy) mit Spezialzugfeder an der Decke befestigt.
- Es gibt jetzt auch Babyschaukeln, die man aufziehen kann, so daß sie eine Weile in Bewegung bleiben. Sicher ist es nicht sinnvoll, ein Baby stundenlang zu schaukeln, doch es hilft ungemein, eine Zeit zu überbrücken, wenn ein Zwilling warten muß, bis er dran ist.
- Wenn die Zwillinge älter sind, können Sie vielleicht auch eines in eine Schaukel (oder Babyhopser) setzen.

102   Der Alltag beginnt

- Wenn partout nichts helfen will und Sie Ihre Nerven schonen möchten, dann wandern Sie am besten in ein entferntes Zimmer aus, bis Sie dem ersten Kind die Flasche gegeben haben.
- Vielleicht versuchen Sie sich ein wenig von der Mentalität der Kinderschwestern im Krankenhaus zuzulegen. Diese Frauen können ja auch nicht alle Säuglinge auf einmal mit Fläschchen versorgen und sind doch oft für mehr als zwei Kinder »zuständig«.
- Wickeln können Sie Ihre Babies auch nach dem Fläschchen. Nehmen Sie lieber in Kauf, daß sie dabei vielleicht ein wenig spucken.
- Ein Trick, der mir *das Leben rettete«*: Setzen Sie das Kind, das warten muß in eine Babywippe und wippen Sie diese Wippe mit dem Fuß. Gleichzeitig können Sie das andere Baby (erschütterungsfrei) im Arm halten und ihm die Flasche geben. Nach dem ersten Fläschchen können Sie abwechseln und das satte Baby in die Wippe setzen. Vielleicht sollten Sie dann lieber aufs Wippen verzichten, sonst ist die Milch postwendend wieder da.
- Ein Trick, der die Babies allerdings ans Teefläschchen gewöhnt: Für Maximilian erfand ich einen *»Schnuller mit Geschmack«*. Das war ein Minifläschchen, das ich durch Zusammenschrauben der Plastikverpackung für Ersatzsauger (Milupa) gewann. In dieses winzige Behältnis gab ich ein paar Tropfen Tee (später Saft) und schraubte einen normalen (Tee-)Flaschensauger oben drauf.

So hatte Maxi etwas zum Trinken, konnte saugen und das kleine Fläschchen blieb durch sein geringes Gewicht gut in seinem Mund, denn Maxi konnte mit knapp vier Monaten sein Minifläschchen natürlich noch nicht allein halten. Die Teemenge war andererseits so gering, daß er sich auch nicht verschlucken konnte.

Drillingsmütter nehmen beim gleichzeitigen Füttern auch schon mal die Füße als Stütze für's Fläschchen zu Hilfe.

Was man mit Babies machen kann, die schlecht trinken

Manche Babies sind so extrem trinkfaul, daß sie für 120 ml Milch fast ebenso viele Minuten brauchen. Für Zwillingsmütter heißt das praktisch: Füttern rund um die Uhr. Vor allem Mütter von zu früh geborenen Babies wissen, wieviel Mühe es kosten kann, 10, 20 oder 30 ml Milch in so ein kleines Wesen »*hineinzustopfen*«.

Ein paar Tricks wie Babies zum besseren Trinken überredet werden können:

— Machen Sie das Loch im Sauger größer und zwar gerade noch so groß, daß das Baby trinken kann, ohne sich zu verschlucken.
— Wenn die Milch zu langsam läuft, kann es auch daran liegen, daß Sie einen Saft ins Fläschchen gemischt haben, dessen Fasern das Saugloch verstopfen können.
— Wenn das Baby selbst schlecht trinkt, beim Fläschchen gerne einschläft, dann sollten Sie dann und wann den Sauger ein Stück weit aus dem Mündchen ziehen, gerade so weit, daß ihn das Baby nicht ganz verliert. Dann dringt Luft in die Flasche und die Milch kann wieder nachlaufen.
— Manche Babies halten den Sauger auch zu fest. Dann kann die Luft ebenfalls nicht ins Fläschchen dringen und die Milch läuft nicht nach. Auch dann sollten Sie den Sauger etwas aus dem Mund herausziehen oder aber, das Fläschchen ein bißchen zur Seite kippen. Nur wenn viele kleine Luftblasen aufsteigen, läuft die Milch gut.
— Schrauben Sie den Sauger nicht zu fest auf – lassen Sie etwa eine halbe Umdrehung »Luft«.
— Heute haben die meisten Sauger ein »Luftloch«, damit die Milch gut läuft.
— Massieren Sie mit dem Mittelfinger die Backenmuskulatur von trinkfaulen Babies.
— Wickeln Sie müde Trinker nach der ersten Flaschenhälfte. Das macht müde Babies noch einmal wach, daß dabei ein wenig gespuckt wird, sollten Sie ruhig in Kauf nehmen.
— Bevor Sie ganz verzweifeln: trösten Sie sich mit dem Wissen, daß auch dieses langsame Trinken nur eine Phase ist. Wenn die Babies älter werden, haben sie mehr Kraft, ausdauernd zu trinken.

Flaschen- und Saugerpflege

Viele Zwillingsmütter halten es für praktisch, für ihre Zwillinge 12 Flaschen anzuschaffen. Dann müssen Sie zwischendurch nicht dauernd Flaschen spülen und auskochen, erledigen diese aufwendige Flaschenpflege nur einmal am Tag.

Was Sie beachten sollten:

- Gleich nach der Mahlzeit sollten Sie die Flaschen ausspülen, eventuell mit etwas Salzwasser stehen lassen. Normales Kochsalz löst Milchreste.
- Auch den Saugern tut eine Salzbehandlung ganz gut. Doch zu viel Salz scheint ihnen nicht zu bekommen. Auch wenn Sauger in direktem Sonnenlicht stehen, scheint das ihren Auflösungsprozeß zu beschleunigen. Ich habe sie deshalb während des Sommers im Kühlschrank aufbewahrt.
- Schaffen Sie sich einen großen Topf an, damit alle Fläschchen gleichzeitig ausgekocht werden können.
- Bedenken Sie, daß dieser Topf durch die Kalkablagerungen unansehnlich und somit für andere Zwecke unbrauchbar wird.
- Besorgen Sie sich einen Schnellkochtopf (Dampftopf) mit Einsätzen. Einige Minuten auf höchster Stufe (zweiter Ring sichtbar am Dampfventil) kochen lassen, Herdplatte ausschalten, fertig. Spezielle Töpfe fürs Fläschchensterilisieren sind nicht empfehlenswert, weil sie später nicht zum Kochen benutzt werden können.
- Wenn Sie noch keinen Küchenwecker haben, sollten Sie sich fürs Auskochen einen anschaffen. Als Zwillingsmutter sind Sie so beschäftigt, daß Sie oft vergessen, daß Sie die Flaschen zum Auskochen aufgestellt haben.
- Auch in der Geschirrspülmaschine lassen sich Flaschen und Zubehör spülen.
- Einige Mütter schwören auch auf Desinfektionsbäder für Flaschen und Sauger. Diese Methode war mir persönlich zu »chemisch«. Praktisch ist sie allerdings.
- Sie sollten immer ein paar Sauger in Reserve haben, denn nach etwa drei Monaten müssen sie erneuert werden, da sie durch

Füttern

das Saugen aufquellen und sich schließlich auflösen. Heute gibt es auch die widerstandsfähigeren, aber auch härteren Silikonsauger.

Feste Nahrung

Babies müssen erst einmal lernen, wie man feste Nahrung vom Löffel essen kann, wie man sie kaut und schließlich schluckt. Anfangs sind sie noch ganz aufs Saugen eingestellt.

In der Regel fangen Mütter irgendwann zwischen dem dritten und dem sechsten Monat mit dem Löffeltraining an. Das klappt oft recht schnell, doch es gibt auch Kinder, die etwas länger brauchen, bis sie begriffen haben, wie man vom Löffel essen kann und trotzdem mehr im Mund behält, als man ausspuckt. Problematischer sind die ersten Löffelversuche bei Zwillingen eigentlich nur deshalb, weil Sie die Geduld für zwei Kinder aufbringen müssen.

- Starten Sie Ihre ersten Löffelversuche lieber einmal zwischendurch, wenn die Babies nicht so extrem hungrig sind.
- Probieren Sie das Vom-Löffel-Essen nur dann, wenn Ihnen jemand hilft.
- Wenn es absolut nicht gelingen will, machen Sie sich keinen zusätzlichen Streß, sondern füttern Sie alle Gemüse oder Babynahrung aus der Flasche. Verdünnen Sie die Mahlzeit mit ei-

nem Schuß Milch (anfangs Babyfertigmilch, später Kuhmilch) und schneiden Sie mit einem Messer einen Schlitz in den Flaschensauger.

– Trösten Sie sich mit dem Gedanken, daß die Brei-aus-der-Flasche-Phase ganz von allein vorübergeht. Oder können Sie sich vorstellen, daß ein 20jähriger Zwilling seine Freundin zum Pizzaessen aus dem Fläschchen einlädt?

– Wenn die Kinder gut sitzen können (unsere Kinder konnten das erst mit etwa zehn Monaten), ist es auch leichter, das Essen vom Löffel zu trainieren. Setzen Sie sich beide Kinder in den Hochstuhl und füttern Sie mit einem Löffel aus einem Teller.

– Sie können sich auch den schlechteren Esser auf den Schoß setzen, denn da haben Sie ihn besser »unter Kontrolle«. Das zweite Kind setzen Sie sich gegenüber in den Hochstuhl.

– Kleinere Babies können Sie in Wippen oder Babysicherheitssitze setzen und sich selbst davor.

– Füttern Sie möglichst nicht direkt aus dem »Gläschen«, denn im Glas läßt sich die Temperatur des Essens nicht so gut feststellen. Oben ist der Gemüsebrei oft lauwarm bis kalt, dafür aber weiter unten im Gläschen kochendheiß.

– Wenn Sie selbstzubereitete Mahlzeiten füttern möchten, empfiehlt sich ein Handmixgerät mit Aufsatz zum Zerkleinern.

– Bereiten Sie stets mehrere Mahlzeiten im voraus zu. Portionsweise in Gläschen gefüllt, halten sie sich zwei Tage im Kühlschrank oder frieren Sie sie ein (auch in Joghurtbechern).

– Bei Zwillingen haben Sie den Vorteil, daß einer immer die Reste des anderen essen kann.

– Ab etwa anderthalb Jahren möchten Ihre Zwillinge vielleicht allein essen. Das kostet Nerven, doch es lohnt sich, sie (weitgehend) gewähren zu lassen. Denn so sind sie beschäftigt und werden vielleicht auch schneller selbständig, was einer Zwillingsmutter nur zugute kommt.

– Binden Sie Ihren Kindern am besten große Mullwindeln oder dunkle Gästehandtücher mit angenähten Bändern um, die mehr abdecken als normale Lätzchen.

– Setzen Sie sich mit einem dritten Löffel bewaffnet zwischen Ihre allein essenden Zwillinge und helfen Sie da und dort ein wenig nach.

- Wenn Ihre Zwillinge allein essen möchten, sollten Sie ihnen am besten Dinge vorsetzen, die sich gut essen lassen. Also keine langen Spaghetti, sondern kurze, dicke Nudeln.
- Auf jeden Fall sollten Sie Ihre Kinder anfangs in der Küche abfüttern. Wenn Sie sie im Eß- oder Wohnzimmer verköstigen, empfiehlt es sich, den Teppichboden mit einem Stück Wachstuch abzudecken. Alte Zeitungen als Unterlage tun's auch.
- Oder: Füttern Sie Ihre Kinder, wenn diese in der Badewanne (im Wasser) oder im Plantschbecken sitzen. Sehr unkonventionell, aber effektiv!

Schreien lassen

Die Ansicht, daß ein Baby schreien muß, damit sich seine Lungen kräftigen, ist falsch. Doch das heißt nicht, daß ein Baby niemals schreien darf. Manche Eltern nehmen ihr Baby stets beim kleinsten Pieps auf und fühlen sich nicht selten von den hohen Ansprüchen an sich selbst unter Druck gesetzt. Bei Zwillingen ist es noch viel schwieriger, Babies nicht schreien zu lassen.

Ich bekam einmal einen anonymen Anruf: »Wenn Sie sich nicht sofort um Ihr Baby (!) kümmern, erstatten wir Anzeige wegen Kindesmißhandlung.« Ich hatte Maximilian und Constantin einzeln die Flasche gegeben, beide schrien während der jeweils andere gefüttert wurde.

Die meisten Zwillingsmütter, die an meiner Umfrage teilgenommen haben, sind ums Schreien lassen auch nicht herumgekommen. Doch ernsthaften Schaden haben die vielen schreienden Zwillingskinder offensichtlich nicht genommen.

Erfahrene Mütter – und diese Erfahrung stellt sich schon sehr bald ein – merken genau, ob das Baby einen Grund hat, zu weinen. Es wird kaum eine Zwillingsmutter geben, die eines ihrer Kinder nicht tröstet, wenn es einen ernstzunehmenden Anlaß fürs Geschrei gibt. Allerdings gibt es immer wieder auch Momente, da fühlen sich Eltern ganz und gar überfordert. Wenn Sie sich von zwei Schreihälsen tyrannisiert fühlen, machen Sie ruhig einmal alle Türen zu, drehen Sie die

Stereoanlage laut auf, holen Sie tief Luft und versuchen Sie sich abzureagieren, damit Sie Ihre Babies wieder besser trösten können.

Wenn Sie ein Kind eine Zeitlang »schreien lassen«, dann sollten Sie allerdings zu Ihrer Entscheidung stehen. Sie müssen es aus Ihrer inneren Überzeugung heraus tun oder gar nicht.

Schlafen

Der Rhythmus tagsüber

Zwillingskinder können beide den gleichen Schlaf-Wach-Rhythmus entwickeln, oder aber zu unterschiedlichen Zeiten wach und damit hungrig werden.

Beides hat Vorteile, aber auch Nachteile. Werden beide Kinder gleichzeitig wach, dann kann es unter Umständen Probleme geben, weil beide gleichzeitig nach dem Fläschchen verlangen.

Andererseits erledigen Sie Füttern, Wickeln und Babypflege quasi in einem Aufwasch, während Sie bei unterschiedlichen Rhythmen oder zeitversetzten Rhythmen immer irgendwie mit einem Baby beschäftigt, die Abstände zwischen dem Versorgen eines Kindes gering und deshalb wenig entspannend sind.

Die beste Lösung sind Rhythmusverschiebungen von 15 bis 30 Minuten. Denn das gibt Ihnen einen Vorsprung, das zuerst wach gewordene Kind in Ruhe zu versorgen und anschließend können Sie sich um das zweite kümmern.

Läßt sich der Rhythmus beeinflussen?

Viele Zwillingseltern füttern und versorgen ihre Babies nach Bedarf und versuchen erst gar nicht den Rhythmus zu beeinflussen. Früher war das anders, da stellte man Kinder exakt auf einen Vier-Stunden-Rhythmus ein, basta.

Für Zwillingseltern empfiehlt sich eine Zwischenlösung: Sie sollten weder versuchen, Ihren Kindern einen starren Rhythmus aufzuzwingen, denn meist spielt sich alles von allein ein. Sie sollten allerdings auch nicht immer erst abwarten, bis sich beide Kinder von selbst melden. Vor allem nachts ist es günstiger erst den einen Zwilling, der von allein aufwacht, zu versorgen und den zweiten anschließend zu wecken.

Versuchen Sie also mit sanftem Nachdruck, die Babies »*gleichzuschalten*«. Das erreichen Sie nicht nur, indem Sie stets das Kind, das sich zuerst muckst **sofort** versorgen und das zweite anschließend wekken, sondern in dem Sie auch einmal das erste Baby einfach aufwecken bevor »*es Zeit ist*«. Nach ein paar Tagen Durchhaltevermögen spielt sich das meist ein. In Zehn-Minuten-Schritten schaffen Sie auch die Umstellung von »*Normalzeit*« (Winterzeit) auf »*Sommerzeit*«. Manche Kinder passen sich auch problemlos der neuen Zeit an. Unsere etwa.

Dagegen waren Maximilian und Constantin ein hoffnungsloser Fall, wenn wir versuchen wollten, ihnen unseren gewünschten Rhythmus aufzuzwingen. Wenn sie zu so unterschiedlichen Zeiten kamen, daß ich in manchen Nächten praktisch kein Auge mehr zu tun konnte, habe ich immer wieder versucht, einen Zwilling durch Wecken »*gleichzuschalten*«. Doch dann waren diese zwangsgeweckten Babies meist viel zu müde und verschlafen, um richtig zu trinken. Der Erfolg: Zumindest ein grantiges Baby und viel Mutlosigkeit bei mir.

Der Mittagsschlaf

Keine der von mir befragten Zwillingsmütter hatte nachgeholfen und doch kam bei allen der Zeitpunkt, daß die Kinder einen zwei- oder dreistündigen Mittagsschlaf einlegten und das oft noch bis spät ins dritte oder vierte Lebensjahr hinein.

Zum Mittagsschlaf empfiehlt es sich, die Zwillinge zu trennen. Denn sind sie in einem gemeinsamen Zimmer untergebracht, machen vor allem die etwas älteren Kinder gerne Faxen und vor lauter Gekicher kommt keines recht zum Schlafen.

Die Zeit des Mittagsschlafs ist für die doppelt eingespannte Zwillingsmutter eine dringend notwendige Erholungspause. Deshalb mein Tip:

Stürzen Sie sich nicht gleich auf den Haushalt, das meiste können Sie doch auch erledigen, wenn Ihre Zwillinge wach sind. Tun Sie etwas für sich!

Der Rhythmus nachts

Das größte Problem der ersten Wochen mit Zwillingen ist das Schlafdefizit, das sich langsam bei allen Zwillingseltern einstellt. Zwillingsbabies müssen wie die meisten Säuglinge erst einmal lernen, daß nachts »*Schlafenszeit*« ist. Oft haben sie das bereits nach dem vierten Lebensmonat heraus, dann reicht das letzte Fläschchen um 22 Uhr bis sechs Uhr morgens.

Bei gestillten Zwillingen ist das vielleicht etwas anders: gestillte Kinder kommen in der Regel öfter als Flaschenbabies und so bleiben Ihnen vielleicht auch die lästigen Nachtfütterungen noch lange nicht erspart. Doch wieviel problemloser ist es, ein Baby nachts an die Brust zu nehmen und vielleicht ein paar Minuten später das zweite, als aufzustehen, Fläschchen zu machen und zu verfüttern.

Besonders nachts ist es von Vorteil, wenn sich die Zwillinge im Abstand von wenigen Minuten melden und nicht alle zwei Stunden wieder ein Baby schreit.

Durchschlafen

Mit etwa drei bis sechs Monaten fangen die meisten Babies an, durchzuschlafen, das heißt etwa sechs Stunden am Stück zu schlafen. Doch auch hier gibt es keine festen Regeln. Manche Eltern haben Pech und stehen jahrelang jede Nacht mehrmals auf.

Wir sind so ein Fall. Unsere Zwillinge schliefen von einer auf die andere Nacht durch, sie waren genau vier Monate alt. Constantin hat dieses Durchschlafen bis heute mehr oder weniger durchgehalten. Maximilian hielt es genau einen Monat durch. Dann schrie er pro Nacht drei- bis fünfmal ausdauernd, lautstark, nervenaufreibend.

Da beide ein gemeinsames Zimmer hatten, sprangen wir beim leisesten Pieps auf, um den Störenfried außer Hörweite zu rollen. Manchmal genügte ein Milchfläschchen, um Maximilian zu befriedigen. Komplizierter wurde es, als er wieder in den Schlaf geschaukelt werden wollte, sein Bettchen war mit Rädern ausgestattet. So verbrachte ich manche Nacht auf dem Boden des Wohnzimmers, eine Hand am Gitterbett, immer bereit zum Hin- und Herrollen.

Diese nächtlichen Sitzungen nahm ich nicht mit Gleichmut hin. Im Gegenteil: meine Wut auf das Kind, auf meine eigene Unfähigkeit ihm das Schlafen beizubringen, steigerte sich von Nacht zu Nacht. Ich konnte mich nicht damit abfinden, daß es für mich keinen geregelten Schlaf mehr geben sollte.

Schließlich am Ende meiner – unserer – Kraft schlossen wir alle Türen, ließen Maximilian schreien, schliefen selbst trotzdem nicht und hatten ein schlechtes Gewissen.

Maximilian konnte bis zu zwei Stunden lang brüllen. War sein wütendes Geschrei endlich verstummt, sorgten wir uns, daß er inzwischen vielleicht erstickt sein könnte, oder vor lauter Anstrengung seine Stimme verloren hätte.

Irgendwann im Alter von acht bis zehn Monaten begann auch Max ein paar Nächte durchzuschlafen. Ob es daran lag, daß ich ihn eine Zeitlang immer noch einmal geweckt hatte, wenn wir ins Bett gingen, um ihn dann noch einmal eine Flasche zu geben? Vielleicht lag es aber auch daran, daß ich mich mit den nächtlichen Unterbrechungen einfach besser abgefunden hatte und die schlaflosen Nächte entspannter sah? (Siehe auch Seite 112.)

Auch unser drittes Kind wachte lange Zeit mehrmals nachts auf. Es liegt also nicht am Zwillingsein – nur bei Zwillingen ist das Problem doppelt lästig.

Einschlafen

Die Probleme des Durchschlafens wichen sehr bald den Problemen des Einschlafens: nachdem wir die beiden ein gutes Jahr lang durch dezentes Licht, gedämpfte Stimmen und eine gute Flasche warmer Milch quasi in den Schlaf hinein *»betäubt«* hatten, änderte sich ihre Einschlafgewohnheit (und damit unser Ritual) schlagartig.

Schreien der Kinder bis zur Erschöpfung, Drohungen (wenn du nicht ..., dann ...) oder Verlockungen *»Mami legt sich zu dir, bis du eingeschlafen bist«* und *»Du darfst auch im großen Bett schlafen ...«.* Wir probierten alles und doch gab es jeden Abend *»*Theater*«.*

Heute gehen beide nach Geschichte-Erzählen, Schmusen und ein Schlaflied-Singen relativ problemlos ins Bett. Alle Probleme begleiten uns nur phasenweise – jede schwierige Phase wurde von einer relativ entspannten abgelöst.

– Lassen Sie ein Orientierungslicht brennen. Seitdem schlafen unsere Kinder durch, oder kommen wenigstens allein zu uns ins Bett gekrochen.

– Sagen Sie, daß Sie in fünf Minuten nochmal gucken kommen. Dieses Versprechen müssen Sie dann aber auch halten. Wiederholen Sie diese Prozedur mehrmals bis die Kinder eingeschlafen sind.

– Gehen Sie nicht zu abrupt aus dem Zimmer – so, Licht aus, Türe zu. Lassen Sie die Tür einen Spalt offen, hantieren Sie noch ein wenig vor dem Zimmer herum, verfallen Sie nicht in einen Flüsterton, so daß die Kinder Sie noch eine Weile hören können.

– Führen Sie ein Einschlafritual ein, daß Sie dann exakt jeden Abend wiederholen, das zur Not aber auch jemand anderes durchführen kann.

– Erzählen Sie eine einfache Geschichte mit nicht zu aufregendem Inhalt. Wenn die Geschichte Ihren Kindern gefällt, wiederholen Sie sie jeden Abend. Oder erzählen Sie eine Geschichte mit Fortsetzungen, auf die die Kinder schon gespannt sind.

Unruhige Nächte

Es gibt zwei Möglichkeiten, gestörte Nächte zu *»normalisieren«*: entweder, Sie versuchen den Rhythmus Ihrer Babies massiv zu beeinflussen oder Sie finden sich mit Ihrer momentanen Situation ab.

- Oberstes Gebot: Finden Sie sich damit ab, daß Sie keinerlei Anspruch auf Nächte ohne Störung haben. Je gelassener Sie diese Tatsache sehen, desto leichter meistern Sie solche Phasen.
- Schauen Sie nicht immer gleich auf die Uhr, wenn sich nachts ein Baby meldet. Sie ärgern sich eher darüber, daß Sie wieder nur eine Stunde am Stück schlafen konnten, wenn Sie es an der genauen Uhrzeit ablesen. Wenn Sie sich erst einmal ärgern, fällt es Ihnen doppelt so schwer, wieder zum Schlaf zurückzufinden.
- Glauben Sie nicht, daß Ihre Kinder nicht durchschlafen, weil Sie als Eltern versagt haben. Alle Mütter haben mir bestätigt, es nützt nicht viel, die Babies aufs Durchschlafen trimmen zu wollen. Eines Nachts geht es wie von selbst.
- Richten Sie sich alle in der Nacht benötigten Dinge vorsorglich her: heißes (abgekochtes) Wasser in der Thermoskanne, Fläschchen mit abgemessenem Milchpulver und Tee.
- Trennen Sie die Zwillinge nachts, wenn einer schon durchschläft, der andere aber noch nicht.
- Einige Zwillingseltern schwören darauf, nicht gleich beim ersten Pieps zu springen. Sie stellen ihre Kinder außer Hörweite, wenn es die Wohnsituation erlaubt. Ob Ihnen diese Methode zusagt, müssen Sie selbst entscheiden.

- Wenn Sie schon Kinder haben, fällt Ihnen diese drastische Methode sicher leichter. Erfahrene Mütter wissen meist, ob das Geschrei nun berechtigt ist, ob dem Baby tatsächlich etwas fehlt oder ob es nach kurzem Weinen wieder einschläft.
- Wenn Sie sich am Ende Ihrer Kräfte fühlen, zögern Sie nicht, auch mal ein Kind eine Zeitlang quengeln zu lassen. Dies gilt natürlich nur, wenn Sie absolut sicher sind, daß dem Baby nichts fehlt, mit Ausnahme vielleicht von etwas »Unterhaltung« nachts um drei.
- Oft ist es günstiger, ein Baby eben doch beim kleinsten Pieps kurz zu beruhigen, denn hat es sich erst einmal eingeschrien, kriegen Sie nicht so schnell wieder Ruhe, vor allem dann nicht, wenn auch das Zwillingsgeschwisterchen aufwacht.
- Viele Eltern glauben auch, daß der erste dicke Brei das beste Mittel ist, ein Kind zum Durchschlafen zu bewegen. Doch der schöne dicke Brei kann auch wie ein Stein im Magen liegen.
- Ein turbulenter Tag macht Babies zwar kaputt, doch für ruhigen Schlaf sorgt viel Aufregung leider nicht. Ein regelmäßiger Tagesablauf läßt kleine Kinder besser schlafen, als wenn sie zu viel neue Eindrücke verarbeiten müssen.

Das Familienbett

Kleine Kinder träumen oft schlecht und fürchten sich in der Nacht, dann möchten sie gerne bei Mami und Papi unter die Decke kriechen. Das ist bei Zwillingen genauso wie bei Einzelkindern. Nur: Zwillinge machen diese Phase oft gleichzeitig durch und dann wirds eng.

Viele Eltern möchten nicht nur aus diesem Grund ihr Bett für sich haben und fürchten außerdem, daß sie die Kinder einmal ins Ehebett gelassen nie wieder herausbrächten. Doch diese Sorge ist wirklich unbegründet – viel zu schnell werden aus den »Kleinen« die Großen, die lieber im eigenen Bett schlafen möchten.

- Akzeptieren Sie so gut es geht, daß die Zwillinge auch nachts Ihre Nähe brauchen. Zwingen Sie die Kinder nicht, im eigenen Bett zu schlafen.
- Machen Sie sichs zu viert bequem. Besorgen Sie sich notfalls ein anderes Bett oder legen Sie wie wir eine dritte Matratze dazu.

Schlafen 115

- Schlafen Sie jeder unter einer eigenen Decke. Das geht besser als mit einem unruhigen Zappelphilipp unter einer gemeinsamen Decke. Ziehen Sie dem unruhigen Schläfer einen Schlafsack an.
- Wenn Sie genug Platz haben, können Sie auch die Gitterbetten direkt neben Ihr großes Bett stellen.
- Gekicher und Gealber oder Kletterpartien über müde Eltern hinweg, brauchen Sie nicht hinzunehmen. Wer nicht stilliegt, kriegt Bettverbot.
- Wenn Ihre Kinder im eigenen Bett einschlafen und mitten in der Nacht zu Ihnen ins Bett kriechen möchten, geben Sie ihnen die Möglichkeit, allein aus dem Kinderbett aussteigen zu können.
- Wenn Sie oder Ihr Mann absolut nicht mit einem Kind im Bett schlafen können, überlegen Sie, wer von Ihnen auswandert, wenn das nächtliche Schreikonzert losgeht. Vielleicht können Sie in weiser Voraussicht schon ein zweites Matratzenlager vorbereiten.
- Wenn Sie ganz und gar verzweifelt sind, über diese schrecklichen Schlafgewohnheiten Ihrer Zwillinge, denken Sie immer daran: es sind nur Phasen, die auch einmal vorübergehen.
- Besorgen Sie sich das Taschenbuch »*Das Familienbett*« von Tine Thevenin. Mir hat es sehr geholfen.
- Wenn Sie das Gefühl haben, nun sei es aber an der Zeit, daß die Kinder im eigenen Bett schlafen, helfen Sie ein wenig nach. Vielleicht genügt es ja, wenn Sie die Gitterstäbe an den Betten entfernen und dort, wo das nicht geht, wenigstens ein paar Stäbe herausnehmen, so daß das Kind ohne fremde Hilfe aussteigen kann. Dann argumentieren Sie mit dem schon großen Kind, das doch jetzt schon allein ins Bett steigen kann und auch wieder allein rausklettern kann. Und: »*Große Kinder schlafen in ihrem eigenen Bett*«.

Getrennte Zimmer für die Zwillinge?

Wenn Sie Platz genug haben, werden Sie sich vielleicht überlegen, ob es nicht sinnvoll ist, jedem Zwillingskind von Anfang an ein eigenes Zimmer einzurichten. Sie stellen sich vor, daß ein Kind das andere stets durch sein Weinen wecken könnte.

Zwillinge haben Monate zusammen im Mutterleib verbracht, warum sie also nach der Geburt trennen? Viele Zwillingsmütter haben sogar sehr gute Erfahrungen gemacht, ihre Zwillinge in den ersten Wochen oder Monaten zusammen in ein Bettchen zu legen. *Die Babies schliefen so sogar ruhiger, weil sie die vertraute Nähe des anderen spürten.*

Hinzu kommt, daß die sehr kleinen Babies gar nicht unbedingt durch laute Geräusche wie das Schreien des anderen Zwillingskindes aufwachen. Dieses gegenseitige Wecken wird erst später zum Problem.

Getrennte Zimmer sind im Grunde sogar unpraktisch. Sie müßten stets hin und her laufen, um Ihre Babies zu versorgen.

Getrennte Zimmer werden frühestens ab dem Schulalter interessant, oder sogar erst in der Pubertät. Für die Persönlichkeitsentwicklung sind sie wichtig.

Körperpflege

Windeln

Viele Zwillingseltern entscheiden sich für fertige Höschenwindeln. Die Vorteile liegen auf der Hand: Die Babies sind mit ein paar Handgriffen gewickelt und der Wäscheberg wird nicht noch größer als er ohnehin schon ist.

Die meisten Höschen-Windeln haben eine gute Paßform, sie schließen an den Bündchen eng ab und laufen deshalb seltener aus als irgendwelche Stoff-T-Folie-Windelpakete. Die Kinder liegen darin wesentlich trockener, das heißt, man muß sie nicht so oft wickeln. Pro Tag reichen anfangs etwa sechs Windeln, später genügt es oft, die Kinder viermal pro Tag (24 Stunden) frisch zu machen.

Bei Stoffwindeln brauchen Sie nach meiner Erfahrung pro Tag und Kind zwei bis drei Windeln mehr. Wenn Sie nachts sogar zwei Windeln in das Windelhöschen geben, kommen noch einmal zwei zusätzliche Windeln zum täglichen Wäscheberg. Alles in allem brauchen Sie also täglich bis zu acht Windeln mehr, das ist schon eine Viertelfüllung Waschmaschine.

Der gewichtigste Vorteil von fertigen Höschenwindeln ist denn auch die Tatsache, daß sie nicht gewaschen werden müssen. Sie haben dadurch effektiv weniger Arbeit. Andererseits stellen fertige Höschenwindeln einen enormen Kostenfaktor im Budget einer Zwillingsfamilie dar. Auch wenn Sie konsequent Sonderangebote nutzen, oder nur markenlose Windeln kaufen, geben Sie während des Windelalters Unsummen für trockene Babypopos aus.

Inzwischen hat man auch festgestellt, daß Höschenwindel-gewickelte Babies von heute im Durchschnitt viel später *»sauber«* werden als die überwiegend Stoffwindel-gewickelten Babies von früher. Zum Teil mag das daran liegen, daß man die Kinder heute nicht mehr so früh (sprich: zu früh) auf Sauberkeit drillt, zum Teil resultiert das verlängerte Windelalter sicher auch aus der Tatsache, daß Babies in fertigen Höschenwindeln trockener liegen (sitzen, stehen), die Nässe nicht so auffällt und daher nicht als unangenehm empfunden wird.

Ein weiterer Nachteil, den die Höschenwindeln angeblich mit sich bringen: Babies mit empfindlicher Haut werden leichter wund und ist der Popo einmal entzündet, heilt er in der relativ luftdicht abgeschlossenen Fertigwindel nur schlecht.

Ein letzter Vorteil der Fertigwindeln: Sie lassen sich viel schneller anlegen, was vor allem bei sehr zappligen Kindern von Vorteil ist. Manche Kinder möchten sich schließlich gar nicht mehr im Liegen wickeln lassen – einen Windelwechsel im Stehen kriegen Sie mit Höschenwindeln viel besser hin als mit Stoff. So können Sie auch ruckzuck mitten in der Stadt für Außenstehende kaum sichtbar Ihre Babies frischmachen.

Eine etwas alternative Methode soll hier auch nicht unerwähnt bleiben: die Kombination Mullwindeln mit gestricktem Windelhöschen aus Schafwolle. Vor allem bei Kindern mit empfindlicher Haut, haben Eltern mit dieser Wickeltechnik gute Erfahrungen gemacht. Besonders gute Paßform haben (»italienische«) Windeln mit Bändchen zum Zubinden. Für uns bewährt sich bei unserem dritten Kind eine Kombination aus Stoffwindel-Wickeln tagsüber und saugstarke Höschenwindeln nachts.

Noch wirkungsvoller ist die Wickelmethode mit Stoffhöschenwindeln (z. B. Kooshiers, Popolino u. a.). Die Windeln sind in Hosenform, da muß kein Band gebunden, nicht gewickelt und nichts geschnürt werden. Die Erstanschaffung ist sicher teuer, doch unterm Strich – also am Ende des Windelalters – ist diese Methode billiger als Wegwerfwindeln. Die Arbeit hält sich auch in Grenzen, sieht man einmal davon ab, daß die Höschenwindeln gewaschen werden müssen.

Inzwischen gibt es auch hierzulande Windelservice-Firmen nach amerikanischem Vorbild. Sie bringen frische (Stoff-)Windeln und holen gebrauchte ab. Der Service ist nicht viel teurer als der Kauf von Einmal-Höschenwindeln.

Wickeltechnik

Wer Zwillinge hat, wünscht sich in vielen Situationen vier oder besser sechs Hände. So ist das auch beim Wickeln. Wie kann man es sich leichter machen?

- Manche Zwillingsmütter schwören auf einen überbreiten Wickeltisch. Wenn Sie Hilfe haben, kann die zweite Person gleichzeitig das andere Zwillingskind trockenlegen, während Sie sich auch um ein Baby kümmern.
- Solang die Babies noch sehr klein sind und sich noch nicht allzu heftig bewegen oder gar herumrollen, können Sie sie auch wenn Sie allein sind, nebeneinanderlegen und haben so beide »unter Kontrolle«.
- Sicherer ist es allerdings in solchen Fällen, das Wickeln auf eine Matratze am Boden zu verlegen.
- Auch wenn eine zweite Person als Hilfe da ist, brauchen Sie keinen doppeltbreiten Wickeltisch. Einer kann einen Zwilling auf einer Matratze oder Wickeltischauflage am Boden wickeln, der andere macht den anderen Zwilling auf dem Wickeltisch fertig.
- Wenn Ihre Kinder beim Windelwechsel gar nicht mehr liegen bleiben wollen, kann man ihnen schnell einmal eine Windel im Stehen umlegen.

Körperpflege   119

– Auf den Wickeltisch sollten Sie unbedingt eine Plastikauflage
legen. Vor allem im Anfang genügt es nicht, daß Sie eine Wickel-
unterlage mit waschbarem Stoffbezug benutzen, denn kleine
Babies *pieseln* oft und gern, wenn Sie einen Moment *unten
ohne* liegen.
– Mobiles überm Wickeltisch lenken ungeduldige Babies vom eigentlichen Geschehen ab.
– Mit einem Heizlüfter können Sie den Wickelplatz im Nu angenehm warm machen.

═══ Pflegepräparate

Zur Arbeitserleichterung beim Wickeln sollten Sie alle benötigten Pflegepräparate in Reichweite aufbewahren. Gleichzeitig ist es auch
sicherer, alles griffbereit zu haben, denn Babies sollten Sie nie allein auf
dem Wickeltisch liegen lassen. Vielleicht denken Sie, das ist doch selbstverständlich. Doch warten Sie's ab, mit Zwillingen gerät die tüchtigste
Mutter manchmal aus der Fassung.

Sie können die Pflegepräparate in einem Regal am Wickeltisch
aufbewahren, ein Wandbehang mit entsprechenden Fächern (die nicht
zu tief sein sollten) eignet sich ebenso. Wenn auf dem Wickeltisch selbst
genug Platz ist, können Sie auch dort Creme, Öl und Papiertücher
unterbringen. Doch Vorsicht: Alles muß außer Reichweite der Babies
bleiben.

– Wenn Sie Ihre Kinder in verschiedenen Zimmern wickeln, empfiehlt es sich, in mehreren Zimmern ein paar Wickelzubehör-
Dinge aufzubewahren. Die wichtigsten Pflegepräparate können
Sie aber auch auf einem Teewagen bereitstellen (oder ein Wagen mit mehreren Korbetagen), den Sie überall hin mitnehmen
können.

Bei Wickelzubehör wie Öl und Papiertücher können Sie auch
Zeit oder Geld sparen, je nachdem, was Ihnen wichtiger erscheint. Sie
können die praktischen Öltücher kaufen, die relativ teuer sind, oder
Watte mit Babyöl getränkt benutzen. Das ist wieder etwas umständlicher, kostet aber nicht so viel.

Statt (teurer) Papiertücher können Sie beim Popo-Saubermachen auch (billigeres, aber umständlicheres) Toilettenpapier benutzen.

Und noch etwas, sollten Sie unbedingt in der Nähe des Wickeltisches aufbewahren: Klebeband oder Leukoplast. Denn die wiederverschließbaren Klebebänder an den fertigen Höschenwindeln sind eben auch nur begrenzt wiederverschließbar. Und eigentlich sind diese Windeln zu teuer, um sie trocken wegzuwerfen, nur weil Sie sie nicht mehr zukleben können.

Sauber werden

Eigentlich ist die Erziehung zur Sauberkeit kein spezielles Zwillingsproblem, denn den Windeln entwachsen schließlich alle Kinder früher oder später. Und doch ist das Sauber-werden gerade für Zwillinge ein besonderes Thema, denken Sie einmal an die enormen Summen, die Sie für Windeln ausgeben.

Nutzen Sie den warmen Sommer aus. Lassen Sie Ihre Zwillinge viel unten ohne (auch in der Wohnung) herumlaufen. *Dagmar D.* band ihren Zwillingsjungs Lätzchen, also eine Art Lendenschurz, um. So pieselten sie sich wenigstens nicht gegenseitig an.

Ziehen Sie in der Phase des Sauber-werdens einfache Hosen mit Gummizug und ohne Latz an. Denn die Kinder müssen meist wirklich **sofort**, wenn sie Alarm geben. Kurze Frotteehöschen, lange Jogginghosen sind schnell heruntergerissen, wenn es losgeht.

Natürlich sollten Sie nicht schimpfen, wenn es mal daneben geht. Zwingen Sie Ihre Kinder nicht und wenn es nicht auf Anhieb klappt, ziehen Sie doch noch einmal Windeln an und probieren Sie es ein paar Tage oder Wochen später noch einmal. Lassen Sie Ihre Zwillinge zugucken, wie *»große Leute«* auf die Toilette gehen. Auch von älteren Geschwistern oder Spielkameraden lernen Kleine gern. Ich habe festgestellt, daß sich Zwillinge wie so oft, auch in diesem Punkt gegenseitig anspornen. Allerdings sollten Sie das auch nicht ausnutzen und stets das (saubere) Zwillingskind als leuchtendes Beispiel hinstellen. Damit können Sie eher das Gegenteil des gewünschten Effektes erreichen.

Eine andere Zwillingsmutter stellte fest, daß eines ihrer Zwillingsmädchen früher auf Windeln verzichten konnte, als das andere. Es sind ja auch zwei verschiedene (wenn auch vielleicht sehr ähnliche) Kinder, deren Entwicklung nicht zwangsläufig parallel verlaufen muß. Diese Zwillingsmutter zog aus Bequemlichkeit weiterhin beiden Mädchen Windeln an. Als dann auch das zweite Kind bereit war, auf Windeln zu verzichten, hatte die Mutter ihre liebe Not mit dem Zwillingsmädchen, das schon seit längerer Zeit auf den Topf gehen wollte. Es hatte sich nun doch wieder an Windeln gewöhnt und war nur sehr schwer aufs Töpfchen zu kriegen.

Wenn Sie also feststellen, daß eines Ihrer Zwillingskinder früher sauber ist als das andere, blockieren Sie diese Entwicklung nicht.

Geben Sie beiden Kindern die Chance, ihren persönlichen Zeitpunkt selbst zu wählen.

Das Baden

Viele Zwillingseltern setzen sich unnötigem Streß aus, weil sie glauben, ihre Babies müßten jeden Tag oder mindestens jeden zweiten Tag gebadet werden. Doch so schmutzig machen sich Babies meist nicht und den Windelbereich kann man schnell einmal mit einem Waschlappen und Seife reinigen. Oft genügt auch ein schnelles *»Sitzbad«* im Waschbecken, wenn der Popo sehr verschmiert ist.

So erleichtern Sie sich die Badeprozedur:

- Verzichten Sie bei Zwillingen auf das tägliche Bad. Alle drei Tage genügt vollends.
- Baden Sie beide nacheinander im gleichen Wasser, das ist nicht unhygienischer als beide zusammen in der großen Wanne.
- Baden Sie Ihre Zwillinge überhaupt nur, wenn Sie Hilfe haben.
- Wenn Sie wirklich niemanden haben, der Ihnen beim Baden helfen könnte, greifen Sie zu einer anderen List: Baden Sie täglich nur ein Kind, immer abwechselnd, mal den einen, mal den anderen Zwilling.

- Wenn Ihre Kinder schon in der großen Badewanne baden können, legen Sie auf jeden Fall eine große Bademattte (mit Saugnäpfen) in die Wanne. Dann rutschen die Kleinen nicht so leicht aus.
- Polstern Sie die Wasserhähne mit Schaumgummi oder einem Handtuch ab.
- Sie sollten trotzdem immer dabei bleiben, denn beim Streit ums Wasserspielzeug, schubst schnell einmal ein Kind das andere.
- Lassen Sie sicherheitshalber nur wenige Zentimeter Wasser ein.
- Stellen Sie in die große Wanne zwei (Gitter-)Plastikwäschekörbe. In jeden Korb setzen Sie ein Kind, so können sich die Kleinen am Rand des Korbes gut festhalten und kippen nicht so leicht um. Sie können dann bequem beide nacheinander waschen.
- Legen Sie sich vorher schon alles parat, was Sie brauchen.

Doppelte Buchführung

Auf einem Spaziergang erzählte mir einmal eine Dame, sie kenne eine Zwillingsmutter, die ihre Kinder öfter einmal so verwechselte, daß sie ein Baby zweimal hintereinander fütterte und das andere hungrig bleiben mußte. Diese Zwillingsmutter konnte sich nicht erklären, warum das vermeintlich satte Baby so schrie.

Ich hätte nie geglaubt, daß es so etwas tatsächlich gibt. Doch *Karin K.*, die an meiner Fragebogenaktion teilgenommen hat, bestätigte mir dies, obwohl ihre Zwillinge nicht eineiig sind. Sie gab einem Kind zweimal von einer Medizin, die eigentlich beide bekommen sollten. Das hätte mir nicht passieren können, da Maximilian und Constantin nicht einmal eine gewisse *»Familienähnlichkeit«* aufweisen, so verschieden sind sie. Trotzdem hatten wir in den ersten Monaten eine Art *»doppelte Buchführung«*. Wir legten eine Tabelle an, in der wir notierten, welches Gewicht unsere Kinder erreicht hatten und ob sie ein großes Geschäft in die Windel gemacht hatten oder nicht.

Wer noch genauer sein möchte, kann noch Daten wie getrunkene Milchmenge, Trinkverhalten (müde, gierig, normal) und wer wann gebadet wurde, notieren. Braucht ein Baby oder beide Medikamente, dann können Sie auch aufschreiben, wer seine Medizin schon bekommen hat und behalten so besser die Übersicht.

Wenn die Kinder wacher werden

Zwillinge spielen zusammen

Als ich schwanger war, hörte ich immer wieder, wie praktisch es doch sei, gleich zwei Kinder auf einmal zu haben. Und die würden dann auch so schön zusammen spielen... Bloß ab wann? Maximilian und Constantin waren etwa fünf Monate alt, als sie sich »*entdeckten*«. Und als sie anfingen zu krabbeln, ging der Streit los. Sie schlugen sich, rissen sich gegenseitig büschelweise die Haare aus, verbissen sich regelrecht ineinander. Oft nutzte es nicht einmal, daß wir nahezu alles Spielzeug doppelt besaßen.

Erst mit etwa 1 1/2 Jahren fingen Maximilian und Constantin an, zusammen zu spielen. Bis zum Alter von drei Jahren überwog der Streit dabei.

Vielleicht gehen Ihre Zwillinge zärtlicher miteinander um? Von anderen Zwillingsmüttern weiß ich, daß es das gibt. Doch habe ich auch immer wieder bestätigt gefunden, daß Streit unter gleichaltrigen Geschwistern an der Tagesordnung ist. Je nach Temperament der Beteiligten heftiger oder weniger heftig. Es fehlt ganz einfach an der natürlichen Hierarchie, die normalerweise bei Geschwistern durch Altersunterschiede vorgegeben ist. Auf jeden Fall aber brauchen Ihre Zwillinge ebenso wie Einzelkinder Anregungen beim Spielen. Wenn es noch keine älteren Geschwister gibt, dann müssen Sie sich Zeit zum Spielen nehmen.

= Wie beschäftigt man Zwillinge tagsüber?

Wenn schon ganz kleine Babies tagsüber nur noch wenig schlafen, muß man sich etwas einfallen lassen, um sie bei Laune zu halten.

Ist das ein Problem? Ja, vor allem für Mütter, die nicht so gern den ganzen Tag mit ihren Kindern spielen. Und für Mütter, die nicht mit braven Zwillingen gesegnet sind, die schon im Alter von wenigen Monaten beginnen, sich Spielzeug zuzuschieben und miteinander zu erzählen und zu lachen.

Bei uns (aber auch bei mancher anderen Zwillingsmutter) war es ein Problem.

Maximilian und Constantin waren etwa vier Monate alt, als ihnen bloßes Daliegen und Gucken nicht mehr genügte. Sie konnten in diesem Alter noch kein Spielzeug selbst halten und ich hatte nicht im geringsten Lust, ständig mit einer Rassel herumzuklappern. Also spannte ich eine Schnur quer durch das Kinderzimmer über die Betten hinweg und hängte zwei Holzkugelmobiles daran auf. Bei ihren aufgeregten Armbewegungen stießen die Zwillinge immer wieder an die Holzkugeln, die sich daraufhin bewegten und klapperten. Das gefiel ihnen sehr und sie beschäftigten sich oft eine halbe Stunde und länger mit diesen Mobiles, die ich zur Schlafenszeit einfach zur Seite schieben konnte. Besonders praktisch daran war auch, daß sich die Holzkugeln mit viel Geklapper in Bewegung setzten, wenn der Bruder daran zog.

Allerdings ließ ich die Kinder nicht aus den Augen, denn ich hatte immer die Befürchtung, die Holzmobiles könnten sich lösen und die Babies würden sich dann die Schnur um den Hals wickeln. Außerdem war ich mir nie sicher, ob die Kugeln fest genug saßen. Ich kontrollierte stets, ob keines der Kinder eine Kugel verschluckt hatte.

Vor allem, wenn es besonders still im Kinderzimmer war, sah ich lieber einmal nach. Größere Zwillinge verhalten sich immer mucksmäuschenstill, wenn sie etwas anstellen.

Die meisten Zwillingsmütter legen ihre munter gewordenen Kinder einfach auf eine Decke auf dem Boden und verteilen Speilzeug drumherum. Wenn das den Babies zu langweilig wird, kann man das Badewannengestell (fürs Zimmer) über den Zwillingen aufstellen und Spielzeug dranhängen.

Manche Kinder sitzen lieber etwas aufrecht in der Babywippe. So bekommen sie mehr von ihrer Umwelt mit und werden auch nicht so schnell von älteren Geschwistern »*überlaufen*«.

Ältere Zwillinge (ab 1 1/2 Jahren) kann man prima eine Zeitlang beschäftigen, wenn man sie an einem Waschbecken – etwa in der Küche – spielen läßt. Man stellt sie auf rutschfeste Stühle, bindet ihnen große Plastiklätzchen um und krempelt die Ärmel hoch. Spülbürsten (zwei!) und jede Menge Plastikgeschirr (leere Yoghurt-Becher) halten die Zwillinge eine erstaunlich lange Zeit am Wasserhahn fest.

Auch mit Knete aus Salzteig lassen sich schon kleine Kinder gut beschäftigen. Und Tobespiele aller Art machen sowieso Spaß. Wenn Sie ein paar Matratzen haben, können Sie eine ganze Polsterlandschaft zusammenstellen, die Ihre Zwillinge wiederum eine Weile beschäftigen wird. Und wenn gar nichts mehr hilft und Ihre Kinder im Haus, in der Wohnung unleidlich sind und nichts mehr mit sich anzufangen wissen, gibt es nur eins: raus, raus, raus.

Wir stellten immer wieder fest, *wie problemlos gemeinsame Aufenthalte im Freien sind.* Vor allem, wenn man in Bewegung bleibt, etwa beim Spazierengehen, kommt es kaum zu Streit unter den Zwillingen.

Quenglige, nervige Kinder

An manchen Tagen kommt es Zwillingsmüttern vor, als kämen sie überhaupt nicht mehr mit ihren Kindern zurecht. Dieses ständige Geschrei von morgens früh bis abends spät, hat schon so manche Mutter zur Verzweiflung gebracht, vor allem, wenn sie selbst, aus welchem Grund auch immer, etwas gereizt ist.

Als allerbestes Mittel hat sich bei uns in solchen Situationen immer ein Spaziergang, ein Spielplatzaufenthalt oder ein Ortswechsel überhaupt erwiesen. Auch den Kleinen schlägt etwa schlechtes Wetter aufs Gemüt, und so sind wir oft auch im Regen ein paar Stunden unterwegs gewesen, um die allgemeine Laune zu heben.

Wenn Sie selbst lieber zu Hause gemütlich gestrickt hätten, nehmen Sie Ihr Strickzeug doch einfach mit, wenn Sie sich zu einem trüben Novemberspaziergang aufmachen. Ich stellte mich bei solchen Gelegenheiten an den Rand einer Wiese und strickte, allerdings keine allzu komplizierten Muster. Die Kinder vergnügten sich mitten auf dieser Wiese, jeder Stein, jeder Stock oder jedes Blatt kann ja im Alter von ein bis drei Jahren interessant sein.

Ich habe auch schon Zeitungen oder Bücher auf solche Verzweiflungsspaziergänge mitgenommen. Ein wachsames Auge auf die Kleinen und eines im Buch, das geht prima und alle haben etwas davon.

Wenn ein Spaziergang nicht in Frage kommt, etwa weil Sie befürchten, eins der Kinder oder beide brüten wieder einmal eine Krankheit aus, dann stellen Sie Ihre eigenen Pläne lieber einmal ein paar Stunden hintan. Versuchen Sie nicht mit Macht, Ihre Interessen durchzusetzen.

Meist ist diese Quengelei nur eine Phase, die schnell vorübergeht. Es kommen auch wieder entspanntere Tage, dazu müssen Sie selbst aber auch gelassener werden.

Die Ausstattung

Was ist praktisch?

Bei Zwillingen lohnt es sich, jede Anschaffung doppelt gut zu überlegen. Als obersten Grundsatz sollten Sie dabei gelten lassen: Gut ist, was praktisch und robust ist und notwendig ist alles, was Ihnen das Leben mit Zwillingen leichter macht.

Wenn die Ausrüstungsgegenstände, die Sie besorgen darüberhinaus auch noch preisgünstig sind, umso besser. Denn Sie brauchen das meiste in doppelter Ausführung. Doch Vorsicht vor allzu billigen Anschaffungen: sie taugen oft nicht viel, gehen schnell zu Bruch oder bergen zahlreiche Verletzungsgefahren.

Schlafgelegenheiten

Stubenwagen oder Wiegen sollten Sie aus finanziellen Erwägungen nicht anschaffen, denn sie werden schon bald zu eng.

Als besonders praktisch für Zwillinge hat sich allerdings bei manchen Müttern eine **Hänge-Wiege** (Lullababy) erwiesen. Lullababy besteht aus einem Netz aus reißfestem Nylon, einer Spezial-Zugfeder mit einer integrierten Sicherheitskordel, die die Überdehnung der Feder verhindert. Mit einem Karabiner-Haken wird diese Konstruktion in einen Deckenhaken eingeklinkt. Der Deckenhaken kann in Beton-, Holzbalken- und Holzdecken (auch Nut und Feder-Verkleidung) angebracht werden. In diesem Netz wird einfach eine Tragetasche (Höhe mindestens 20 Zentimeter) gestellt. Das ist dann ein beruhigend schaukelndes Bettchen fürs Baby.

Gitterbettchen gibt es in den Standardgrößen 60 mal 120 Zentimeter und 70 mal 140 Zentimeter. Für Zwillinge lohnt es sich, vielleicht von vornherein die größeren Bettchen zu kaufen. Zwar wirken die ganz Kleinen sehr verloren auf dieser großen Fläche, doch diese Betten haben den Vorteil, daß sie bis ins Schulalter reichen.

Die Gitter der großen Betten lassen sich entfernen und so wird aus dem Babybett ein ganz normales Kinderbett. Möglicherweise reicht Ihnen in der ersten Zeit auch nur **ein** großes Bett. Doch etwa zwischen dem dritten und sechsten Lebensmonat kommen Sie um ein zweites Bett nicht herum. Die Kinder fangen dann an, sich gegenseitig zu stören.

Auf jeden Fall sollte mindestens eines der Betten Räder haben, damit Sie ganz schnell einmal einen Störenfried außer Hörweite rollen können.

Auch zum Einschlafen ist das Hin- und Herrollen des Bettes eine gute Therapie. Oft genügten schon zehn Minuten, beim vorher beschriebenen Lullababy dauert es nur fünf Minuten bis ein Baby in den Schlaf gewiegt ist und man braucht dazu weniger Muskelkraft.

Das Gitterbett auf Rädern bot noch einen weiteren Vorteil: War eines der Kinder krank, so wurde Maxis Bett zur rollenden Krankenstation, die auch einmal in der Küche stehen konnte.

Für Übernachtungen außer Haus besorgten wir uns zusammenklappbare Stoff-**Reisebetten**. Zum Reisen waren sie uns persönlich etwas zu sperrig, sie nahmen doch viel Platz auf der Ladefläche unseres Kombis weg. Es gibt Reisebetten (Baby Björn), die sich ganz auseinandernehmen lassen und so zusammengerollt platzsparend sind.

Achten Sie beim Bettenkauf darauf, daß eines der Betten Räder hat. Außerdem lohnt es sich zu überprüfen, ob es auch von der Breite her durch Ihre Türrahmen paßt. Einen Satz Rollen können Sie auch nachträglich montieren. Sie bekommen ihn im Eisenwarenfachhandel und auch in manchen Babyausstattungsgeschäften.

Die Räder sollten Sie allerdings arretieren können, damit die Betten auch wirklich fest stehen, wenn sie an ihrem Platz sind. Aus finanziellen Gründen sollten Sie sich vielleicht gleich für größere Betten entscheiden. Es gibt aber auch Betten, die man später noch als Schreibtisch benutzen kann, so daß man sie noch jahrelang gebrauchen kann.

Schlafzubehör

Für den Anfang reicht es völlig, wenn Sie Ihre alten **Laken** auf die richtige Größe zurechtschneiden und die Ränder umnähen.

Als **Bettwäsche** können Sie zunächst ganz normale Kopfkissenbezüge verwenden (80 mal 80 Zentimeter). Zum Zudecken brauchen Babies nämlich nur ein schwach-gefülltes Kissen, das Sie später als Kopfkissen verwenden können. Darunter kann man noch eine leichte Wolldecke legen.

Ein eigenes **Kopfkissen** brauchen Ihre Zwillinge noch lange nicht. Als Unterlage für das Köpfchen reicht eine Stoffwindel, ein Moltontuch oder ein weiches Handtuch.

Später, wenn die Zwillinge eine größere **Zudecke** benötigen (etwa mit 1 1/2 bis 2 Jahren) sollten Sie eventuell eine Decke aus synthetischem Material kaufen, die Sie in der Waschmaschine waschen können. In diesem Alter und auch noch später geht öfter einmal etwas daneben und eine Daunendecke muß stets gereinigt werden.

Schlafsäcke sind vor allem in den ersten zwei Jahren ein praktisches Zubehör für die Nacht, denn die Kinder liegen darin stets gut verpackt.

Alles zum Saugen

Für Einzelkinder wird empfohlen, etwa fünf bis sechs **Flaschen** anzuschaffen. Sechs Flaschen haben mir auch für meine Zwillinge gereicht, allerdings mußte ich die Flaschen mehrmals am Tag auskochen, was auch wieder mit Extra-Arbeit verbunden ist. Manche Zwillingsmütter schwören deshalb auf mindestens zehn Flaschen.

Es gibt auch **Thermosflaschen**, auf die sich gleich ein Sauger aufschrauben läßt. Doch mit dem Warmhalten von Milch ist das so eine Sache.

Andere Zwillingseltern haben aber im Gegensatz zu mir gute Erfahrungen mit Thermosflaschen gemacht. Wenn sie die Milch heiß einfüllten, blieb sie bis zu vier Stunden lang warm. In Styropor-Flaschenbehältern wird sie schneller kalt.

Bei den Flaschensaugern müssen Sie experimentieren, um herauszufinden, welche Sorte von Ihren Kindern bevorzugt wird. Unsere Zwillinge lehnten kiefergerecht-geformte **Sauger** ab. Stets waren auch die Löcher in den anderen, akzeptierten Saugern ein Problem. Am besten ließen sich die Löcher mit einer glühenden Nadelspitze erweitern. Zwar wurden die Sauger dadurch recht unansehnlich, nämlich rußigschwarz, doch das half noch allemal besser als die stumpfen (relativ teuren) Saugerlocher.

Beim **Schnuller** kommt es ebenfalls darauf an, ob Ihre Zwillinge die eine oder andere Form bevorzugen. Manche mögen allerdings auch gar keinen Schnuller.

Constantin war anfangs zu klein, um einen *»großen«* Schnuller im Mund zu behalten. Also gab ich ihm einfach einen Flaschensauger, den ich mit etwas Küchenpapier (Vorsicht vor Verschlucken) gestopft hatte. So saugte er durch das Loch nicht zu viel Luft ein. Es gibt aber auch besonders kleine Schnuller für Neugeborene.

Decken Sie sich nicht schon lange vor der Geburt mit einer Batterie von Flaschen und Saugern ein. Zum Ausprobieren reicht ja erst einmal pro Baby eine Flasche und ein Sauger. Haben nämlich Ihre Zwillinge einen langen Klinikaufenthalt hinter sich, wenn sie dann endlich zu Hause Einzug halten, dann sind die Kinder bereits an die Saugerform gewöhnt, die sie von der Klinik her kennen. Außerdem sind in vielen Probepackungen Flaschen enthalten.

Später sollten Sie stets ein paar Ersatzsauger auf Lager haben. Denn immer, wenn es gerade überhaupt nicht paßt und kein Ersatz beschafft werden kann, lösen sich die Sauger am schnellsten auf. Silikonsauger sind haltbarer, aber nicht sehr elastisch. Nicht alle Babies mögen sie.

Badezubehör

Je nachdem, wo Sie Ihre Babies baden möchten – im Bad oder im Kinderzimmer – brauchen Sie ein Gestell, das auf Ihre Badewanne paßt oder einen Ständer, auf den Sie die Babywanne direkt ins Kinderzimmer stellen können.

Der Vorteil beim Baden im Kinderzimmer: Das Bad ist meist sowieso zu eng und die Babies können sich bei dem vielen Hin und Her zwischen den verschiedenen Zimmern (und das im nackten, feuchten Zustand) schnell einmal erkälten. Außerdem können Sie beim Baden im Kinderzimmer, wenn Sie keine Hilfe haben, das andere Baby gut im Auge behalten, während Sie sein Zwillingsgeschwisterchen baden.

Der Nachteil: Sie müssen erst einige Eimer oder Kannen Wasser heranschleppen und später wieder abtransportieren. Auf das Gestell fürs Kinderzimmer können Sie auch verzichten, wenn Sie die Wanne auf einen entsprechend hohen Tisch stellen (denken Sie dabei vor allem an Ihren Rücken).

Das Badewannengestell fürs Bad sollten Sie wirklich gut befestigen. Notfalls kann man an den entsprechenden Stellen ein paar nasse Lappen unterlegen, damit es nicht wegrutscht. Trotz größter Vorsicht ist uns Maximilian einmal kopfüber in die große Badewanne gestürzt, weil unser Babywannengestell nicht rutschfest auf dem Wannenrand aufsaß. Zum Glück hat er sich dabei nicht ernstlich verletzt.

Zum Baden hatten wir uns eine **Plastik-Babybadewanne** besorgt. Beide Kinder wurden aber auch oft in einer ganz normalen Wäschewanne gebadet.

Kleidung

Bei Zwillingen kommt es ganz besonders darauf an, daß die Kleidung praktisch ist. Sie muß also pflegeleicht sein (nur in den ersten Wochen sollten Sie wirklich alles kochen, was direkt auf der Haut getragen wird) und sie muß sich leicht anziehen lassen. Babies lieben keine großen Verrenkungen beim Anziehen.

132 Die Ausstattung

Schlafanzüge braucht man im ersten Lebensjahr überhaupt nicht. Die Kleinen gehen einfach im normalen Strampler schlafen. Praktisch für die Nacht sind allerdings **Strampelhosen**, die am Po eine Klappe zum Öffnen haben, dann lassen sich die Windeln bequem wechseln. Ebenso praktisch sind Strampelsäcke, die unten einfach zugebunden werden. Müssen die Babies nachts gewickelt werden, dann machen Sie unten auf, schieben den Sack hoch, frische Windel an, Sack wieder zubinden, fertig. Etwa ab einem Alter von sechs Monaten ist auch durchgehende Unterwäsche von Vorteil. Sie muß allerdings über den Kopf gezogen werden. Die Kinder sind so an Bauch und Rücken immer schön verpackt. Ein kleiner Nachteil: wenn mal eine Windel ausläuft, ist gleich alles naß – Ober- und Unterteil.

Wenn Sie selbst gerne etwas für die Babies stricken möchten, nehmen Sie nur für Babies extra empfohlenes Garn. Vieles, was ich in meinem Eifer produziert hatte, paßte dann nicht, war viel zu grob oder aus zu fusseligem Material (Angora). Wenn Sie es gar nicht lassen können, stricken Sie erst einmal eine Jacke zum Ausgehen, die kann ruhig gröber (dicker) sein und Socken für die kleinen Füßchen.

Wenn Sie für den ersten Winter mit Ihren Zwillingen **Overalls** kaufen, achten Sie darauf, daß der Reißverschluß lang genug ist, und daß sich der Schneeanzug weit genug öffnen läßt. Besser sind Overalls mit Reißverschlüssen auf beiden Seiten (rechts und links) statt einem Reißverschluß in der Mitte.

Zweiteilige Schneeanzüge sind nichts für ungeduldige Kinder, denn es sind immer zwei Teile, die angezogen werden müssen. In einem Overall sind solche Kinder schneller verpackt.

Für die Phase des Sauber-werdens empfehlen sich auch im Sommer einfachere **Hosen**, etwa Jogginghosen oder Frottéeslips, die schnell einmal runtergezogen werden können.

Kaufen Sie nichts, was Sie separat waschen müssen, weil es vielleicht färbt. Für **Unterwäsche** ist weiß am praktischsten. Auch aus allen anderen weißen Sachen, lassen sich hartnäckige Flecken wie z. B. Karotten oder Spinat gut entfernen (mit einem Bleichmittel, einem starken Haushaltsreiniger Gallseife oder in die Sonne legen).

Kaufen Sie alles ruhig ein bis zwei Nummern größer, die Kinder wachsen ja schnell hinein. Dies gilt vor allem für Stücke, die Sie im Wäschetrockner trocknen möchten.

Wenn Sie gerade zu Anfang viele Geschenke erwarten, dann sollten Sie sich vielleicht mit den großzügigen Schenkenden besprechen, welche Kleidergrößen Sie am dringendsten brauchen. Lassen Sie sich ruhig schon ein paar größere Teile schenken, die sollten Sie aber immer wieder einmal anprobieren, ob sie schon passen. Wenn Sie schon ein älteres Kind haben, dessen Sachen Sie auch gerne an die Zwillinge vererben möchten, sollten Sie es machen wie eine Zwillingsfamilie aus Murnau: Da sie Ihre Zwillingsmädchen gern gleich anzieht, kauft diese Mutter heute schon alle Kleidungsstücke für die älteste Tochter (4) doppelt. Später können Anja und Sonja (1¾) die abgelegten Sachen auftragen und sind trotzdem als Zwillinge zu erkennen.

Bei Schuhen sollten Sie darauf achten, daß sie an der Spitze nicht zu schnell durchgescheuert werden können, das gilt vor allem für Stoffschuhe (Turnschuhe), deren Gummisohle möglichst weit nach oben gezogen sein sollte. Praktisch sind Klettverschlüsse, vor allem wenn Sie mit Zwillingen schnell startklar sein möchten (siehe auch Seite 162). Der Nachteil: Sobald die Kinder herausgefunden haben, wie der Verschluß funktioniert, ziehen sie die **Schuhe** gern aus. Die Schuhe sollten Sie in zwei verschiedenen Farben kaufen oder mit einem wasserfesten Filzstift (innen oder an der Sohle) markieren. Denn jedes Kind sollte seine eigenen Schuhe bekommen.

Wickeltisch

Manche Zwillingsmütter raten zu einem doppeltbreiten Wickeltisch, doch wer die Babies überwiegend allein versorgt, kann diese Überbreite kaum nutzen.

Manche Zwillingsväter basteln den Wickeltisch auch selbst, etwa aus einer alten Schreibtischplatte und dem Gestell eines kleinen Tischtennistisches. Solche Eigenkonstruktionen haben den Vorteil, daß sie ganz auf die persönlichen Bedürfnisse zugeschnitten werden können (höhenverstellbar, auf drei Seiten durch einen erhöhten Rand gesichert).

Vor allem für den Anfang ist eine Plastik-Wickelauflage auf dem Wickeltisch ratsam (später kann es auch eine Unterlage mit Stoffbezug sein). Die Plastikauflage kann man auch einfach direkt auf den Boden legen. Wenn Sie einmal mit Zwillingen unterwegs sind, nimmt sie nicht viel Platz im Reisegepäck weg und Sie können Ihre Babies überall schnell einmal sauber machen.

Kauftip: Wenn Sie sich einen Wickeltisch oder eine Wickelkommode anschaffen, dann sollten Sie ein Möbelstück wählen, das Sie auch, wenn es für seinen eigentlichen Zweck nicht mehr taugt, noch benutzen können. Also besorgen Sie sich eine Wickelkommode, die als Spielzeugkommode dienen kann, oder einen Wickeltisch, der später zum Schreibtisch wird. Denn viel zu kurz ist die Zeit, in der Sie einen richtigen Wickeltisch brauchen. Eine ganz normale Schaumstoffmatratze auf dem Boden tut es auch.

Wenn Sie jedoch einen richtigen Wickeltisch bevorzugen, achten Sie auch auf die Höhe des Tisches, Ihr Rücken wird es Ihnen danken.

Besonders platzsparend sind auch Wickelgestelle für die Badewanne (circa DM 100,–). Der Nachteil: Zum Wickeln müssen Sie aus dem Zimmer gehen und haben das andere Baby dann nicht im Auge. Außerdem können Sie Ihre Badewanne nicht mehr ungehindert benutzen.

Wickeltürme, ebenfalls platzsparend, sind etwas klein und haben nicht zuletzt deshalb auch schon nach ein paar Monaten ausgedient. Andererseits sind sie auch nicht sehr stabil.

== Zwillingsgefährte

Seit dieses Buch erstmals geschrieben wurde und unsere eigenen Zwillinge aus dem Kinderwagen raus sind, hat sich eine Menge getan, was die Modelle für die Zwillingseltern anbelangt. Was gleich geblieben ist und gleich schwierig ist die Möglichkeit, einen passenden

Zwillingswagen zu beschaffen. Es gibt nach wie vor kaum Auswahl in den Einzelhandelsgeschäften, auch keine vernünftige Beratung, und so kommt es, daß manche Zwillingseltern einen ganzen Wagenpark »durchmachen« müssen und doch nie ganz zufrieden sind.

Welche Zwillingskinderwagen gibt es?

Einwannige Zwillingswagen. Heute findet man diese Art von Zwillingswagen nicht mehr so häufig. Sie haben/hatten mehrere Nachteile: Diese Wagen wurden bald zu eng, die Kinder kamen sich bald ins »Gehege«, fuchtelten sich im Gesicht herum. Man konnte die Zwillinge nicht für ein gemütliches Schläfchen in den Garten stellen, und unmöglich konnte man diese eine Wanne mit »Inhalt« allein schleppen.

Die Vorteile sollen auch nicht verschwiegen werden. Manche Modelle sind relativ schmal, also nicht doppelt breit. Und gebraucht sind vor allem die aus der Mode gekommenen Modelle (z. B. mit Kordbezugsstoff) relativ günstig zu kaufen.

Auf ein sehr praktisches, immer noch ganz aktuelles Modell möchte ich hier hinweisen. Die Tragetasche des »Turbo Twin« von Bébé Confort ist zwar auch relativ eng (mit den beschriebenen Nachteilen), aber dieser Wagen mit knapp 70 Zentimetern paßt wirklich überall durch. Nach der Babyzeit kann dieser Wagen zudem als Sportwagen umgerüstet werden. Es steckt eine Menge praktischer Technik in dem Wagen, der von Anfang bis Ende gefahren werden kann.

Tri-Set-Wagen mit zwei Taschen. Besonders variabel sind Zwillingswagen, die sich vom Babywagen in einen Sportwagen verwandeln lassen. Der Vorteil zweier Taschen: Man kann die Babys in der Wohnung (im Haus) ausgehfertig anziehen und fertig in der Tasche zum Wagen tragen. Auch umgekehrt: man kann die noch im Wagen schlafenden Zwillinge in der Tasche ins Haus tragen und die Zeit noch genießen, solange sie noch ein bißchen schlafen...

Wenn die Zwillinge größer sind, kann man diese Wagen in Sportwagen umfunktionieren, das spart eine Anschaffung. Andererseits sind diese Tri-Sets nicht gerade Leichtgewichte – von ihren Ausmaßen (in der Breite) ganz zu schweigen. Ein zusätzlicher Buggy kann dann gute Dienste leisten.

Eine erfreuliche Ausnahme ist das schwedische Modell Grizzly Double (Emmaljunga). Dieser Wagen ist sehr schmal und bietet trotzdem ausreichend Platz für zwei Kinder. Er kann von Anfang an benutzt werden und reicht bis zum Ende des Kinderwagenalters. Er ist überaus stabil gebaut, trotzdem leicht und wendig. Bedauerlicherweise faßt das alteingesessene schwedische Familienunternehmen erst jetzt Fuß auf dem deutschen Markt. Für Max und Conny hätte ich nur diesen Wagen angeschafft und keinen anderen.

Sportwagen – längliche Modelle. Auch die länglichen Kinderwagen sind eigentlich Tri-Sets. Für die ganz kleinen Babys werden diese Wagen mit Tragetaschen ausgerüstet (Tragesäcke, die in die Aufsätze hineingestellt werden), später sind sie Sportwagen. Die Tragesäkke können, wenn der verstärkte Boden entfernt wird, meist als Fußsäcke benutzt werden.

Der Vorteil: Diese Wagen kommen von der Breite her gesehen auch besser durch alle Engstellen des täglichen Lebens. Andererseits sind sie etwas schwieriger zu manövrieren, weil sie manchmal eben doch ziemlich lang geraten sind (es gibt Modelle, die sind 1,20 m lang, andere bringen es auf stolze 1,50 m). Je nach Hersteller sind unterschiedliche Lieferzeiten üblich und leider 12 Wochen immer noch keine Seltenheit.

Ein Modell soll hier besonders erwähnt werden. Der italienische Hersteller Inglesina hat einen Zwillingswagen im Programm, der außerordentlich variabel ist. Man kann das Gestell mit einem bis zu vier Sitzen (also auch für Drillinge!) bestücken.

Geschwisterwagen. Nach anfänglicher Euphorie über diese praktischen Wagen – schmal, wendig, leicht – bin ich nicht mehr besonders überzeugt von ihnen. Die meisten (alle?) Modelle kommen aus Taiwan. Sie sind alle ziemlich anfällig, vor allem, weil man enorme Kraft aufwenden muß, um Bordsteine zu überwinden. Brüche an der Schiebestange und am Gestell kommen vor, und inzwischen sagen auch die Hersteller (Kinderwagenvertriebsfirmen) selbst, daß diese Wagen eher für Geschwister unterschiedlichen Alters geeignet sind, statt für Zwillinge gleicher Gewichtsklasse. Abgesehen davon: nur das hintere Kind kann flach liegen.

Drillingswagen. Auch im Kinderwagenbereich haben es Drillingseltern noch viel schwerer als Zwillingseltern. Brauchbare Modelle gibt es vom deutschen Hersteller Streng, natürlich vom oben erwähnten Hersteller Inglesina, und es gibt auch von Peg Perego ein Drillingsmodell. Allen ist gemeinsam, daß sie mit Inhalt ziemlich schwer sind und daß sie schwieriger zu beschaffen sind. Einen Buggy für Drillinge, wie es ihn früher wohl gegeben hat, gibt es heute leider gar nicht mehr.

Buggies für Zwillinge gibt es als Doppelsitzer oder als einzelne Buggies, die man mit drei Spangen zusammenmontieren kann. Die Doppelsitzer lassen sich mit ein paar einfachen Handgriffen zusammenklappen und sind dann gut im Auto unterzubringen. Sie kosten relativ wenig (ab DM 200,–) und halten trotz starker Beanspruchung eine Menge aus. Sie sind sehr beweglich (beweglicher mit nicht feststehenden Rädern, sogenannten Pirouettenrädern), und haben nur ein geringes Eigengewicht, so daß sie auch bei älteren Zwillingen (circa drei Jahre) noch ein praktisches Gefährt sind. Die Stoffsitze lassen sich mit selbstgebastelten Rückenpolstern verstärken. Dazu bezieht man Pappe mit Stoff.

Es gibt auch Doppelbuggies mit verstellbaren Rückenlehnen, die sich besonders für jüngere Zwillinge eignen, die während des Spaziergangs noch viel schlafen. Diese Modelle sind mit etwa DM 400,– doppelt so teuer.

Die Nachteile: Die Stoffsitze verschmutzen schnell und sind nicht abnehmbar, damit auch nicht waschbar. Die Zwillinge sitzen im Doppelbuggy relativ eng beieinander. Das leichte Gefährt kann, wenn die Kinder einmal aufstehen, schnell kippen und schließlich ist auch ein Doppelbuggy überbreit und kommt nicht überall durch. Zu eng geparkte Autos sind für alle breiten Zwillingswagenmodelle ein Hindernis.

Einige Einzelbuggy-Modelle lassen sich mit Hilfe dreier Metallspangen zu einem Doppelgefährt zusammenspannen. Die Vorteile liegen auf der Hand: Im Einzelbuggy haben die Kinder mehr Platz als im typischen Zwillingsbuggy. Sind die Zwillingseltern gemeinsam unterwegs, können sie sich die »Last« teilen und jeder getrennt seinen Buggy schieben. So kommen Sie auch leichter in Busse, Straßenbahnen, U- und S-Bahnen und auch beim Einkaufen sind Sie mit zwei einzelnen Buggies wendiger. Wenn Sie einmal allein mit nur einem Kind unterwegs sind, etwa zu einem Arztbesuch, müssen Sie nicht mit dem Doppelbuggy losziehen, sondern nehmen nur die eine Hälfte mit.

Die Nachteile: Das zusammengespannte Gefährt ist weniger wendig als der typische Doppelbuggy und wiegt auch mehr. Manche Zwillingseltern klagen, daß die Spangen, die die Buggies zusammenklammern, durch häufiges Montieren und Demontieren nicht von langer Lebensdauer sind. Auf keinen Fall sollten Sie Einzelbuggies mit sogenannten Pirouettenrädern nehmen, denn die mittleren Räder könnten sich verdrehen und den Wagen blockieren.

Kauftip: Bevor Sie sich das eine oder andere Zwillingsgefährt zulegen, denken Sie genau darüber nach, welchen Ansprüchen Ihr Wagen genügen muß. Möchten Sie nicht so viel investieren, lieber einen Wagen kaufen, den Sie möglichst lange nutzen können.

Brauchen Sie einen Wagen, mit dem Sie in allen Situationen möglichst allein zurechtkommen können? Haben Sie vor, Ihren Wagen bald wieder weiterzuverkaufen? Sind Sie viel mit dem Auto unterwegs, und brauchen Sie deshalb einen Wagen, der sich möglichst klein zusammenklappen und gut verstauen läßt? Wenn Sie dann entschieden haben, ob Kinderwagen, Doppelbuggy oder Einzelbuggies, Triset oder Sportwagen das richtige sind, fahren Sie mit dem Gefährt Ihrer Wahl wenn möglich ein paar Proberunden im Geschäft. Prüfen Sie Kurvenverhalten und testen Sie, wie Sie an einer (Treppen)schwelle zurechtkommen. Nicht alle Bürgersteige sind abgeflacht und Sie werden auf Ihren Wegen durch die Stadt eine Menge Bordsteinkanten meistern müssen.

Überlegen Sie, ob Sie den Wagen Ihrer Wahl allein über eine Kellertreppe tragen (besser: zerren, ziehen) könnten, oder ob Sie dafür stets die Hilfe eines kräftigen Mannes brauchen? Vielleicht haben Sie ja auch das Glück, Ihren Zwillingswagen ebenerdig unterstellen zu können?

Lassen Sie sich das Zusammenklappen des Gestells erklären und probieren Sie es am besten einmal selbst aus. Ist es wirklich so leicht wie es aussieht und wie die Verkäuferin versichert? Achten Sie auf die Reifengröße. Sind Sie oft auf holprigem Boden unterwegs (Feldwege), dann sind größere Reifen von Vorteil. Auch im Winter, wenn Schnee liegt, kommen Sie damit besser voran, vorausgesetzt, die Wege sind so breit geräumt, daß ein Zwillingswagen durchpaßt.

Fragen Sie nach Zubehör für Ihren Wagen. Gibt es Regenverdecke für den Zwillingsbuggy, den Sie sich ausgesucht haben? Blockiert der große Einkaufskorb die Federung Ihres Wagens? Wo lassen sich zusätzliche Sicherheitsgurte befestigen? Gibt es Lieferfristen?

Und vor all' diesen Überlegungen sollte ein Telefonat mit dem Kinderausstatter stehen, bei dem Sie sich einen Zwillingswagen ansehen und aussuchen möchten. Fragen Sie, ob sie dort überhaupt einen Zwillingswagen im Geschäft oder wenigstens im Lager haben. Die Lieferfristen betragen vor allem bei den italienischen Modellen 12 Wochen und mehr. Einen aktuellen kompletten Überblick über die wichtigsten Modelle hat die Zeitschrift ZWILLINGE in einem Sonderdruck Kinderwagen (1996/7) veröffentlicht.

Für Drillinge

Für Drillinge sind vor allem Sportwagen empfehlenswert. Kleine Tragetaschen lassen sich auf die Sitze stellen. Die großen Säuglingswagen sind bald zu eng, zu teuer und viel zu monströs zum Schieben. Für Vierlinge empfehlen sich zwei Zwillingswagen. Große Ausflüge werden Sie ohnehin vermeiden!

Praktische Tragetransportmittel

Tragetaschen finden nicht alle Eltern praktisch, wenn Sie trotzdem welche zusätzlich kaufen, muß es ja nicht das teuerste Modell sein (es gibt sie schon ab DM 30,–). Uns erwiesen sie den größten Dienst, wenn wir die Babies für ein Schläfchen einzeln ins Freie stellen wollten. Auch wenn Maxi und Conny nicht einschlafen wollten (in fremder Umgebung) halfen die Tragetaschen: wir stellten uns breitbeinig über der Tragetasche auf, nahmen in jede Hand einen Henkel und ließen die Tasche mit Inhalt zwischen unseren Beinen pendeln. Oft genügten schon fünf Minuten »*Tragetaschenschaukeln*« und das Baby, das eben noch geschrien hatte, schlief selig.

Für Zwillinge ganz besonders empfehlenswert sind Tragesäcke, sogenannte »**Easy-Rider**«. Bei dieser Gelegenheit möchte ich aber betonen, daß die hier gegebenen Empfehlungen nur auf ganz praktischen Überlegungen basieren. Orthopäden und Kinderärzte empfehlen diese Tragetransportmittel nicht uneingeschränkt. Wenn Sie also nicht sicher sind, ob Sie Ihren Babies so einen »*Tragesack*« zumuten können, sprechen Sie mit Ihrem Kinderarzt.

Die Vorteile von Tragesäcken: Während der ersten Zeit, bis sich bei den Kindern ein akzeptabler Rhythmus eingespielt hat, kann es unter Umständen kaum eine Stunde geben, in der sie gleichzeitig schlafen. Bei uns war das so. Wollte ich im Hof Wäsche aufhängen, band ich mir das jeweils wache (meist schreiende) Baby um und wir erledigten das gemeinsam. So können Sie immer ein Baby nah bei sich haben (und Babies gefällt das), während Sie Hausarbeit erledigen oder sogar das andere Baby versorgen. Auch wenn ein Baby Blähungen hat, können Sie es sich so auf den Bauch binden, und eventuell noch eine Wärmflasche dazwischen klemmen.

Wenn es regnete, gingen wir, Lutz, mein Mann und ich, beide mit einem gut verpackten Baby auf dem Bauch spazieren. So blieben die Zwillinge im Trockenen, wir kamen trotz des Dauerregens raus und unsere miese Stimmung besserte sich. Auch im Winter waren wir viel mit den Babies auf dem Bauch unterwegs. So waren die Kleinen besser vor Kälte geschützt und wir konnten selbst durch tiefsten Schnee stapfen.

Auch beim Einkaufen in der Münchner Innenstadt halfen uns die praktischen Easy-Rider sehr. Man ist mit ihnen viel mobiler, die Anschaffung lohnt sich wirklich.

Kauftip: Achten Sie darauf, daß die Tragesäcke nicht zu groß sind. Bitten Sie vielleicht eine Freundin, die gerade ein Baby im Alter von drei bis neun Monaten hat, beim Kauf zu assistieren. Sind Ihre Zwillinge schon geboren, nehmen Sie sie am besten mit, um die richtige Größe auszusuchen.

Probieren Sie aus, ob Sie sie problemlos allein anziehen können. Der Schließmechanismus am Rücken sollte zwar sicher, aber auch einfach zu bedienen sein. Prüfen Sie, ob Ihr Rücken so ein Gewicht auf dem Bauch überhaupt aushält. Je ein Kind vorn und eines hinten im Tragesack finde ich persönlich problematisch: Wer hilft einem beim »Anziehen« und wie stützt man beide Babies beim Tragen ab?

Ich persönlich würde für ein weiteres Baby eher ein **Tragetuch** anschaffen. Darin kann man die Kinder viel länger bequem tragen, denn sie sitzen quasi auf der Hüfte und die hält etwas mehr aus als der Rücken, der nach meiner Erfahrung bei etwa zehn Kilogramm streikt.

Eine Zwillingsmutter aus Marktoberdorf hat einen **Doppeltragesack** entworfen und genäht. Die Anleitung steht auf Seite 151. Diesen Doppeltragebeutel kann man von Anfang an benutzen, hat *Sabine N.* festgestellt. Er ist in der Weite verstellbar und, was für die ganz kleinen Babies wichtig ist, im Nacken gepolstert. Damit diese Nackenstütze allerdings richtig sitzt, muß man beim Anlegen des Doppeltragesacks auf den genauen Sitz achten.

Die Zwillinge kann man darin tragen so lange sie zusammen nicht mehr als 11 Kilogramm wiegen (plusminus zwei Kilogramm). Das Umlegen des Beutels macht nur anfangs Schwierigkeiten, wenn man noch extrem vorsichtig mit den Zwillingen umgeht. Denn bis die beiden richtig »*sitzen*« ist schon beherztes Zufassen nötig. Der Nachteil des

Doppeltragesacks: Mit dieser Konstruktion fallen Sie sehr auf und das ist vielen Zwillingsmüttern schon bald lästig. Ob Sie finden, daß Ihre Kinder in so einem Sack nicht richtig »sitzen«, wie ein Fragezeichen drinhängen und deshalb vielleicht am Rücken Schaden erleiden könnten, müssen Sie selbst feststellen oder Ihren Kinderarzt fragen. Sabine N. jedenfalls und andere Zwillingsmütter waren mit dem Doppelsack sehr zufrieden.

Sehr nützlich war für uns auch ein **Rückentragesitz** (für Bayern: Kraxe) aus festem Jeansstoff. Diese Kraxe wird wie ein Rucksack getragen, die Kinder müssen allerdings stabil sitzen können, ehe sie darin transportiert werden können.

Die Vorteile: Mit der Rückentrage sind Sie sehr mobil. Auch als Zwillingsmutter kann man so einfacher einmal allein einkaufen gehen – das zweite Kind wird im Einzelbuggy mitgenommen. So passen Sie durch enge Ladentüren (müssen die Kinder nicht draußen stehen lassen), und können (fast) problemlos Bus- und Bahnfahren.

Den Kindern gefällt es meist im hohen Ausguck und auf Vaters Rücken läßt sich die Kraxe eine ganze Zeit lang (bis die Kinder etwa zwei Jahre alt sind) benutzen. Auch beim Fahrradfahren kann man die Rückentrage verwenden. Ein letzter Vorteil: man fällt nicht so sehr als Zwillingsfamilie auf und kann unbehelligter spazierengehen.

Die Nachteile: Sind die Tragegurte nicht oder nur wenig gepolstert, schmerzen bald die Schultern. Dann kann man allerdings nachträglich Schaumgummipolster drunternähen.

Die Rückentrage kann man erst verwenden, wenn die Kinder sitzen können. Zwillingsmütter können (vom Rücken her) ihre Kinder nur begrenzt im Rückentragegestell transportieren. Deshalb lohnt sich eigentlich auch nur die Anschaffung einer Kraxe: dann können sich Vater und Mutter einmal abwechseln. Das zweite Kind kann ja im wendigeren Einzelbuggy mitgenommen werden.

Kauftip: Achten Sie darauf, daß die Tragegurte gut gepolstert sind. Der Innensitz (ein kleines Stoffviereck) sollte in der Höhe verstellbar sein, damit die Kraxe *»mitwachsen«* kann. Mit Sicherheitsgurt sind die Kinder auch beim leicht vornübergebeugten Radfahren besser gesichert.

Besonders wichtig ist auch, daß Sie die Kraxe gut allein an- und ausziehen können. Am besten geht das bei Modellen, die über einen ausklappbaren Ständer verfügen, so daß man sie abstellen kann. Zum leichteren Schultern des Zwillings in der Rückentrage stellen Sie die Kraxe dann am besten kurz auf einen Tisch, also fast in Rückenhöhe. Aber Vorsicht: Nie allein stehen lassen.

Einfachere Modelle ohne Rückenständer lassen sich unterwegs prima zwischen die Latten einer Parkbank klemmen.

Praktische Kindersitze

Viele Eltern schwören auf ein Gehfrei, viele Fachleute verteufeln sie eher, da sie die Kinder zum völlig unnatürlichen »Tanz auf Zehenspitzen« verleiten. Diese Babysitze auf vier Rädern machen die Kleinen zudem viel früher mobil als sie es zu diesem Zeitpunkt normalerweise wären und das ist auch nicht ganz ungefährlich. Vorsicht an Treppenabsätzen, aber auch an Teppichkanten und kleinen Schwellen. Einen Vorteil haben sie aber doch: Im Gehfrei (DM 69,–) sind die Zwillingskinder eine ganze Zeit lang gut beschäftigt. Für uns wurden **Babywippen** schon bald zum allerwichtigsten Zwillingsutensil.

Vorteile: Die Babies können von der Wippe aus viel mehr am Leben der Großen teilhaben. Man kann sie überall hin problemlos mitnehmen – in die Küche, in den Garten, mal schnell ins Bad, wenn Mami duschen möchte. Viele Zwillingsmütter können ihre Babies in diesen Wippen füttern und ihnen auch so gleichzeitig das Fläschchen geben.

Nachteile: Babies sollten nicht zu früh und nicht zu lange in diesen Wippen sitzen. Wenn Sie ihre Babies immer mal wieder ein paar Minuten täglich – selten länger als 30 oder 45 Minuten – in die Wippe setzen, so kann das eigentlich nicht schaden. Dennoch: fragen Sie Ihren Kinderarzt, wenn Sie unsicher sind.

Kauftip: Einfache Wippen erfüllen auch ihren Zweck, sie federn sogar besser als teurere, stabilere Exemplare. Allerdings: sie können leicht einmal umstürzen, wenn die Kinder lebhafter werden. Die Verletzungsgefahr ist also größer. In einfacheren Wippen sollten Sie Ihre Babies eigentlich nie unbeaufsichtigt sitzen lassen. Und niemals! sollten Sie die Wippen unbeaufsichtigt auf einen Tisch stellen. Ich persönlich finde, da gehören sie sowieso nicht hin.

Manche Zwillingsmütter finden es praktisch, gleich mehrere Wippen zu haben, so daß sie überall griffbereit sind. Sind noch ältere Geschwister da, dann ist der Boden ein viel zu unsicheres Pflaster für kleine Babies. In Wippen gesetzt, werden sie nicht so häufig überrannt. Damit Ihre Zwillinge auch mit am Tisch sitzen können, wenn die Großen essen, können Sie die Wippen auch auf Stühlen festbinden. Das ist natürlich nur ein Tip für die Zeit, wenn Ihre Zwillinge noch nicht sitzen können. Andere Eltern schaffen nur zwei Babysitze an, die die gleiche Funktion – bis auf's Wippen – erfüllen.

Alles, was Zwillinge für ein paar Minuten oder länger beschäftigt und worin sie sicher verwahrt sind, ist nützlich. Gute Erfahrungen machte ich mit einer **Holzgitterschaukel**, die wir an einer Reckstange zwischen einem Türrahmen befestigten. Dort schaukelten wir schwierige Einschläfer in den Schlaf, dort saßen die Kinder abwechselnd, um mir beim Kochen zuzusehen und auch um ein Kind still zu halten, wenns ums Schuheanziehen ging, war die Schaukel gut geeignet.

Vorsicht: Unsere Reckstange, die wir zwischen den Metalltürrahmen nicht geschraubt, sondern nur geklemmt hatten, sackte eines Tages plötzlich ab. Zum Glück passierte nichts, da ich zufällig gerade an den Stricken hantiert hatte und so Maximilians Talfahrt abfangen konnte.

Mit **Babyhopsern** machten andere Zwillingsmütter gute Erfahrungen. Wenn Sie sie einander gegenüber montieren, können Ihre Zwillinge aufeinander zuhopsen. *Sabine N.*'s Zwillinge hatten so eine Menge Spaß und ihre Mutter findet, daß sich die Investition gelohnt hatte, obwohl Sven und Klaus nur etwa ein halbes Jahr mit diesen Babyhopsern spielten. Orthopäden und Kinderärzte sind da vielleicht anderer Meinung. Also fragen Sie Ihren Arzt!

Wir besaßen zwei Hochstühle: ein geschenktes Exemplar aus Holz, das man später einmal in Tischchen und Stühlchen verwandeln konnte und einen zusammenklappbaren **Hochstuhl**, in dem schon meine jüngste Schwester gesessen hatte. Der Holzhochstuhl war sehr groß, nahm viel Platz weg und mußte erst einmal mit einem Plastikpolster verkleidet werden. Der zusammenklappbare hatte einen Sitz aus Plastik, der wie ein Sack zwischen dem Metallgestänge herunterhing. Darin konnten auch schon recht kleine Babies gut *»sitzen«* oder besser *»hängen«*. Da unser Maximilian erst mit vierzehn Monaten richtig sitzen lernte, war dieser Hochstuhl für ihn die Lösung. Außerdem fanden wir es praktisch, daß wir diesen Hochstuhl auch auf Reisen mitnehmen konnten. Für unterwegs empfehlen andere Eltern allerdings zusammenklappbare Sitze, die man auf normalen Stühlen festbindet oder Sitze, die man direkt an den Tisch klemmen kann (circa DM 60,– pro Stück).

Wenn Sie unbedingt einen sehr stabilen Hochstuhl kaufen möchten, besorgen Sie sich vielleicht einen mit Lenkrad. Dann können Ihre Zwillinge auch gleich damit spielen.

> **Kauftip:** Mindestens ein Hochstuhl sollte zusammenklappbar sein, damit Sie ihn auch auf Reisen mitnehmen können. Bei Stühlchen, die man an den Tisch klemmt, sollten Sie darauf achten, daß die Tischkante nicht zu hoch ist (maximal 12 Zentimeter), damit genügend Freiraum für die Beinchen der Kinder vorhanden ist.

Laufstall und Türgitter

Für viele Zwillingseltern scheint er beinahe unentbehrlich: der **Laufstall**, den viele moderne Erzieher als Käfig ablehnen. Doch kein Zwillingskind wird ernsthaft in diesem Käfig Schaden erleiden, viel eher könnte es auf unbeaufsichtigter Krabbeltour durch die Wohnung geschädigt werden.

Bei vielen Zwillingen reicht es leider nicht, nur einen Laufstall anzuschaffen. Vielleicht können Sie sich ja das zusätzliche Exemplar leihen. Die wenigsten Laufställe sind groß genug für zwei lebhafte Kinder und außerdem macht es den meisten Zwillingen Spaß, sich gegenseitig in Ohren, Augen, Nase und Mund zu bohren oder sich zu beißen, kratzen und zu hauen. Das ist nicht unbedingt böswillig, aber sehr interessant.

Wir jedenfalls mußten zwei Laufställe anschaffen, und den meisten Zwillingseltern ergeht es ebenso. Immerhin gibt es heute Laufställe, die sich sogar mit zusätzlichen Seitenteilen erweitern lassen. Ein französisches Modell ist besonders variabel. Man kann es wie einen Zaun (es klappt wie eine Ziehharmonika auf) quer durchs Zimmer aufstellen (und selbst eine Wandbefestigung entwerfen) – je nachdem, welchen Bereich man vor den Zwillingen schützen möchte (Stereoanlage etc.), man kann zwei davon zu einem großen Laufstall einfach zusammenstecken, man kann zwei getrennte Ställchen aufstellen oder mit zwei Seitenteilen, die man einzeln zusätzlich kaufen kann, erweitern. Und es gibt jetzt – ebenfalls aus Frankreich – einen richtig großen Zwillingslaufstall aus Holz, der schon in der Grundgröße ($1 \times 1{,}40$ m) ausreicht, der aber noch durch zusätzliche Seitenteile zunächst auf $1{,}40 \times 1{,}40$ m vergrößert (oder noch mehr) werden kann.

Wenn Sie sich für die Benutzung eines Laufstalls entschieden haben, sollten Sie Ihre Zwillinge schon recht früh hineinlegen, damit sie sich daran gewöhnen.

Gute Dienste leistete uns auch ein verstellbares **Türgitter** aus Holz. Damit konnten wir die Zwillinge entweder in ihrem Zimmer halten, oder sie aus einem anderen Zimmer heraushalten, etwa aus der Küche, während ich kochte.

Solche Gitter gibt es auch für Treppenabgänge und andere gefährliche Durchgänge. Einige Modelle kann man wie ein Türchen öffnen und schließen. Bei den anderen steigen Erwachsene einfach drüber. Eigenkonstruktionen wie Bretter, die vor die Tür gestellt werden, oder Türchen mit sicherem Verschluß sind ebenso praktisch.

Kauftip: Laufställe mit Boden eignen sich auch für draußen.

Sitze für Fahrrad und Auto

Wir besaßen nur ein Fahrrad, auf das man Kindersitze montieren konnte. Also mußten wir eine Lösung finden, beide Kinder gleichzeitig auf einem Fahrrad unterzubringen. Wir besorgten einen **Fahrradsitz**, der an die Lenkstange montiert wurde (innen) und liehen uns eine Plastiksitzschale, die auf dem Gepäckträger angebracht wurde.

Nach einigen Übungsausflügen saß ich recht bald sehr sicher im Sattel und fuhr mit dieser Kombination, bis unsere Zwillinge vier Jahre alt waren. Heutzutage benutzen viele Eltern Fahrradanhänger, die es in großer Auswahl gibt. Leider sind sie immer noch ziemlich teuer. Doch wenn Sie bedenken, daß Sie sie auch als Gepäckanhänger benutzen können, wenn die Zwillinge aus dem Anhänger rausgewachsen sind, lohnt sich die Investition allemal. Eine sehr gute Bezugsadresse (»Zwei plus zwei«) nennen wir Ihnen im Anhang.

Kauftip: Für kleine Kinder sind Fahrradsitze mit Rückenlehne vorzuziehen, es gibt sie für vorn (Lenkstange außen) und für hinten (auf dem Gepäckträger). Nehmen Sie am besten Ihr Fahrrad mit, wenn Sie die Sitze kaufen. Denn nicht immer paßt jeder Sitz auf jedes Fahrrad. Wichtiges Zubehör sind Sicherheitsgurte.

Autositze. Heute schlage ich die Hände überm Kopf zusammen, wenn ich daran denke, wie wir unsere Zwillinge ungesichert in ihren Tragetaschen auf der Ladefläche unseres Kombis transportiert hatten! Diese Phase war bei uns beendet, als ich – allein mit Zwillingen unterwegs – plötzlich Conny nach vorn krabbeln (im Rückspiegel) sah. Es gibt heute noch **Sicherheitssysteme**, bei denen das Kinderwagenoberteil (oder eine spezielle Wanne) auf dem Rücksitz sicher befestigt werden kann. Der Nachteil für Zwillingseltern: es ist kein Platz für zwei solcher Wannen auf der Rückbank.

Heute gibt es allerdings auch **Baby-Autositze** in allen Variationen. Sie sind sehr vielseitig, können auch zu Hause als Fütterungshilfe dienen, können mit zusätzlichen Gestellen zu Buggys werden, können auf Schlitten angeschnallt werden (für den Transport im Winter), dienen als Wippe usw. Eine lohnende Anschaffung auf jeden Fall.

148   Die Ausstattung

Wenn die Kinder sitzen können, brauchen sie die nächste Sitzgröße. Eine gute Übersicht veröffentlicht von Zeit zu Zeit die Stiftung Warentest (Adresse im Anhang). In Deutschland immer noch nicht Standard sind Sitze, die entgegen der Fahrtrichtung montiert werden. Das verstehe ich nicht, denn ich habe wieder erst vor einigen Wochen eine Sendung im Fernsehen gesehen, in der auf die Gefahren hingewiesen wurde, die bei Aufprallunfällen für den Nackenbereich dieser Kinder, die in Fahrtrichtung sitzen, bestehen. In Schweden ist es üblich, daß die Kinder »andersherum« angeschnallt werden. Skeptiker sagen, es käme auf die Art des Unfalls an, wie Kinder besser gesichert seien (in Fahrtrichtung oder entgegen der Fahrtrichtung).

Heute brauchen auch Kinder, die aus diesem Sitz rausgewachsen sind, einen speziellen Autositz. Allerdings müssen Sie bei der Auswahl Ihrer Sitze auch berücksichtigen, ob der Sitz ins Auto paßt. Für unseren Renault Espace waren die angeschafften Sitze von der Sitzfläche her zu groß, und in den neu gekauften Sitzen angeschnallt, stießen unsere Zwillinge bald mit dem Kopf ans Autodach.

Es gibt auch Autositze, die mitwachsen – von Anfang an bis zum Ende des Sitz-Zeitalters (französischer Hersteller). Bei dieser Investition erscheint es mir sinnvoll, gleich ein solches Modell anzuschaffen. Den Zwillingssitz, den der französische Hersteller Baby Relax (Biarritz) eine Zeitlang angeboten hatte, gibt es angeblich nicht mehr, und in Deutschland war er ohnehin nicht zugelassen. Leider.

Kauftip: Nehmen Sie am besten Ihr Auto mit, wenn Sie Autositze kaufen. Probieren Sie direkt vor dem Geschäft einmal aus, ob die Sitze überhaupt ins Auto passen. Wenn Sie zusätzlich ein drittes Kind im Auto unterbringen müssen, werden Sie Schwierigkeiten bekommen, denn in den meisten Autos haben gerade einmal zwei Kindersitze auf der Rückbank Platz. In unserem Kombi ließen sich die Kindersitze nur so montieren, daß für eine dritte Person auf der Rückbank kein Platz mehr war. Fragen Sie nach schmalen Sitzen (französisches Fabrikat).

Was ist praktisch? 149

In Gegenden, in denen im Winter viel Schnee liegt, braucht man noch ein ganz besonderes Transportmittel: den **Schlitten**. Sie können einen großen Schlitten kaufen, an dessen beiden Enden Sie jeweils eine Rückenlehne montieren. Die Zwillinge sitzen sich dann gegenüber. Wenn Sie dieses Gefährt mit einem Strick hinter sich herziehen, besteht allerdings die Gefahr, daß es bereits durch kleine Unebenheiten umkippt, etwa an einer Bordsteinkante.

Sicherer ist es, das hintere Ende des Schlittens mit einer Schiebestange zu versehen, die gleichzeitig als Rückenlehne für ein Kind dient. Ans vordere Ende wird die Rückenlehne für das zweite Kind montiert. So läßt sich der Schlitten besser dirigieren und kippt nicht um, wenn es um die Ecke oder über eine kleine Schwelle geht.

Die Schiebestange gibt es im Babyartikel-Fachhandel oder Sie bauen sich mit etwas handwerklichem Geschick selbst eine.

Alles doppelt?

Bei den meisten Anschaffungen werden Sie nicht drumherum kommen, alles doppelt zu kaufen. Dinge, die auf den ersten Blick nur einmal gebraucht werden, wie etwa ein Laufstall, müssen schließlich doch zweifach vorhanden sein. Einige Ausrüstungsgegenstände werden Sie am Ende sogar in drei- oder vierfacher Ausführung besitzen, wenn Sie Wippen, Betten etc. auch bei den Omas deponieren, um die viele Hin- und Herschlepperei zu vermeiden.

Auch was die Kleidung anbelangt, sind die meisten Zwillingseltern doppelt ausgerüstet. Zwar sind einige dagegen, die Zwillinge gleich anzuziehen (siehe auch Seite 209), doch von der Menge her, kommt man auch mit Wäschetrockner kaum drumherum, alles in doppelter Anzahl zu kaufen.

Was Sie aber auf jeden Fall wirklich doppelt anschaffen müssen, ist Spielzeug. Zwar plädieren manche Pädagogen und Psychologen, ja sogar Eltern dafür, daß Zwillinge gemäß ihren Fähigkeiten und Neigungen beschenkt werden sollten und daß die Kinder frühzeitig lernen müßten zu teilen, doch vor Erreichen des Kindergartenalters ist das etwas viel verlangt. Ihre Zwillinge werden sich wie die meisten ein- bis dreijährigen zum Teil erbittert um Spielzeug streiten, das nur einmal vorhanden ist. Streit ums Spielzeug kommt ja auch bei Geschwistern unterschiedlichen Alters vor. Und warum eigentlich sollen Zwillinge immer teilen?

Gebraucht oder neu?

Wir haben einige Dinge gebraucht gekauft, rückblickend aber viel zu wenig. Mit dem, was wir gebraucht kauften, sind wir gut gefahren. Viele Anschaffungen haben wir inzwischen weiterverkauft und haben dabei außer bei Kleidung in der Regel noch etwa die Hälfte des ursprünglichen Kaufpreises realisiert. Sie sollten vor allem Dinge, die Sie nur wenige Monate brauchen können und die teuer sind wie etwa Kinderwagen, Wippen, Easy-Rider und Babyautositze gebraucht kaufen. Sportwagen, Buggy und andere Ausrüstungsgegenstände benutzen Sie meist über zwei bis drei Jahre hinweg, da lohnt sich die Neuanschaffung schon eher. Allerdings müssen Sie auch eine stärkere Abnutzung einkalkulieren und Sie werden beim Wiederverkauf nicht mehr ganz so viel dafür bekommen.

Einige Zwillingseltern, deren Zwillinge ein paar Jahre auseinander sind, schließen sich zusammen und geben Spielsachen und Kleidungsstücke an die Familien mit jüngeren Zwillingen weiter. Das ist überhaupt am praktischsten: sichern Sie sich gleich einen Abnehmer für alles, was Sie mit der Zeit wieder loswerden wollen und suchen Sie sich wiederum Zwillingseltern, die Sie mit abgelegten Dingen versorgen. Am besten kommen Sie über die Zwillingsclubs in Kontakt (Adressen siehe Seite 228 ff.) oder Sie finden per Inserat eine *»passende«* Familie.

Vorsicht allerdings: Nehmen Sie nicht unüberlegt eine vermeintliche Gelegenheit wahr, kaufen Sie Gebrauchtes nicht zu schnell zu teuer. Denken Sie nach, ob Sie das wirklich alles brauchen. Gelegenheiten kommen immer wieder.

Gebrauchtes finden Sie auch immer wieder in Second-Hand-Läden; speziell für Zwillinge veranstalten auch zahlreiche Zwillingselterngruppen Basare (Adressen im Anhang).

≡ Nähanleitung für einen Doppeltragesack

Um mit ihren Zwillingen Jens und Klaus mobiler zu sein, hat die Zwillingsmutter *Sabine N.* aus Marktoberdorf einen Doppeltragebeutel entworfen und selbst genäht. Die Nähanleitung stellte sie freundlicherweise für dieses Buch zur Verfügung.

Material: Fester Baumwollstoff, 2 Meter lang, 90 Zentimeter breit,
»Zauberwatte« zum Polstern,
2 große Karabinerhaken,
1 Klickverschluß, mindestens 4 Zentimeter breit (wie an Skihosen),
2 Knöpfe zum Einschlagen,
2 Hosenträgerschnallen zum Verstellen, mindestens 4,5 Zentimeter breit.

Zuschneideplan: Vor dem Zuschneiden sollten Sie sich unbedingt den Klickverschluß, die Hosenträgerschnallen und die Karabinerhaken besorgen. Nach deren Breiten richten sich die Bänderbreiten. Je breiter die Bänder, desto bequemer läßt sich der Doppeltragesack tragen. Nahtzugabe: 2 Zentimeter.

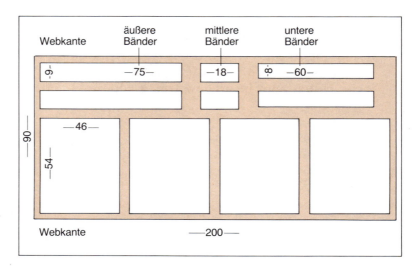

Nähanleitung für einen Doppeltragesack

Je zwei Tuchteile (46 × 54 cm) ringsum miteinander verstürzen und schmal absteppen, dabei an der jeweiligen oberen Außenkante eine 5 cm lange Öffnung lassen (1). Nun noch einmal parallel zur Oberkante in 5 cm Abstand steppen (2). Je ein verstürztes, abgestepptes Mittelband (fertige Breite 4,5 cm, Länge 18 cm) an der mittleren Oberkante schräg über Kreuz feststeppen (3). Diese Bänder am anderen Ende nach Innen einschlagen und Karabinerhaken unterheften (nach Anprobe festnähen) (4). Den jeweils entstandenen Tunnel am Tuchoberteil mit Zauberwatte fest ausstopfen (=Nackenstütze) und Öffnung zunähen (5). Die Tuchunterkanten 5 cm nach Innen umschlagen und festnähen (=Durchzug für die Bänder) (6). Beide Tuchteile an den Innenkanten übereinanderlegen und von der Oberkante her 16 cm weit zusammennähen (7). Nun die unteren Bänder verstürzen (fertige Breite 4 cm, Länge 60 cm) und absteppen. Je ein Band durch die Unterkante des Tuches ziehen, zwischen den Tüchern zusammenknoten (=Verstellmöglichkeit auf Taille) (8). Klickverschluß am anderen Ende anbringen (nach Anprobe eventuell festnähen) (9). Obere Bänder verstürzen (fertige Breite 4,5 cm, Länge 75 cm), dabei jeweils eine Schmalseite offenlassen. Nach circa 40 cm Bänder quersteppen. Durch die Öffnung der Schmalseite die Bänder jeweils 20 cm weit ausstopfen (=verstürzen) und danach nochmals quersteppen (10). Öffnung der Schmalseite schließen. Am anderen Bän-

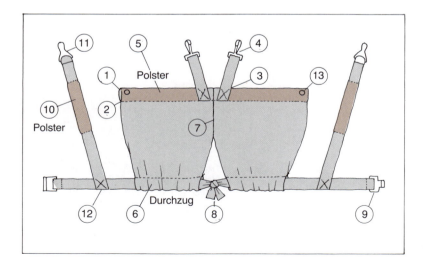

derende Hosenträgerschnallen anbringen (später eventuell festnähen) (11), das untere Bandende schräg an das Taillenband anheften (nach Anprobe über Kreuz festnähen) (12). An den oberen Außenecken Knöpfe einschlagen (13). Zwischen den Mittelbändern eventuell Wollschnur mit zwei Schnullern befestigen.

Gebrauchsanweisung

1. Beide Tücher jeweils am unteren Rand windelförmig zusammenschieben.
2. Tücher auf einer Unterlage ausbreiten, Babies jeweils auf ein Tuch legen, gerafftes Tuch zwischen den Beinchen durchziehen.
3. Über die Babies beugen und Klickverschluß im Rücken schließen.
4. Träger im Rücken überkreuzen und Hosenträgerverschlüsse um die Knöpfe haken, Babies anheben.
5. Karabinerhaken ebenfalls in die Bügel der Hosenträgerverschlüsse haken.
6. Zuletzt Kinder durch »Wackeln« ausrichten, damit die Belastung gleichmäßig ist.

Nähanleitung für einen Doppeltragesack 155

So sieht der selbstgenähte Doppeltragesack im Gebrauch aus

Unfallgefahr

Wie sichert man Haus, Wohnung und Garten ab?

Wie so vieles ist auch die Sicherheit von Haus, Wohnung und Garten nicht unbedingt ein zwillingstypisches Problem. Alle kleinen Kinder krabbeln auf Entdeckungsreise und stoßen so auf allerlei Gefahren. Doch die Tatsache, daß Sie zwei oder drei Krabbelkinder gleichzeitig im Auge behalten müssen, stellt Sie schon vor ein paar größere Probleme, als die Mütter eines »*Einzelkindes*«.

Neben selbstverständlichen Maßnahmen wie Kindersicherung in Steckdosen, Schutzgitter am Herd, abgerundete Ecken, Schubladensperren, Fenstersicherungen, Tür- und Treppengittern, Putzmittel, Medikamente, Plastiktüten außer Reichweite und unter Verschluß und Babyphon müssen sich Zwillings- oder Drillingseltern einiges mehr einfallen lassen:

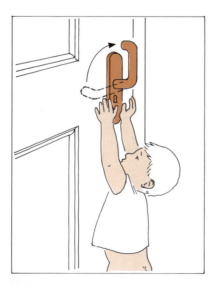

Die Klinken werden voneinander gelöst, indem man den Haltestift herauszieht oder die Halteschraube löst.
Bei HEWI-Klinken muß man an der Unterseite der Klinke den Haltebolzen nach oben drücken und die Klinken gleichzeitig auseinanderziehen.

- Zimmer, in denen sich die Zwillinge verletzen könnten, oder in denen sie **Schaden anrichten** könnten, sperren Sie am besten ab. Beschriften Sie alle Schlüssel, hängen Sie sie unerreichbar (für die Zwillinge) weg – an einen Nagel direkt neben dem jeweiligen Türrahmen etwa.
- Wenn Sie die Zimmer nicht **absperren** wollen oder können, empfiehlt es sich, die Türklinken nach oben zu montieren. Das ist mit ein paar Handgriffen und etwas handwerklichem Geschick schnell getan.
- Lassen Sie Ihre Kinder vor allem in der Küche **nicht allein**.
- Wenn Sie Ihren Herd gerade nicht benutzen, sollten Sie die **Herdsicherung** ganz **herausdrehen**. Denn Ihre Kleinen könnten die Schalter betätigen. Es gibt Herde, deren Schalter oben angebracht sind.
- Achten Sie darauf, daß **giftige Zimmerpflanzen** nicht in Reichweite Ihrer Kinder kommen.
- Um die Erde in den Pflanzenkübeln vor neugierigen Kinderhänden zu schützen, schneiden Sie am besten aus Pappendeckeln runde Scheiben mit einem Loch in der Mitte und einem Einschnitt. Damit können Sie die Erde abdecken. Schneiden Sie den Pappkreis ruhig etwas größer zu, damit Sie diesen Deckel richtig festklemmen können.
- **Treppen** sollten Sie durch verstellbare Holzgitter **sichern**. Damit können Sie auch einzelne Zimmer absperren. Klemmen Sie dieses Gitter in den Türrahmen des Kinderzimmers und schaffen den Zwillingen so einen erweiterten Laufstall.
- Wenn die Zwillinge noch klein sind, kann man auch einfach ein Brett vor die Tür montieren, über das die Großen drübersteigen und die Kleinen allenfalls drübergucken können.
- Polstern Sie **Ecken** und **scharfe Kanten** ab. Vor allem dann, wenn die Kinder anfangen, sich hochzuziehen oder zu laufen.
- Wenn Sie Laufställe nicht für Ihre Kinder nutzen, dann stellen Sie Stereoanlage, Fernsehgerät und andere **teure Dinge** in den Laufstall, um sie so vor dem Zugriff der Kinder zu **schützen**.
- Stellen Sie die sogenannte Spielinsel (Kunststoff-Laufstall) wie einen Zaun auf, um teure Dinge abzusichern. Wenn Sie selbst eine Art Wandhalterung konstruieren, schirmt dieser »Zaun« noch besser ab.

158 Unfallgefahr

- Zu viel Absicherung verleitet zu Sorglosigkeit. Als beste Gefahrenabwehr gilt immer noch das **wachsame Auge der Mutter**. Mit einem gewissen Maß an Gefahr sollten Kinder zurechtkommen können. Übervorsicht schafft überängstliche Kinder.
- Neues sollten Sie gemeinsam mit den Kindern ausprobieren. Dabei lernen sie, wie man vorsichtig, aber nicht ängstlich an die Dinge herangehen kann.
- Ihre Kinder müssen auch lernen, auf »*nein*« zu hören, das heißt, bei Steckdosen, auch gesicherten, müssen Sie **immer** »nein« sagen.
- Denken Sie in punkto Sicherheit immer einen Schritt voraus. Lassen Sie die Kinder **nie beim Baden allein**. Legen Sie eine rutschfeste Badematte in die große Badewanne, polstern Sie die Wasserhähne mit einem Handtuch. Stellen Sie zwei Plastikwäschekörbe in die Wanne. Darin sitzen die Kinder sicherer und können sich allein am Rand festhalten.
- Schnallen Sie Ihre Kinder im Hochstuhl an, damit sie nicht anfangen herumzuturnen und dabei **umkippen** oder herausfallen. Achten Sie darauf, daß sich die Kinder nicht vom Hochstuhl aus mit den Füßen vom Tisch abstoßen können.
- Stellen Sie Babywippen **nie auf einen Tisch**.
- .Um Fingerklemmen an Türen zu vermeiden, können Sie ein Handtuch über die Türoberkante legen, so daß die Zimmertür nicht ganz zuschlagen kann.
- Damit die Zwillinge nicht unbemerkt die Wohnung oder das Haus verlassen können, sollten Sie Glöckchen an die Haustür hängen. Oder binden Sie den Zwillingen Glöckchen an die Kleidung. Wenn Sie **plötzlich nichts mehr hören**, stimmt etwas nicht.
- Im eigenen Garten sollten Sie **giftige Pflanzen entfernen** oder wenigstens gut abschirmen. Leider sind auch immer wieder um Spielplätze herum oder in unmittelbarer Nähe giftige Pflanzen zu finden. Wenn es gar nicht anders geht: meiden Sie diese Plätze einen Sommer und Herbst lang. Für alle Fälle sollten Sie sich die Giftpflanzentabelle und die Telefonnummern der Giftnotrufzentralen in Sichtweite zu Hause an die Wand pinnen.

- Wenn Sie draußen unterwegs sind und Ihre Zwillinge die ersten Schritte machen, laufen sie Ihnen vielleicht sogar weg – einer nach rechts, der andere nach links. Dann ist es besser, Sie gehen nur spazieren, wenn Ihnen ein zweiter Erwachsener helfen kann.
- Schließen Sie sich mit einer Mutter eines Einzelkindes zusammen. Zwei Erwachsene, die auf drei Kinder aufpassen, ist immer noch besser als eine Mutter mit zwei Kindern.
- Meiden Sie unübersichtliches Terrain.
- Ziehen Sie Ihre Zwillinge **farbenfroh** an, so daß Sie sie mit einem Blick sehen.
- Gehen Sie mit besonders lebhaften Kindern auf eine sehr große Wiese.
- Eine Zwillingsmutter führte ihre Zwillinge im Ledergeschirr spazieren. Passanten fanden es unmöglich, daß eine Mutter ihre Kinder wie Hunde ausführte. Doch allzu fern ist der Vergleich in manchen Situationen nicht.
- Besorgen Sie sich ein sogenanntes »»Bleib-hier-Band«, ein Armband, mit dem Sie Ihre Zwillinge an sich oder auch an den Buggy (mit Klettverschluß) festbinden können (Bezugsadresse im Anhang).
- Ich kann auf den **Fingern pfeifen** und habe das oft benutzt, wenn Maxi und Conny auf eine gefährliche Situation zusteuerten. Auf Pfiff hörten sie ganz gut, sie hielten zumindest so lange inne, bis ich zur Stelle war, um Schlimmeres zu verhindern. Probieren Sie's mit einer Trillerpfeife. Auch wenn Ihnen das bissige Kommentare einbringt. Schreien nützt bei manchen Kindern leider nichts (mehr).

≡ Verzeichnis der Gift-Notfall-Telefonnummern

Folgendes Telefonverzeichnis sollten Sie sich fotokopieren und gut sichtbar an die Wand neben das Telefon pinnen.

Berlin	0 30/3 03 54 66
Bonn	02 28/2 60 62 11
Braunschweig	05 31/68 80
Bremen	04 21/4 97 52 68
Freiburg	07 61/2 70 43 61
Göttingen	05 51/39 62 39
Hamburg	0 40/63 85–33 45/33 46
Homburg/Saar	0 68 41/16 22 57
Kiel	04 31/5 97 42 68
Koblenz	02 61/49 96 48
Ludwigshafen	06 21/50 34 31
	06 21/50 31 (Zentrale)
Mainz	0 61 31/23 24 66/7
München	0 89/41 40–22 11
Münster	02 51/83 62 45/83 61 88
Nürnberg	09 11/3 98 24 51
Papenburg	0 49 61/8 33 08
Wien	02 22/43 43 43
Zürich	01/2 51 51 51

Speziell für Kinder:
Berlin	0 30/3 02 30 22

Telefonnummern immer wieder überprüfen. Ohne Gewähr.

Krankheiten und Kinderarztbesuche

Krankheiten bei Zwillingen

Es ist geradezu hoffnungslos, zu versuchen, ein Zwillingskind von seinem kranken Zwillingsgeschwisterchen fernzuhalten, um es so vor Ansteckung zu schützen. Wenn ein Zwilling erkältet ist, läßt auch der andere nicht lange auf den Schnupfen warten. Deshalb sollten Sie vor allem bei harmlosen Erkältungskrankheiten die beiden eher zusammenstecken, damit die Sache auf einmal erledigt ist.

Andere (nicht ansteckende) Krankheiten oder Wehwehchen müssen Zwillinge nicht unbedingt gleichzeitig haben (auch eineiige nicht) und oft ist sogar ausschließlich das eine Kind betroffen. Hat beispielsweise ein Zwilling empfindliche Haut und ist ständig wund, so kann das andere Kind trotzdem ein Pfirsichhäutchen haben. Selbst Anfälle von Pseudo-Krupp, die angeblich viel mit Luftverschmutzung zu tun haben, bleiben manchmal nur auf ein Zwillingskind beschränkt, obwohl beide die gleiche schlechte Luft geatmet haben.

- Legen Sie für jedes Zwillingskind ein eigenes Krankengeschichte-Heft an, in das Sie alle Krankheiten und Besonderheiten eintragen.

162   Krankheiten und Kinderarztbesuche

— Spannen Sie das gesunde Kind zur Versorgung des kranken
Zwillings ein. Damit umgehen Sie vielleicht auch ein paar Eifersuchtsprobleme, weil Sie sich »*zu viel*« um das kranke Kind
kümmern.
— Ist nur ein Zwillingskind krank, besteht kein Grund dafür, daß
das andere nicht nach draußen darf. Kindergartenkinder können ruhig auch einmal ohne »*Zwillingsgeleitschutz*« in den Kindergarten gehen.

☰ Besuche beim Kinderarzt

Auch für Besuche beim Kinderarzt – sei es zu Vorsorgeuntersuchungen oder im Krankheitsfall – gibt es ein paar Ideen, die es Zwillingseltern leichter machen:

— Lassen Sie sich den ersten Termin frühmorgens oder gleich
nach der Mittagspause geben, damit Sie keine langen Wartezei-
ten in Kauf nehmen müssen.
— Gehen Sie mit beiden Kindern nicht allein zum Kinderarzt.
Dann haben Sie es leichter, falls Sie doch einmal ein paar
Minuten warten müssen. Stellen Sie sich vor: beide fangen im
Warte- oder Sprechzimmer zu schreien an.
— Etwas ältere Kinder haben vielleicht schon Angst vorm Arzt
und dann haben Sie alle Hände voll zu tun, die beiden festzuhal-
ten, zu trösten und aus- und anzuziehen, weil das eben nur die
Mami machen darf und nicht die Sprechstundenhilfe.
— Ins Gepäck für den Kinderarztbesuch gehören unbedingt zwei
frische Windeln, Teeflaschen, Schnuller und alles, was den Klei-
nen die Wartezeit oder die Angst vorm Arzt überbrücken hilft.
— Vor allem am Anfang, wenn Sie noch viele Fragen haben, unsi-
cher sind, sollten Sie sich vor jedem Arztbesuch eine Liste mit
Stichpunkten machen. Dann können Sie Ihren Kinderarzt fra-
gen und vergessen nichts.
— Liegt der Arzttermin schon sehr früh morgens, dann sollten Sie
Ihre Kinder schon am Abend vorher in der Kleidung zum Schlafen legen, die Sie ihnen zum Arztbesuch anziehen möchten.
— Manche Zwillingseltern legen ihre Kinder im Schlafsack schla-

fen und nehmen sie auch so verpackt gleich mit zum Kinderarzt-Termin.

- Achten Sie darauf, daß die Kleidung für Arztbesuche praktisch ist, also schnell aus- und angezogen werden kann.
- Wenn Sie mit Ihrem Kinderarzt aus irgendeinem Grund nicht zufrieden sind, scheuen Sie sich nicht, zu einem anderen Arzt zu wechseln.
- Wenn Sie mit Drillingen zum Kinderarzt müssen, brauchen Sie unbedingt eine erwachsene Hilfsperson. Vielleicht können Sie Ihren Arzt auch zu Hausbesuchen überreden?

Mit Zwillingen mobil bleiben

Isolation größer als beim Einzelkind

Besonders hart trifft junge Mütter oft die plötzliche Isolation, in die sie geraten, wenn das Baby erst einmal da ist. Die Kollegen von früher rufen nicht mehr an, der ganze Tagesrhythmus muß sich nach dem Baby richten, schnell mal ein Stadtbummel ist einfach nicht mehr drin, die Freundinnen wohnen alle relativ weit weg oder haben selbst noch keine Kinder und schließlich ist das Baby über einen langen Tag hinweg auch kein adäquater Gesprächspartner.

Sie, als junge Zwillings- oder gar Drillingsmutter, haben bis die Kinder einigermaßen laufen können und auch schon verständig sind, noch erheblich größere Probleme, unter Menschen zu kommen. Erst recht trifft das auf Sie zu, wenn Sie außer den Zwillingen weitere kleine Kinder haben.

Allein schon der Start mit zwei kleinen Kindern ist ein Problem. Es vergeht schon einige Zeit bis beide angezogen sind. (Siehe auch Tips für einen schnellen Start auf Seite 172.) Den schweren Zwillingswagen können Sie vielleicht gar nicht allein über die Kellertreppe wuchten und Autofahren mit zwei kleinen Kindern trauen Sie sich vielleicht nicht zu.

Kaffeetrinken bei einer Freundin – kein Gedanke daran mit zwei quirligen Kindern, die eigentlich je eine erwachsene Begleitperson brauchten.

Besuche empfangen Sie vielleicht auch nicht so gern, da sie letzten Endes mehr Arbeit machen, als sie Zeitvertreib bringen. Besucher kommen vielleicht auch gar nicht gern, weil sie fürchten, Sie könnten sich gestört fühlen.

Vielleicht geht es Ihnen wie mir und Sie leben erst auf, wenn Ihr Mann, Ihr Partner nach Hause kommt? Ich habe mich im ersten Jahr oft richtig vor diesen Stunden ohne Mann, ohne Hilfe, ja sogar vor meinen eigenen Kindern gefürchtet. So weit sollten Sie es nicht kommen lassen. Knüpfen Sie rechtzeitig Kontakte zu Zwillingsmüttern (oder auch Müttern von einzelnen Kindern) in gleicher Situation. Wenn Sie sich dann wieder einmal so richtig alleingelassen fühlen, so bleibt Ihnen doch der Griff zum Telefon.

Der Spaziergang

Für viele Zwillingsmütter ist der tägliche Spaziergang die letzte Rettung, um sich einmal eine Ruhepause zu verschaffen. Ob sie nun schreiende Babies in ruhigen Schlaf wiegten oder durch die Anerkennung der Umwelt, neue Kraft tankten, die meisten Mütter schwören auf den Spaziergang.

Zwillinge, die schon selbst laufen können, sind nach meiner Erfahrung vor allem in den ersten Wochen nach dem ersten Schritt ein echtes Problem. Wenn die Leute mir sagten: »Warten Sie's ab, dann rennt einer nach rechts, der andere nach links«, lachte ich nur und wollte solchen *»Unsinn«* nicht glauben. Doch als Maxi und Conny selbständig liefen, gab es Wochen, in denen ich nicht wagen konnte, allein ohne zweite *»Aufsichtsperson«* spazieren oder an den Spielplatz zu gehen.

Doch auch dieses **»Weglaufen«** ist nur eine jener Phasen, die schließlich ganz von selbst wieder verschwinden, als hätte es sie nie gegeben.

Die beste Beschäftigungstherapie für Zwillinge ab anderthalb Jahren ist und bleibt der Spaziergang, wobei Sie aufs »*Gehen*« und »*Vorwärtskommen*« nicht allzu viel Wert legen sollten. Die Kinder beschäftigen sich in der Regel sehr gut mit allem, was da so herumliegt: Steinchen, Stöckchen, Blätter.

Wenn Sie jedoch vorankommen möchten, nehmen Sie einen (oder wenns Streit gibt zwei Bälle) Ball mit, den Sie mit dem Fuß immer weiter nach vorn schubsen. Dann laufen die Kinder gern einmal ein Stückchen hinter dem rollenden Ball her.

- Achten Sie beim Kauf eines Wagens auf robuste Ausführung und praktisches (wetterfestes) Zubehör.
- Bitten Sie jemanden, Ihnen beim Anziehen und Ausgehfertigmachen der Zwillinge zu helfen, damit Sie nicht schon vor dem Abmarsch fix und fertig sind.
- Wenn die Zwillinge laufen können, lassen Sie sie laufen – das beschäftigt die Kinder und macht sie müde.
- Gehen Sie vormittags zum Spielplatz. Da sind die Plätze oft menschenleer und es fällt Ihnen leichter, Ihre Zwillinge im Auge zu behalten.
- Wenn Ihre Zwillinge weglaufen und Sie nicht mehr wissen, wen Sie zuerst aus einer drohenden Gefahr retten sollen, verzichten Sie für eine Weile auf den täglichen Spaziergang, wenn Sie niemanden haben, der mit Ihnen geht. (Siehe auch Sicherheitstips auf Seite 156.)
- In dieser problematischen Zeit ging ich mit meinen Kindern zu einer öffentlichen Sportanlage. Dort konnten sie relativ gefahrlos herumlaufen, das Gelände war eingezäunt und Hunde mußten draußen bleiben.
- Meiden Sie in dieser Zeit Spielplätze mit (gefährlichen) Turn- und Spielgeräten.
- Eine Münchner Zwillingsmutter band ihren Kindern Luftballons an die Hosen, wenn sie sich mit Bekannten im weitläufigen Biergarten traf. So verlor sie die Zwillinge nie ganz aus den Augen.
- Ziehen Sie Ihre Zwillinge betont unterschiedlich an, damit Sie nicht immer gleich als Zwillingsmutter erkannt werden.

- Nehmen Sie ein Kind im Einzelbuggy, das andere in der Kraxe mit. Vorsicht beim Vornüberbeugen! Sichern Sie das Kind in der Rückentrage mit Sitzgurt und gehen Sie in die Knie, wenn Sie sich bücken müssen.
- Sind Ihre Zwillinge noch klein, dann können Sie ein Kind im Einzelkinderwagen ausfahren, das andere in einem Tragesack oder -tuch um den Bauch binden.
- Bei einigen Einzelbuggies kann man zwischen die Lenkstangen ein Sitzbrett montieren, etwa mit Schrauben durch das Gestänge. Vorsicht! Den Buggy dann aber nie loslassen, bevor das Kind, das auf dem Sitzbrett saß, abgestiegen ist.
- *Marion D.* aus Frankfurt hatte noch eine Idee, wenn es einmal schnell gehen muß: Sie hängte eine Nyloneinkaufstasche über das Lenkgestänge ihres Einzelbuggies – einen Henkel rechts, den anderen links über den Griff. Da hinein kauerte sich je eines der Zwillingsmädchen – alle 5 Minuten wurde abgewechselt.
- Montieren Sie eine Fahrradklingel am Wagen, dann haben Sie es leichter, auf schmalen Wegen vorbeigelassen zu werden.
- Oft müssen wir Zwillingseltern mit unseren Kindern auf die Straße ausweichen, weil rücksichtslose Autos auf den Gehwegen parken oder so ungünstig stehen, daß wir die Straßen nicht überqueren können. In diesem Fall verteilt die Frankfurter Zwillingsrunde einen Handzettel, der darauf hinweist, wie gefährlich so eine Situation für uns werden kann.

≡ Fahrradfahren

Zum Mobil-Bleiben mit Zwillingen gehört im Sommer unbedingt das Fahrradfahren. Dabei können Sie sich, so lange die Kinder noch relativ klein sind, ein Kind in die Rückentrage packen (und festschnallen), das andere sitzt im Fahrradsitz vorne. Sind die Zwillinge für die Kraxe zu schwer (etwa ab 1 1/2 Jahren), können Sie einen zweiten Fahrradsitz auf dem Gepäckträger montieren. Das Radfahren mit einem solchermaßen bepackten Fahrrad ist Übungssache. Nach etwas Training ist es gar nicht so schwer, Gleichgewicht zu halten.

Probleme gibts eigentlich nur mit der Sitzverteilung: der Vordersitz wird immer der beliebtere sein.

- Auch auf einem Dreirad (für Erwachsene) lassen sich zwei Schalenkindersitze montieren.
- Fürs Auf- und Absteigen ist jetzt ein stabiler Fahrradständer wichtig.
- Unterwegs können Sie Ihr Fahrrad auch an eine Parkbank lehnen, mit einem Pedal können Sie es auf der Bank festklemmen.
- Am vorderen Fahrradsitz können Sie ein Beutelchen mit Spielzeug, Keksen oder Fläschchen befestigen.
- *Gudrun Sch.* rät darüber hinaus, immer das lebhaftere Kind zuerst aufs Fahrrad zu setzen, und zuletzt absteigen zu lassen. Sie erlebte den Schock ihres Lebens, als das eine Kind auf die Straße zulief und das andere noch auf dem Fahrrad saß, das sie nirgendwo abstellen konnte.
- Das weniger lebhafte Kind können Sie sich zwischen die Beine klemmen, während das andere auf- oder absteigt.

Nicht mehr wegzudenken sind auch Fahrradanhänger. Es gibt viele Modelle zur Auswahl. Siehe auch Seite 147.

≡ Einkaufen-Gehen

Der Alptraum einer jungen Mutter: das Kind im Supermarkt mit all den vielen Süßigkeiten in greifbarer Nähe, während man an der Kasse anstehen muß. Mit Zwillingen sind solche Einkäufe noch einmal so nervenaufreibend. »So viele Hände hat man gar nicht, daß man den Kindern alles Süße wieder wegnehmen könnte,« beschwert sich eine Zwillingsmutter aus Frankfurt.

Deshalb ein dringender Rat: Schicken Sie Ihren Mann allein zum Einkaufen oder wenn er Ihnen das nicht abnehmen möchte, gehen Sie nur zum Einkaufen, wenn Sie jemanden haben, der währenddessen zu Hause auf die Zwillinge aufpaßt.

Wenn es sich gar nicht vermeiden läßt, die Kinder zum Einkauf mitzunehmen, dann tun Sie sich leichter, nur einen einzelnen Buggy mitzunehmen. Das andere Kind können Sie im Tragebeutel und später in der Rückentrage transportieren. So sind Sie schmal genug, um beide Kinder direkt in den Laden mitzunehmen.

Sind die Zwillinge etwas älter, können Sie sie im Supermarkt bequem im Einkaufswagen transportieren. Viele Einkaufswagen haben vorne eine Sitzmöglichkeit für Kinder. Das andere Zwillingskind bleibt in der Rückentrage, oder Sie setzen beide in den Einkaufswagen.

Als ideale Einkaufstasche für kleinere Besorgungen hat sich bei uns ein Rucksack bewährt.

Öffentliche Verkehrsmittel

Busfahren und Fahrten mit anderen öffentlichen Verkehrsmitteln sind für Zwillingseltern das reinste Hindernisrennen.

Am besten ist man immer noch beraten, wenn man sich nur zu zweit mit Zwillingen in Öffentliche Verkehrsmittel wagt. Denn oft sind Stufen, Absätze oder ähnliches zu überwinden und zu zweit sind Sie wenigstens nicht auf fremde Hilfe angewiesen. Viele Öffentliche Verkehrsmittel sind für Zwillingswagen überhaupt nicht zugänglich: sie haben mitten in den Einstiegstüren eine Haltestange. Da hilft nur eins: Laufen oder Taxifahren. Zwillingselternvereine versuchen bei Verkehrsverbänden Abhilfe zu erreichen.

Wenn Sie wirklich einmal allein mit Bus oder Bahn unterwegs sind, packen Sie sich ein Kind in eine Rückentrage oder Easy-Rider, das andere in einen Einzelbuggy.

> **Ein Rat zum Rolltreppen-Fahren: Zwillingswagen oder Zwillingsbuggies passen gerade so auf die Rolltreppe, doch sie sind relativ schwer und deshalb nur schlecht zu handhaben. Wenn Sie's umgehen können, meiden Sie Rolltreppen, vor allem, wenn Sie allein unterwegs sind.**

Die Familienkutsche

Wenn sich Zwillinge anmelden, müssen Sie sich vielleicht überlegen, ob Sie in Zukunft nicht doch mit einer sogenannten *»Familienkutsche«* besser beraten wären. Wir glaubten damals, *»kleine Zwillinge«* passen in *»kleine Autos«*. Doch eher das Gegenteil ist der Fall. Je älter die Zwillinge, um so weniger Platz brauchen Sie für Zwillingskinderwagen, Sportkarre oder Buggy.

Für die meisten heißt es, ein neues Auto kaufen, wenn sich Zwillinge anmelden. Glücklicherweise hat sich auch auf diesem Sektor eine Menge getan, und es gibt eine große Auswahl an Kombis, Mini-Vans und Bussen.

Als wir »nur« Zwillinge hatten, schafften wir uns einen Kombi mit großer Ladefläche an. Als unser drittes Kind geboren wurde, war uns auch dieser Kombi bald zu eng. Damals gab es eigentlich nur einen Mini-Van, nämlich den Espace von Renault. Seither sind wir sehr zufrieden mit diesem Fahrzeug, das trotz seiner Größe ein Auto ist, kein Bus, und das sich deshalb auch so fährt, also von den Ausmaßen her gut zu übersehen ist und auch von der Beschleunigung her beim Überholen genug Power hat, um sicher zu sein.

Heute gibt es von fast allen Herstellern und in unterschiedlichen Preisklassen diese Mini-Vans. Doch auch Eltern, die sich nicht gleich ein neues Auto anschaffen können oder wollen, kommen zurecht. Mit den passenden Autositzen (ausprobieren!) und einem Kinderwagen, der nicht zu sperrig ist (ebenfalls ausprobieren!), kann auch ein normaler Mittelklassewagen für eine Zwillingsfamilie reichen.

Urlaub mit Zwillingen

Wenn Sie mit kleinen Zwillingen auf Reisen gehen, dann haben Sie auf jeden Fall eine Menge Gepäck und wenn Sie Pech haben, auch noch Probleme mit zwei Kindern, die völlig aus dem Rhythmus gekommen sind, nachts nicht mehr (allein) schlafen und tagsüber quenglig sind.

Hier ein paar Tips anderer Zwillingseltern:

– Flugreisen sind für kleine, aber schon recht mobile Kinder nicht unbedingt zu empfehlen, da Platz zum Herumlaufen fehlt.
– Wenn Sie sich dennoch entschließen: geben Sie den Kindern während Start und Landung etwas zu trinken. Das nimmt den Druck von den Ohren.
– In Spanien hatten die Eltern von Sven und Daniel einen sehr hügeligen Urlaubsort gewählt und deshalb konnte die Familie kaum größere Spaziergänge mit den Buggies unternehmen. Also empfiehlt es sich, darauf zu achten, ob das Ziel »*Baby- oder Kleinkind-freundlich*« ist.
– Viele Zwillingseltern haben gute Erfahrungen damit gemacht, längere Autofahrten nachts hinter sich zu bringen. Wenn man Glück hat, schlafen die Kinder im Auto weiter. Wenn Sie in den frühen Morgenstunden loswollen, sollten Sie Ihre Zwillinge fast fertig angezogen ins Bett legen.
– Familie D. stopfte den hinteren Fußraum und andere Lücken ihres Kombis mit Kleidungsstücken aus und legte die Kinder auf der so entstandenen Fläche schlafen. Gesichert sind die Kinder dann allerdings nicht.
– Nehmen Sie etwas Vertrautes (Wolldecke, Schmusetier etc.) von zu Hause mit, was den Kindern den Aufenthalt, vor allem aber das Schlafen in fremder Umgebung erleichtert.
– Nehmen Sie Spielzeug mit. Und zwar neue Dinge, um Langeweile zu vermeiden und ein paar vertraute Dinge, um Heimweh zu vermeiden. Trotzdem sollten Sie nur das allernötigste mitnehmen. Machen Sie sich vor dem Start eine Liste.

- Auf jeden Fall gehören ein paar feuchte Waschlappen (im Plastikbeutel) ins Reisegepäck, damit ist dann jederzeit eine kleine *»Schnellwäsche«* möglich. Noch besser: *»feuchte Tücher«*, die man fertig kaufen kann.
- Haben Sie Krankenscheine für das Ausland eingepackt? In ungewohnter Umgebung mit ungewohntem Klima werden Kinder leichter einmal krank.
- Bringen Sie Rollos an den Seitenfenstern des Autos an, damit die Sonne den Kindern nicht so direkt ins Gesicht fällt. Notfalls reicht auch ein T-Shirt oder eine Stoffwindel, die Sie ins Fenster klemmen.
- Auf die Kindersitze sollten Sie vor allem im Sommer immer ein Handtuch legen, dann schwitzen die Kinder nicht so.
- Als Urlaubsquartier für Zwillingsfamilien empfiehlt sich ein Appartement, ein Bungalow oder Häuschen, auf jeden Fall etwas, wo Sie sich selbst verpflegen können.
- Urlaub für Familien vermitteln die Caritas, Kolping-Verbände, der Deutsche Paritätische Wohlfahrtsverband, Vereine für Familienferien und der ADAC.
- Ein neues Buch mit vielen guten Reisetips für Familien gibt es beim TRIAS Verlag; Titel: *»Reisefieber«*, Autorin: Marion von Gratkowski/Ariane Nägele.

Tips für einen schnellen Start mit Zwillingen

Viele Zwillingsmütter bestätigen, wieviel Mühe es macht, zwei kleine Kinder anzuziehen. Besonders schlimm wird es, wenn sich die Zwillinge der lästigen Anziehprozedur durch Weglaufen entziehen, dann ist manchmal schon *»Gewaltanwendung«* nötig, damit die Kleinen startklar werden.

- Wählen Sie die Kleidung für Draußen auch unter diesem Gesichtspunkt aus: Wenig Knöpfe und wenn schon, dann an der richtigen Stelle, lange Reißverschlüsse an Overalls, Schuhe mit Klettverschlüssen, Reißverschluß oder einfach nur zum Reinschlüpfen, statt zweiteilige Schneeanzüge lieber einteilige, das geht schneller, oder vermittelt den Kindern wenigstens den Eindruck, es sei nur **ein** Teil anzuziehen.

– Packen Sie erst in Ruhe Dinge ein, die Sie unterwegs brauchen, dann die Kinder. Einen kleinen Beutel mit der »*Grundausstattung*« können Sie ja schon griffbereit aufbewahren.

– Ziehen Sie sich selbst zuletzt ausgehfertig an, sonst sind Sie im dicken Mantel schon durchgeschwitzt, während Sie Ihre Zwillinge immer noch nicht angezogen haben.

– Zum Anziehen können Sie besonders quirlige Kinder einen Moment in den Hochstuhl setzen.

– Handschuhe und Mützen können Sie den Zwillingen auch erst anziehen, wenn die Kinder schon im Wagen sitzen, also anderweitig abgelenkt sind.

– Wenn Sie die Kinder nicht gleichzeitig (einen rechts, den anderen links) tragen können, lassen Sie das Kind, das warten muß, nur an einem sicheren Ort zurück.

– Das Zwillingskind, das im Buggy warten muß, sollten Sie auch nur gesichert, also angeschnallt, zurücklassen.

– Legen Sie sich am Abend vorher alle Anziehsachen zurecht.

– Wenn Sie sehr früh morgens einen Termin haben, zu dem Sie pünktlich sein müssen, etwa beim Kinderarzt, ziehen Sie den Kindern schon zum Schlafen das T-Shirt, das Sweatshirt an, das sie anderntags tragen sollen. So sind die Zwillinge wenigstens oben herum schon fast fertig angezogen. Oder nehmen Sie die Kinder gleich im Schlafsack mit.

– Verstauen Sie alles, was Sie unterwegs brauchen – Kinderwagen, Windeln – schon am Abend vorher im Auto.

Überforderung durch Mehrlinge

Bei (fast) allen Zwillings- und Drillingseltern kommt der Zeitpunkt, wo sie sich einfach überfordert fühlen. Das kann schon ganz zu Beginn sein, wenn schlaflose Nächte und unruhige Tage überhand nehmen, oder später, wenn die Zwillinge anfangen, ihren Willen durchzusetzen oder wenn sie sich von morgens früh bis abends spät streiten.

Meist leiden die Zwillingsmütter stärker unter dieser Überforderung, sie sind es in der Regel, die tagein, tagaus mit ihren Kindern zusammen sind.

Diese Überforderung äußert sich in Klagen dieser Mütter wie »Ich dachte schon, ich wäre reif für die Klappsmühle« oder »ich wollte schon zum Psychiater gehen« bis zu tatsächlichen Zusammenbrüchen.

Oft ist diese Überforderung nur ein sehr subjektiv empfundener Zustand, in den man sich zusätzlich hineinsteigern kann. Sätze wie »*ich kann nicht mehr*«, »*so will ich nicht mehr leben*« oder ähnliches sollten Sie gar nicht im Repertoire haben. Denken Sie lieber »*jetzt erst recht*«, ballen Sie die Fäuste, wenn Ihnen alles über den Kopf zu wachsen droht.

Viele Mütter fühlen sich gar nicht so sehr von der (doppelten?) Arbeit überfordert, sondern eher davon, daß nicht alles so glatt läuft, wie sie sich das vorgestellt haben. Die Ansprüche, die sie an sich selbst stellen, sind oft ganz einfach zu hoch. Supermütter mit ewig freundlichem Zahnpastalächeln gibt es nicht. Es ist völlig normal, daß auch Mütter einmal einen schlechten Tag haben. Und das sollten Sie auch zugeben. Kinder brauchen die Konfrontation mit den »*Großen*«, sie müssen ihre Grenzen abstecken. Suchen Sie deshalb nicht den Fehler zuerst bei sich und Ihren »*falschen*« Erziehungsmethoden, wenn es von morgens bis abends nur mit Schreien geht.

≡ Auch der Vater muß mit ran

Zwillings- und Drillingsväter können sich kaum entziehen: Wenn ein Baby schreit und die Mutter gerade das andere versorgt, bleibt ihnen praktisch nichts anderes übrig, als mitanzupacken.

Zum Glück für heutige Mehrlingsmütter hat sich die traditionelle Vaterrolle gerade noch rechtzeitig gewandelt. Viele junge Väter besuchen heute gemeinsam mit ihren Frauen Geburtsvorbereitungskurse, sind bei der Geburt ihrer Kinder dabei und scheuen sich auch nicht, Babies aus vollen Windeln zu befreien.

Der Unterschied zwischen einem »*Einzelkind*«-Vater und einem Mehrlingsvater ist allerdings, der eine **kann** mithelfen, das Baby zu versorgen, der andere **muß** mithelfen, die Babies zu füttern, zu wickeln und zu hätscheln. Und dieser Umstand läßt auch manche Zwillingsväter der neuen Generation verzweifeln.

In den meisten Zwillingsfamilien übernimmt die Mutter die Nachtfütterungen wochentags allein. Dies mit Rücksicht auf die Berufstätigkeit des Mannes. An Wochenenden oder im Urlaub teilen sie sich die Babyversorgung und manche Väter übernehmen auch schon einmal eine ganze Nachtfütterung allein, damit die Zwillingsmutter ab und zu sechs Stunden am Stück schlafen kann.

Bei Drillingen wird sich's nicht vermeiden lassen: Väter sind rund um die Uhr gefragt.

Dennoch sind Zwillingsväter in ihrer ungewohnten Vaterrolle auch manchmal überfordert. Ob sie nun einen anstrengenden Arbeitstag hinter sich haben oder nicht, wenn sie nach Hause kommen, wird ihnen ein Säugling in die Arme gedrückt.

Andererseits sollten Sie Ihrem Mann schon klar zu verstehen geben, daß Sie seine Mithilfe brauchen. Machen Sie sich nicht unentbehrlich, nur um Ihrem Partner zu beweisen, was für eine Supermutter Sie doch sind.

Wie verändert sich die Beziehung der Mehrlingseltern?

Wenn Mann und Frau »*Eltern*« werden, müssen sie sich plötzlich mit einer total veränderten Situation auseinandersetzen. Auch wenn sie sich vorher noch so sehr auf das Baby gefreut haben, und sicher waren, »*wir meistern das schon*«, sieht die Realität nicht selten anders aus, wenn das Baby erst einmal da ist. Diese Umstellung trifft sie im Falle von Zwillingen und Drillingen möglicherweise doppelt. Wenn Sie schon ältere Kinder haben, verändert sich Ihre Beziehung als Paar vielleicht auch gar nicht durch die Geburt der Zwillinge.

Viele Ehen sind nach der Geburt der Kinder erst einmal reine »*Zweckgemeinschaft*«. Zeit für einander bleibt vor allem anfangs kaum noch. Wer gegen 22 Uhr müde ins Bett sinkt, um vielleicht um 2 Uhr morgens wieder auf zu müssen, hat ganz einfach keine Lust mehr zu Zärtlichkeiten.

Das bringt natürlich Konflikte mit sich, denn nicht alle Zwillingsväter wollen einsehen, daß eheliche Gemeinsamkeiten für eine kurze Zeit zurückstehen müssen.

Von Seiten der Zwillingsmütter kann es ebenso zu Konflikten kommen, etwa wenn Sie von Ihrem Mann (zu viel) Mithilfe erwarten und dann enttäuscht sind, weil er Sie »*im Stich läßt*«. Manchem Mann liegt es nun einmal nicht, mit Babies umzugehen, vielleicht kann er Ihnen bei anderen Dingen Arbeit abnehmen?

Auf jeden Fall wird die Reizschwelle durch die neuen, ungewohnten Anforderungen deutlich gesenkt und bei manchen Ehepartnern genügt dann schon der kleinste Anlaß, um einen handfesten Krach entstehen zu lassen.

Viele Zwillingseltern bestätigen aber auch, daß sich ihre Ehe durch die Geburt der Zwillinge nicht verschlechtert hätte.

Einige fanden sogar, daß die Vertrautheit untereinander gewachsen und die gegenseitige Hilfsbereitschaft gestiegen sei. Wir stellten dagegen fest, daß eher eine Art gegenseitige Abhängigkeit zugenommen hatte.

Wie kann man einer negativen Entwicklung entgegenwirken?

Sie brauchen nicht tatenlos zuzusehen, wie Ihre Ehe immer schlechter wird und die Zwillinge immer größer. Es gibt ein paar Kleinigkeiten, mit denen man eine Beziehung wieder auf das rechte Gleis bringen kann.

- Das wichtigste ist jetzt Offenheit. Sie müssen die neue Situation jetzt gemeinsam meistern, also sprechen Sie mit Ihrem Partner über all das, was Sie bewegt. Das gilt auch und gerade für sexuelle Probleme nach der Geburt Ihrer Zwillinge.
- Dieser Mangel an Lust auf Sex ist meist nur von begrenzter Dauer. Je unverkrampfter Sie an dieses Problem herangehen, desto eher spielt sich alles wieder ein. Suchen Sie sich für sexuelle Aktivitäten einen wirklich ruhigen Moment des Tages aus, wo sie nicht jederzeit befürchten müssen, daß eines der Kinder aufwacht. Vielleicht läßt sich so ein Zeitpunkt finden, zu dem Sie beide nicht zu müde sind.
- Wenn Sie sich selbst nach der Geburt Ihrer Zwillinge nicht so recht leiden können, weil Sie Ihre frühere Figur noch nicht wieder erreicht haben, lassen Sie sich nicht zusätzlich gehen. Kaufen Sie Kleidung, die Ihnen paßt. Darin wirken Sie schmaler als in zu weiter Umstandsgarderobe oder in den engen Kleidungsstücken aus der Zeit vor Ihrer Schwangerschaft.

- Veranstalten Sie für ihn und sich ab und zu einmal ein festliches Essen, das ruhig einfach zubereitet sein kann. Bei Kerzenlicht stört selbst ein Zwillingspaar auf dem Schoß weniger.
- Wenn Sie es einrichten können, finden Sie einen Babysitter, am besten eine kostenlose Oma, damit Sie mindestens einmal im Monat **gemeinsam** mit Ihrem Mann etwas unternehmen können. Es genügen schon ein paar Stunden, um abzuschalten und Kraft zu tanken.
- Gewöhnen Sie Ihre Kinder schon sehr früh an einen Babysitter.
- Noch besser erholen Sie sich, wenn Sie ein oder zweimal im Jahr etwa drei Tage allein Urlaub machen können.
- Wenn Sie selbst anfangs nur wenig unternehmen können, laden Sie doch einfach Freunde zu sich nach Hause ein. Das Essen kann ja einfach sein, oder bitten Sie Ihre Gäste etwas mitzubringen.
- Wenn Ihr Mann mithilft, sollten Sie ihn nicht zu viel kritisieren. Denn so vergeht ihm die Lust noch schneller. Die meisten Zwillingsväter sind ohnehin (zwangsweise) recht fit im Umgang mit Babies.
- Wenn Sie, der Zwillingsvater, nach Hause kommen, denken Sie daran, daß Ihre Frau einen harten Tag mit den Zwillingen hinter sich hat. Vielleicht war ihr Tag anstrengender als der Ihre. Sie waren ja immerhin unter Menschen, während Ihre Frau vielleicht nicht einmal spazieren gehen konnte, weil eben alles so kompliziert mit Zwillingen ist. Bringen Sie Ihrer Frau eine kleine Aufmerksamkeit mit, lassen Sie sie doch ab und zu spüren, daß Sie nicht nur Mutter, Zwillingsmutter ist.
- Gönnen Sie auch Ihrer Frau ein paar unbeschwerte Stunden, zum Beispiel für einen Stadtbummel, einen Abend mit einer Freundin etc. Schicken Sie sie bewußt einmal ein paar Stunden *»in Urlaub«*.
- Wenn Sie keine große Lust haben, die Kinder mitzuversorgen, entlasten Sie wenigstens Ihre Frau im Haushalt.

Wie kann man sich selbst abreagieren und neue Kraft schöpfen?

Wenn Sie sich überfordert fühlen, müssen Sie sich etwas einfallen lassen, wie Sie dieses Tief überwinden können.

- Körperliche Aktivität kann Sie wieder aufbauen. Laufen Sie das Treppenhaus mehrmals rauf und runter oder ein paar Mal ums Grundstück herum.
- Lassen Sie Ihren Frust an einem Knetteig aus. Prügeln Sie regelrecht darauf ein.
- Stehlen Sie sich jeden Tag etwas Zeit nur für sich – vielleicht nimmt Ihnen der Zwillingsvater die Kinder in dieser Stunde ab.
- Hängen Sie sich wie *Leni B.* ein Foto mit Fünflingen in die Küche. Wenn Ihnen alles über den Kopf zu wachsen droht: Schauen Sie sich das Foto an, holen Sie tief Luft und weiter geht's.
- Setzen Sie sich Kopfhörer auf und stellen Sie Ihre Stereoanlage einmal so richtig laut. Ein paar Minuten so abzuschalten, kann auch entspannen.
- Heulen Sie nach Herzenslust. Ein paar Tränen tun ja so gut!
- Rufen Sie bei einer Zwillingsmutter an, der es ähnlich ergeht oder die diese Erfahrungen auch einmal gemacht hat.
- Und vor allem: Fressen Sie nichts in sich hinein. Auch Kinder müssen lernen, daß Ihre Mutter keine Super-Mutter sein kann.

Freiräume für Mehrlingseltern

Urlaub von den Kindern können sich die wenigsten Eltern »leisten«. Zwillingseltern noch viel weniger, denn wem will man schon zwei kleine Kinder (oder gar zwei Säuglinge) anvertrauen? Wem, außer sich selbst, kann man so viel Streß zumuten? Doch ein wenig Freiraum braucht jeder Mensch, etwas Zeit für sich. Oft genügt schon eine Stunde pro Tag, die nur Ihnen allein oder Ihnen beiden allein gehört und Sie haben wieder Kraft, weiterzumachen.

Wie lassen sich solche »Freiräume« für Zwillingseltern schaffen?

- Nutzen Sie die Zeit, in der beide Babies tagsüber gleichzeitig schlafen für etwas, das Sie **gerne** tun. Später gibt Ihnen der Mittagsschlaf der Kinder Gelegenheit, Luft zu holen.
- Wenn Sie niemanden haben, dem Sie Ihre Zwillinge anvertrauen können, wechseln Sie und Ihr Mann sich ab, um an den nötigen Freiraum zu kommen. Allein einmal etwas Abstand zu bekommen ist besser als nichts.
- Wenn Ihnen eine Lösung mit bezahltem Babysitter zu teuer ist, sollten Sie es ruhig einmal mit einem Inserat *»Oma gesucht«* versuchen.
- Lassen Sie Ihren Mann seinen Hobbies nachgehen, jammern Sie ihm nichts vor. Und bieten auch Sie, der Zwillingsvater, sich freiwillig an, die Kinder zu betreuen, damit Ihre Frau einmal etwas für sich tun kann.
- Freiraum für die Zwillingsmutter kann auch in ein paar Stunden bezahlter Arbeit bestehen. Abgesehen vom finanziellen Aspekt, kommen Sie am Arbeitsplatz einmal wieder unter Menschen und werden als Arbeitskraft und nicht nur als Mutter akzeptiert.
- Engagieren Sie sich (*»ehrenamtlich«*) in einem Zwillingsclub. Diese Tätigkeit bringt Sie mit vielen netten Leuten zusammen und vermittelt Ihnen das Gefühl, daß Sie mehr können als *»nur«* zwei oder mehr Kinder zu versorgen.
- Alles, was Sie tun, um ein wenig Abstand von Ihren Zwillingen (und weiteren Kindern) zu bekommen, wird Sie Ihren Kindern letztendlich wieder näher bringen, weil Sie gelassener auf sie eingehen können.

≡ Abhilfe durch Hilfe von außen

Viele Zwillingsmütter haben es gar nicht so gern, wenn ihnen Mutter oder Schwiegermutter zur Hand gehen. Sie können es ihnen nicht recht machen, fragen zu viel, wickeln *»falsch«*, verhätscheln die Kinder und stören das Eheleben.

Doch Sie sollten eigentlich jede angebotene Hilfe annehmen. Stellen Sie nicht zu hohe Ansprüche an diejenigen, die Ihnen helfen. Wichtig ist doch, daß Ihre Kinder gut versorgt sind, da spielt ein Fleck mehr oder weniger durch die Ungeschicklichkeit einer Oma keine Rolle.

Wenn Sie sich durch manche »*Besserwisserei*« von gutmeinenden Omas gestört fühlen, hören Sie doch einfach gar nicht hin und freuen Sie sich, daß Ihnen Menschen freiwillig helfen. Leider sind die freiwilligen Hilfsangebote der eigenen Verwandtschaft dünn gesät. Oft bieten sich Fremde eher einmal an.

Seien Sie nicht zu stolz und lehnen Sie Hilfe nicht aus falscher Scham ab. Sie müssen niemandem beweisen, daß Sie spielend mit Ihren Zwillingen zurechtkommen. Es ist keine Schande zuzugeben, daß Ihnen Hilfe guttut. Machen Sie sich einen Plan, wie Sie regelmäßige Hilfskräfte vernünftig einsetzen können.

Nutzen Sie auch die zufällige Anwesenheit von Freundinnen, netten Nachbarn und Verwandten, um schwierige Dinge zu erledigen. Dann können Sie etwa die Zwillinge baden, mit dem Löffel füttern oder für einen Spaziergang anziehen.

Wenn Sie ungestört bleiben möchten und vor überraschenden Besuchern sicher, hängen Sie ein Schild an die Haustür »Zwillinge schlafen« oder schalten Sie die Klingel aus (eventuell mit einem Handtuch, das Sie um die Glocke wickeln). Das Telefon hängen Sie am besten aus (und wählen eine »0«, sonst stellt die Post das Telefon ab), wenn Sie Ruhe haben möchten.

Leisten Sie sich eine bezahlte Hilfe. Vor allem auf dem Land gibt es immer wieder junge Mädchen, die für weniger als DM 500,– bereit sind, Ihnen als Haushaltshilfen zur Hand zu gehen. Bemühen Sie sich um eine Haushaltspraktikantin (Hauswirtschaftsschulen anrufen, Inserat aufgeben), sie kommen tageweise, manchmal über einen längeren Zeitraum hinweg täglich, manche kostenlos oder gegen ein geringes Entgelt. Wundern Sie sich nicht, wenn Ihnen fremde Menschen auf der Straße (etwa beim Einsteigen in den Bus) nicht helfen. Oft möchten Passanten ihre Hilfe nicht aufdrängen. Dann bitten Sie sie doch einfach freundlich um Hilfe.

Unverständnis der Umwelt

»Ach sind die süß« und »Aber viel Arbeit, gell?« sind die zwei Standardsätze, die Zwillingsmütter immer wieder zu hören bekommen und die sie schon sehr bald als sehr lästig empfinden. Auch dieses ständige Angesprochen werden fällt in die Kategorie *»Unverständnis der Umwelt«*.

Zu Anfang sind frischgebackene Zwillingsmütter erstaunt und auch ein wenig stolz über dieses *»Interesse«*, das eigentlich eher Neugier ist. Doch schon bald wird dieses ewige Auskunftgeben über sich selbst und die Kinder lästig. Andererseits sollten Sie auch nicht zu schroff auf interessierte Passanten reagieren. Oft sind es nämlich Mütter/Omas von Zwillingen. Außerdem haben Sie es ja in der Hand, ein Schwätzchen zu halten oder höflich abzublocken, wenn Ihnen nicht danach ist. Gehen Sie weniger frequentierte Wege oder versuchen Sie durch entsprechende Transportmittel oder sehr unterschiedliche Kleidung der Zwillinge nicht als Zwillingsmutter aufzufallen.

Unverständnis der Umwelt dokumentiert sich in vielfacher Weise: Öffentliche Verkehrsmittel stehen uns Zwillingsmüttern kaum oder nur mit großen Hindernissen verbunden, offen. Rabatte auf Doppel-Anschaffungen werden in der Regel nicht gewährt. Doppelt Erziehungs-urlaub gibt es nicht. Unverständnis der Umwelt zermürbt uns Zwillings-mütter tagtäglich. Eine typische Szene: Eine Mutter mit Zwillingsbuggy möchte ein Kaufhaus (keine automatischen Türen) betreten oder verlassen. Fünf(!) Verkäuferinnen stehen zusammen und quat-schen. Keine hilft.

Oder: In einem Düsseldorfer Kaufhaus. Ein Fahrstuhl defekt, der andere stets so voll, daß eine Zwillingsmutter minutenlang davor steht, ohne eine Chance, mitgenommen zu werden. Diese Liste ließe sich wohl endlos fortsetzen. Zum Teil ist dieses Unverständnis der Umwelt auf die typische deutsche Kinderfeindlichkeit zurückzuführen, die mei-ner Erfahrung nach in den Großstädten besondere Blüten treibt.

Das beste ist in diesem Fall, Sie schaffen sich eine Elefanten-haut an, oder sagen laut, wenn Sie sich ungerecht behandelt fühlen.

Wie können Eltern eifersüchtigen Geschwistern von Zwillingen und Drillingen helfen?

Auch ältere Geschwister können durch Zwillinge, erst recht durch Drillinge, überfordert sein. Obwohl Sie Ihr älteres Kind schonend auf die doppelte »*Invasion*« vorbereitet haben (siehe Seite 28), kommt vielleicht Eifersucht auf.

Wie können Sie Ihrem älteren Kind helfen?

- Sorgen Sie dafür, daß Besucher sich auch mit diesem Kind beschäftigen, loben Sie deutlich dessen Vorzüge.
- Bitten Sie Besucher, auch für das ältere Kind (oder die älteren Kinder) ein kleines Geschenk mitzubringen. Für den Notfall sollten Sie einige Kleinigkeiten parat halten, die Sie in solchen Situationen einsetzen können. Lassen Sie den Großen (die Große) die Geschenke auspacken, die für die Zwillinge gedacht sind.
- Erlauben Sie Ihrem älteren Kind auch, selbst Besucher einzuladen, die die Babies besichtigen dürfen.
- Auch wenn Sie auf Spaziergängen oder beim Einkaufen auf die Zwillinge angesprochen werden, sollten Sie die Fremden auf Ihre anderen Kinder verweisen.
- Beteiligen Sie Ihr ältestes Kind bei der Babypflege. Werden Sie dabei nicht ungeduldig.
- Spannen Sie ältere Kinder dabei ein, die Babies zu unterhalten. Dies aber nur, wenn die Älteren diese Aufgabe gern übernehmen.
- Schaffen Sie dem älteren Kind »*Freiraum*« im wahrsten Sinne des Wortes. Sorgen Sie dafür, daß es einen ruhigen Platz zum Spielen hat.
- Lassen Sie den Papi etwas mit dem Großen (oder der Großen) unternehmen. Geben Sie älteren Kindern gewisse »*Freiheiten*«, Privilegien, die Sie den kleineren nicht geben können.
- Radikale Änderungen für das ältere Kind sollten Sie **vor** der Heimkehr der Zwillinge aus der Klinik durchführen. Sei es nun, daß Sie das Babybettchen des Ältesten brauchen oder eine neue Zimmerverteilung durchführen müssen. Das Gleiche gilt vor allem auch für geplante Kindergartenbesuche.

- Lassen Sie sich von Ihren älteren Kindern noch in der Entbindungsklinik besuchen, halten Sie aber auf jeden Fall während Ihres Aufenthaltes im Krankenhaus telefonisch Kontakt zu ihnen.
- Sind Sie erst wieder zu Hause, so versuchen Sie trotz der ungewohnten Anforderungen, täglich etwas Zeit nur für Ihr erstgeborenes Kind zu erübrigen.
- Während Sie stillen, können Sie eine Geschichte erzählen und wenn es besser mit dem Anlegen klappt, haben Sie vielleicht auch eine Hand frei, um gemeinsam zu malen oder ein Buch anzusehen. Wenn Sie wegen des Stillens überhaupt keine Zeit mehr für Ihre älteren Kinder haben, dann sollten Sie sich vielleicht doch gegen das Stillen und für Ihre älteren Kinder entscheiden.
- Wenn Sie Ihre Zwillinge fotografieren, vergessen Sie auch Ihr älteres Kind nicht. Fotografieren Sie es mit den neuen Geschwistern, aber auch einmal allein. Kramen Sie auch die Babyfotos Ihres Großen hervor und gucken Sie sie gemeinsam an.
- Betonen Sie anderen gegenüber nicht, wie sehr Sie doch wegen der Zwillinge in Ihren Aktivitäten beschränkt seien. Vor allem vor Ihren älteren Kindern sollten Sie nicht klagen, denn dann könnten sie erst recht verärgert sein, daß sie nun wegen dieser untauglichen Spielkameraden nicht mehr zum Spielplatz, zum Baden oder in den Tierpark kommen.
- Bitten Sie befreundete Mütter, Ihr »Sorgenkind« einmal mitzunehmen. Bitten Sie Omas und Tanten, ob das ältere Kind nicht einmal ein Wochenende zu Gast sein darf, vorausgesetzt, es fühlt sich so nicht abgeschoben.
- Werfen Sie dem eifersüchtigen Kind nicht vor, es sei »böse«. Eifersucht ist eine ganz normale Reaktion. Ermutigen Sie es, sich mit Worten abzureagieren und die Aggressionen lieber nicht durch Taten abzubauen.
- Erinnern Sie Ihre Kinder stets daran, daß Sie wenigstens noch zuhören können und sich für ihre Probleme interessieren.
- Sprechen Sie mit Ihren Kindern über Ihre Gefühle. Selbst kleine Kinder können begreifen, daß Sie manchmal einfach überfordert sind.

– Denken Sie daran, daß die Eifersucht auf Zwillinge länger an-
halten kann als »*normal*«. Selbst wenn die Zwillinge dem niedli-
chen Babyalter entwachsen sind, so bleiben sie doch eine »*At-
traktion*«.

Jüngere Geschwister empfehlenswert?

Nach Zwillingen nochmal Kinder? Viele werden stöhnen: Nein
Danke! Wir selbst haben fast sechs Jahre nach unseren Zwillingen noch
einen kleinen Nicolai bekommen. Das Fazit: Sehr empfehlenswert!

Ein einzelnes Kind ist für zwillingserprobte Eltern eine Erholung. Endlich kann man ein Kind einmal richtig genießen.

Wichtig ist aber, daß der »Abstand« stimmt. Die älteren Zwillinge sollten schon verständig – meiner Meinung nach mindestens vier
Jahre alt – sein.

Könnten es nochmal Zwillinge werden? Ja. Bei Müttern zwei-
eiiger Zwillinge ist die Gefahr, noch einmal Zwillinge zu bekommen
höher als in der Gesamtbevölkerung.

Ein Trost: Auch diese zweiten Zwillinge sind längst nicht so
stressig wie das erste Paar.

Tips fürs Haushaltsmanagement

Auch wenn Sie keine Super-Hausfrau sind, der jedes noch so kleine Krümelchen ein Dorn im Auge ist, Arbeit fällt trotzdem genug an. Mit Zwillingen oder Drillingen fällt es Ihnen vielleicht doppelt schwer, alles unter einen Hut zu bringen.

Ein paar Tricks helfen, die Hausarbeit auf ein Minimum zu reduzieren, oder wenigstens die Nerven zu schonen:

- Sparen Sie nicht am falschen Fleck. Wenn Sie sichs leisten können, sollten Sie Ihren Haushalt mit allen modernen Geräten ausrüsten.
- Ganz besonders wichtig ist ein **Wäschetrockner**. Sie sparen mit ihm enorme Zeit, denn Sie brauchen kein Wäschestück mehr aufzuhängen oder abzunehmen. Sie müssen die Wäsche nur noch ein wenig glattstreichen und zusammenlegen. Und das meiste kommt schon so glatt aus dem Trockner heraus, daß Sie nur noch wenige hartnäckige Stücke bügeln müssen.
- Wenn Sie es sich leisten können, sollten Sie auch nicht auf eine **Geschirrspülmaschine** verzichten. Darin können Sie benutztes Geschirr stets sofort verstauen, das schafft Ihnen zusätzliche Erleichterung, denn Ihre Küche macht dann einen aufgeräumten Eindruck.
- Im **Schnellkochtopf** wird das Essen nicht nur schneller, sondern auch vitaminschonender zubereitet.
- Wenn Sie einmal Zeit haben, sollten Sie gleich einen Topf voll kochen und anschließend kleine Portionen einfrieren. Davon zehren Sie dann in Zeiten, wo Ihnen die Zwillinge nicht einmal Ruhe (oder Lust) zum Kochen lassen.
- Verbannen Sie komplizierte Gerichte von der Speisekarte, solange Sie sich durch Ihre Zwillinge voll beansprucht fühlen. Kochen Sie lieber einmal Pell- statt Salzkartoffeln.
- Kochen Sie Gerichte, die sich mehrmals wärmen lassen. Im **Mikrowellenherd** ist alles im Nu aufgewärmt.
- Wenn Sie nicht gerne aus der Dose leben möchten, vielleicht schaffen Sie sich eine **Tiefkühltruhe** an.
- Für mich habe ich als »Wundermittel« Sojagranulat entdeckt.

Tips fürs Haushaltsmanagement 187

Es sieht aus wie Hackfleisch, wenn es gekocht ist, es schmeckt gut, ist lange lagerfähig, da es ein Trockenprodukt ist.

– Wer rationell im Haushalt wirtschaften will, muß eine durchdachte **Vorratshaltung** praktizieren. Buchführung gehört dazu. Schreiben Sie auf einer Einkaufsliste immer gleich auf, was fehlt. Dann können Sie Ihrem Mann diese Liste schnell einmal in die Hand drücken und ihn zum Einkaufen schicken. So passiert es Ihnen auch nicht, daß ganz plötzlich etwas lebenswichtiges wie beispielsweise Milchpulver fehlt. Es gibt nämlich Situationen, in denen es Ihnen schwerfällt, schnell Nachschub zu besorgen.

– Kompliziertere Hausarbeiten, etwa Bügeln, das auch nicht gerade ungefährlich ist, sollten Sie dann erledigen, wenn die Zwillinge schlafen oder mit einer guten Seele spazieren sind.

– Stellen Sie an sich nicht zu hohe Ansprüche. Ihr Haushalt muß **nicht immer tiptop** sein. Bei anderen Zwillingsmüttern sieht es auch nicht immer wie »geleckt« aus.

– Manchmal haben Sie das Gefühl, daß Ihre Zwillinge immer alles »*zerstören*«, was Sie gerade mühevoll aufgeräumt haben. Das kann eine Zwillingsmutter so stressen, daß sie das Gefühl bekommt, immer nur auf der Stelle zu treten. Wenn Ihre Kinder das frischgemachte Bett wieder verwurschteln, schimpfen Sie sie nicht, lassen Sie den Verhau lieber wie er ist und schließen Sie die Tür. Gehen Sie mit den Kleinen eine Stunde spazieren.

– Setzen Sie bei der Hausarbeit **Prioritäten**. Wenn Sie nicht zu viel auf einmal erledigen, behalten Sie besser die Übersicht und kleinere Zwischenfälle wie etwa »*Stecknadeln-Verstreuen*« oder »*Wändestreichen mit der nassen Toilettenbürste*« bringen Sie nicht so sehr aus der Fassung.

– Stellen Sie einen Wochenplan auf: Montags waschen, dienstags bügeln, mittwochs Bad putzen usw. Das verteilt lästige Hausarbeit über die ganze Woche.

– Wenn Sie einmal ganz große Dinge im Haushalt planen, etwa eine General-Teppichreinigung oder einen Umzug: Schaffen Sie kleinere Kinder aus dem Weg.

– Stört Sie die Unordnung im »*Kinderzimmer*«, das sich erfahrungsgemäß bald über die ganze Wohnung erstreckt, räumen Sie sinnvollerweise erst abends auf.

- Sie machen es sich auch leichter, wenn Sie in Ihrem Haushalt nicht allzu viel Verbotenes in Griffnähe aufbewahren. Dieses ständige Ermahnen, (»tu dies nicht, tu das nicht«), das anscheinend immer überhört wird, macht einen viel mürber, als ein paar untere Regalfächer oder Schubladen, die die Kinder nach Herzenslust ausräumen dürfen.
- Gehen Sie nie mit leeren Händen durch Ihre Wohnung oder Ihr Haus. Es gibt ja immer eine Menge zum Aufräumen und das erledigt sich leichter so nebenbei, als wenn die Unordnung erst einmal zu einem riesigen Berg angewachsen ist.
- Wenn Sie gleichzeitig mehrere Dinge erledigen, behalten Sie aber auch alles im Auge. Vergessen Sie beispielsweise nicht die Flaschen, die Sie zum Auskochen aufgestellt haben.
- Überlegen Sie einmal, welche Dinge unbedingt aufgeräumt werden müssen, damit Ihre Wohnung insgesamt einen saubereren Eindruck macht. Wenn dann unangemeldet Besuch kommt, genügen ein paar Handgriffe, um Ordnung zu schaffen.

Alleinerziehende und Zwillinge

Eines der größten Probleme alleinerziehender Mütter und Väter ist wohl, daß Sie die Verantwortung für das Kind (oder die Kinder) aber auch die Freuden mit niemandem teilen können. Das fängt damit an, daß man sich mit niemandem beraten kann, ob das Kind nun so schwer erkrankt ist, daß man besser einen Arzt ruft und geht bis zu der Frage, ob nun die oder die Erziehungsmaßnahme richtig sei. Wenn Sie Ihre Zwillinge allein »*erziehen*« müssen, fühlen Sie diese Verantwortung vielleicht doppelt auf Ihren Schultern lasten.

Aber auch schon ganz banale, alltägliche Dinge lassen sich nur schlecht ohne Partner erledigen. »Gestern wollte ich die Zwillinge baden, da war wieder keiner da, der mithelfen konnte«, klagt eine Zwillingsmutter. Zwillinge sind eigentlich eine Aufgabe für zwei.

Sehr schwierig ist oft auch die finanzielle Situation einer »*halben*« Zwillingsfamilie. Wenn die Mutter arbeiten gehen muß, ist sie zusätzlich belastet. »Ich habe es nach einem halben Jahr wieder probiert«, sagt eine alleinerziehende Zwillingsmutter, »doch ich bin fast durchgedreht. Jetzt sind die Kinder anderthalb Jahre alt, da geht es besser«.

Möchten Sie sich vom Partner (Zwillingsvater) erst nach der Geburt der Kinder trennen, weil Sie sich nicht mehr verstehen (oder aus welchem Grund auch immer), fällt Ihnen die Entscheidung sicher schwerer, als mit nur einem Kind. Sprechen Sie mit anderen Zwillingsmüttern in gleicher Situation, die diesen Schritt schon vollzogen haben, (Kontakte über die Zwillingselternvereine).

Auf keinen Fall sollten die Zwillinge ein Hinderungsgrund für eine Trennung sein, wenn die Ehe nicht mehr zu retten ist.

Die Sorge, mit Zwillingen nur noch sehr schwer einen neuen Partner zu finden, ist unbegründet. Es ist mit nur einem Kind genauso schwer oder genauso leicht. Ganz erheblich kommt es dabei darauf an, welche Einstellung der »*Neue*« ganz generell zu Kindern hat.

Der besonderen Sorgen und Nöte alleinerziehender Mütter und Väter haben sich ein Verband und zahlreiche örtliche Selbsthilfegruppen angenommen. (Verbandsadresse im Anhang). Ganz wichtig sind immer aber auch Kontakte in Zwillingselternvereinen.

Berufstätig bleiben mit Zwillingen

Soll man mit Zwillingen berufstätig bleiben?

Mit einem Kind macht es normalerweise kaum Probleme nach Mutterschutzfrist und Erziehungsurlaub wieder teilweise ins Berufsleben einzusteigen. Mit Zwillingen ist es schwieriger, aber unmöglich ist es nicht.

Was Sie bei Ihrer Entscheidung für oder gegen den Beruf beachten sollten:

- Bevor Sie vorschnell kündigen, erkundigen Sie sich, welche Möglichkeiten für eine Weiterbeschäftigung bestehen. Besprechen Sie sich mit mehreren Personen, um mehrere Meinungen in Ihre Entscheidung einfließen zu lassen, notfalls sprechen Sie auch mit einem Rechtsanwalt, der sich mit Arbeitsrecht beschäftigt hat.
- Denken Sie nicht, daß Ihre Kinder Sie voll ausfüllen werden, wenn sie erst einmal da sind. Sie werden sie wohl voll beschäftigt halten, doch vielleicht nicht voll befriedigen.
- Sie sind wieder »*mehr*« als nur Mutter, wenn Sie im Berufsleben stehen. Manche Frauen brauchen diese Bestätigung. Aber: nichts gegen Nur-Hausfrauen und Nur-Mütter. Denn das sind sehr anspruchsvolle Aufgaben und Hut ab vor den Frauen, die diese Anforderungen gerne meistern.
- Machen Sie sich kein schlechtes Gewissen, weil Sie Ihre Kinder (mit oder ohne finanzielles Muß) in fremde Obhut geben, um arbeiten zu können. Die Kinder haben mehr von einer entspannten, ausgeglichenen Mutter, als von einer Mutter, die auf Selbstverwirklichung im Beruf verzichtet, weil sie glaubt dieses »*Opfer*« bringen zu müssen. Manche Frauen sind nun einmal nicht der Typ fürs zu Hause bleiben.
- Wenn Sie sich allerdings durch Ihre Arbeitszeit überfordert fühlen, sollten Sie mit Ihrem Arbeitgeber sprechen, ob Sie nicht auch weniger als halbtags arbeiten können, bis die Kinder vielleicht im Kindergarten untergebracht werden.
- Ideal ist es auch, wenn Sie zu Hause arbeiten können. Aller-

dings gibt es Phasen, da halten Sie Ihre Kinder von jeglicher Arbeit ab, die Konzentration erfordert.

– Wenn Sie halbtags arbeiten, kann es für Sie günstiger sein, statt fünf halbe Tage, nur in ganzen Tagen zu arbeiten. Vor allem, wenn Ihr Anfahrtsweg weit ist, lohnt sich diese Regelung. Sprechen Sie mit Ihrem Arbeitgeber.

– Glauben Sie nicht, für Sie gäbe es keine Arbeit. Fragen Sie ungeniert in den Personalbüros großer Kaufhäuser, großer Firmen überhaupt, bei Behörden (Bundespost) oder bei Versicherungen nach. Und sei es, daß man Ihnen dort nur mit einer Aushilfstätigkeit weiterhelfen kann, die später vielleicht doch in ein festes Angestelltenverhältnis mündet. Ein paar Stunden wöchentlicher »**Tapetenwechsel**«, verbunden mit Anerkennung für geleistete Arbeit, tun ja so gut und lassen den Alltag mit Zwillingen wieder mehr genießen.

– Damit Sie Beruf und Kinder miteinander vereinbaren können und auch im Haushalt alles klappt, müssen natürlich Kompromisse gemacht werden. Sprechen Sie mit Ihrem Partner vor Beginn Ihrer Arbeit darüber, klären Sie rechtzeitig, ob auch er bereit ist, einmal tatkräftig mitanzupacken, wenn »**Not am Mann**« ist.

Wer betreut die Kinder?

Das größte Problem für eine berufstätige Mutter ist immer die Frage, wo kann sie die Kinder während ihrer Abwesenheit unterbringen.

Hier einige erprobte Vorschläge:

– Die beste Betreuung garantieren immer noch die **guten Omas**. Wenn Sie das Glück haben, daß Ihre Mutter oder Schwiegermutter einspringen, so sollten Sie das ehrlich zu schätzen wissen und nicht mit Argusaugen kontrollieren, ob die Oma schon wieder etwas »*falsch*« gemacht hat.

– Um Streitigkeiten zu vermeiden, sollten Sie vor Beginn Ihres Arbeitsvertrages mit der Oma genau besprechen, was Sie von ihr erwarten.

- Sprechen Sie mit der **Betreuungsperson** darüber, wie Sie es mit der Erziehung zur Individualität halten und wie Sie es von anderen erhoffen. Das gilt für Omas, aber auch für familienfremde Personen.
- Die zweitbeste Lösung ist eine bezahlte **Tagesmutter**, die zu Ihnen ins Haus kommt. Doch Tagesmuttertarife sind nicht unbedingt billig, vor allem, wenn es zwei Kinder zu betreuen gibt. Für eine Halbtagsbetreuung zahlen Sie je nach Wohnort zwischen 300 und 600 Mark, wohlgemerkt für ein Kind. In Großstädten ist es teuer, auf dem Land kosten Tagesmütter weniger.
- Offizielle Tagesmütter müssen vom Jugendamt zugelassen sein. Doch vieles läuft auf ganz privater Basis über Kleinanzeigen. Um nicht reinzufallen, lohnt es sich, die Tagesmutter nicht nur zu sich nach Hause einzuladen, sondern auch einmal einen Gegenbesuch zu machen, ehe Sie sich endgültig entscheiden.
- Klären Sie vor einer festen Zusage, ob Sie der Tagesmutter für die Anfahrt einen Fahrkostenzuschuß geben müssen, wie es mit der Verpflegung aussieht, wann die Tagesmutter Urlaub eingeplant hat und auch, ob Sie sie weiterbezahlen müssen, wenn Sie Urlaub haben und die Zwillinge selbst betreuen. Einen Modellvertrag für Ihre Abmachungen mit der Tagesmutter können Sie bei der Arbeitsgemeinschaft Tagesmütter in Hannover bekommen, (Adresse im Anhang).
- Machen Sie sich eine Liste, was Sie mit einem Betreuer, der zu Ihnen ins Haus kommt, besprechen wollen. Weisen Sie die Person auf Unfallgefahren in Ihrem Haushalt hin, führen Sie die betreffende Frau in Ihren Haushalt ein, zeigen Sie ihr, wo sich Kinderkleidung, Kinderpflegemittel, -nahrungsmittel und wo sich die Hausapotheke befinden. Notieren Sie Ihre Büronummer, die Nummer Ihres Mannes, aber auch die Telefonnummer Ihres Kinderarztes. Stellen Sie die Betreuungsperson in der unmittelbaren Nachbarschaft vor.
- Wenn Sie Ihre Kinder zu der Tagesmutter bringen müssen, wird es etwas umständlicher. Klären Sie in diesem Fall, wer die Kosten der Verpflegung übernimmt, ob Sie Gemüse-Gläschen oder Windeln mitbringen müssen. Kosten für die Kinderbetreuung können nur dann steuerlich abgesetzt werden, wenn Sie alleinerziehend sind.

- Wenn Sie einen großen Haushalt haben, gibt es noch eine dritte Möglichkeit für die Kinderbetreuung: Sie suchen ein **Aupair-Mädchen**. Kosten: circa DM 500,–. Adressen für Aupair-Vermittlung auf Seite 230. Nach zwei Fehlversuchen raten wir davon eher ab.
- Eine kostengünstige Lösung ist auch noch, sich mit anderen Müttern zur **gegenseitigen Kinderbetreuung** zusammenzuschließen. Der Nachteil: Sie als Zwillingsmutter dürften es schwer haben, eine genügend nervenstarke Tauschpartnerin zu finden. Außerdem sind vielleicht auch Ihnen an Ihrem »*arbeitsfreien*« Betreuungstag mehr als zwei kleine Kinder zuviel.
- Auch **staatliche Kinderkrippen** sind eine kostengünstige Unterbringungsmöglichkeit, die Sie unbedingt in Betracht ziehen sollten. *Elisabeth Th.-O.* hat sehr gute Erfahrungen mit einer Krippe gemacht. Das richtige Alter für den Krippenstart sei anderthalb Jahre, sagen Betreuerinnen und Zwillingsmutter Elisabeth. »Thomas und Stefan haben in der Krippe sehr viel gelernt, an Sozialverhalten, aber auch im Umgang mit Gegenständen, beispielsweise dürfen sie unter Aufsicht der Erzieherin mit der Schere schneiden.«
- Ganz wichtig ist, daß Sie für den Krankheitsfall Vorsorge treffen. Egal, ob Ihre Kinder, die Kinder der Tagesmutter oder die Betreuungsperson selbst krank sind, oder die Kinderkrippe wegen Ansteckungsgefahr geschlossen bleibt. Sie brauchen jemanden, der einspringen kann, damit Sie Ihren Arbeitsvertrag weiterhin reibungslos erfüllen können. Allerdings stehen Ihnen fünf Tage Sonder-Urlaub zu, wenn Sie niemanden für die Betreuung **Ihrer** kranken Kinder haben.

≡ Der Zwillingsvater nimmt Erziehungsurlaub

Auch das gibt es bei Zwillingseltern, *Monika N.-T.* und ihr Mann, ein Beamter im Öffentlichen Dienst, haben sich entschlossen, die herkömmlichen Rollen zu tauschen. Sie arbeitet weiterhin als politischer Gewerkschaftssekretär und er betreut die Zwillinge Florian und Benjamin (geboren am 18. Mai 1985) seit sie sechs Monate alt sind.

Jörg T. beschreibt, wie er seine Situation als »*Familienmann*« und »*Zwillingsvater*« einschätzt: »Von Anfang an stand fest, daß ich für einige Jahre meinen Beruf unterbreche und die Kinderbetreuung und -erziehung übernehme. Auch die Tatsache, daß Zwillinge kamen, hat an dieser Entscheidung nichts geändert. Ich denke, daß Väter und Mütter sehr viel dazu beitragen können, alte Rollenklischees zu durchbrechen. Für Väter kann Kindererziehung eine ganz neue Erfahrung sein und eine voll berufstätige Mutter, ist sicherlich deshalb keine schlechte Mutter. Kinder brauchen Zuneigung, Verständnis und das Gefühl, daß jemand für sie da ist. Diese Eigenschaften besitzen Väter ebenso, wenn sie ihre Rolle als Familienmänner akzeptieren und bejahen lernen.«

»Meine Freunde und Kollegen haben meine Entscheidung, die Kindererziehung zu übernehmen, akzeptiert. Wenngleich auch einige skeptisch oder bewundernd reagiert haben.«

Kritischer betrachten Frauen die Rolle des Familienmannes. Die Frage »Wie schaffen Sie diese Arbeit mit Zwillingen als Mann?« höre ich oft von ihnen oder auch die Antwort »Mein Mann könnte dies gar nicht«.

»Isoliert komme ich mir keineswegs vor, weil ich versuche, an meiner derzeitigen Situation auch positive Seiten zu sehen. Ich habe die Möglichkeit mit den Kindern so viele Dinge zu unternehmen, die ich während meiner Berufstätigkeit nicht machen konnte. Wichtig ist es vor allem, mit anderen gemeinsam etwas zu unternehmen. Mit meinen Söhnen gehe ich viel spazieren, zum Schwimmen, in die Krabbelrunde, zum Einkaufen und soweit möglich erledigen wir auch zuhause viel gemeinsam.«

Monika N.-T. beschreibt die Situation aus ihrer Sicht: »Die Beziehung meines Mannes zu den Kindern ist sehr intensiv. Alle drei hängen sehr aneinander und sind nicht selten ein richtig eingespieltes Team. Trotzdem benötigt mein Mann am Abend, wenn ich nach Hause komme, seine Freiräume für seine Interessen. Ich bin natürlich glücklich darüber, daß ich meinen Beruf weiter ausüben kann. Tagsüber denke ich aber auch oft an die Kinder und vermisse sie. Aber im Grunde genommen weiß ich, daß sie sehr gut aufgehoben sind.

Seit die Kinder da sind, haben wir versucht, einige organisatorische Dinge im Haushalt zweckmäßiger zu gestalten, beispielsweise durch die Anschaffung eines Wäschetrockners, einer Spülmaschine und einer Gefriertruhe. Auch ist die stundenweise Übernahme von Hausarbeit durch eine Reinigungshilfe eine sehr große Entlastung, sofern es finanziell für die Familie tragbar ist. Florian und Benjamin schlafen tagsüber noch circa zwei Stunden. In dieser Zeit erledigt mein Mann Hausarbeiten und bereitet das Essen vor. Das Wichtigste aber scheint mir, daß die Kinder glücklich und gesund und der Vater und die Mutter mit ihren Rollen zufrieden und ausgeglichen sind.«

Was müssen Väter beachten, wenn Sie Erziehungsurlaub nehmen möchten?

- Anspruch auf Erziehungsurlaub haben Väter, die verheiratet sind, deren Ehefrauen berufstätig sind und die in der Bundesrepublik Deutschland wohnen.
- Auch Väter, die in einem befristeten Arbeitsverhältnis stehen, können Erziehungsurlaub nehmen, dadurch verlängert sich das Arbeitsverhältnis jedoch nicht.
- Erziehungsurlaub wird auch nicht auf die Ausbildungszeit angerechnet, falls der betreffende Zwillingsvater noch in der Ausbildung steckt.
- Erziehungsurlaub für Väter gibt es erst nach der Mutterschutzfrist von zwölf Wochen (für Mehrlingsmütter).
- Der Erziehungsurlaub muß spätestens vier Wochen vor Antritt angemeldet werden (beim Arbeitgeber) und der betreffende Vater muß verbindlich erklären, wie lange der Erziehungsurlaub dauern soll. Er kann in dieser Zeit bis zu 19 Stunden pro Woche beim bisherigen Arbeitgeber weiter beschäftigt werden, wenn sonst die Gefahr bestünde, daß er den Anschluß in seinem Beruf verliert.

Finanzielles

Beim Thema Zwillinge und Drillinge fallen einem neben viel Arbeit und ähnlichem Aussehen, meist auch finanzielle Belastungen ein. Doch sind Zwillinge wirklich so teuer, wie die Umwelt glaubt und auch viele Zwillingseltern stöhnen? Und wie ist es mit Drillingen?

Welche Posten schlagen besonders stark zu Buche?

– Spezielle Zwillingstransportmittel wie Zwillingskinderwagen, Zwillingssportwagen und -buggy, kosten viel und lassen sich wenigstens in dieser Familie meist nur einmal verwenden.
– Alle wesentlichen Ausrüstungsgegenstände müssen doppelt angeschafft werden.
– Manche Dinge müssen überhaupt nur angeschafft werden, weil zwei kleine Kinder auf einmal kommen: etwa der Laufstall, den Sie zur Beaufsichtigung eines Kindes vielleicht gar nicht benötigt hätten.
– Hohe Kosten verursachen auch Fertigwindeln und Gläschenkost, die Zwillingseltern gern benutzen, weil sie viel Arbeit und Zeit sparen.
– Die meisten Familien müssen sich ein neues (größeres) Auto kaufen.

198   Finanzielles

- Manche Familien müssen auch in eine größere Wohnung umziehen.
- Auch Zwillingskleidung ist eine teure Angelegenheit, denn sie kann nur in den seltensten Fällen zwischen beiden Zwillingskindern weitervererbt werden, weil die meisten in der Größe übereinstimmen. Natürlich können Sie Kleidung von älteren Geschwistern oder geliehene Stücke verwenden, wobei Sie allerdings Ihre Zwillinge nicht gleich anziehen können.
- Vieles, was Sie nach Gebrauch weiterverkaufen können, bringt leider nur noch einen Bruchteil dessen, was es neu gekostet hat. Besser sind Sie dran, wenn Sie selbst gebraucht kaufen und anschließend weiterverkaufen.
- Das Erziehungs- und Kindergeld orientieren sich an Familien mit »Normalbelastung« durch einzeln geborene Kinder.
- Weiterarbeit der Mutter wird durch die benachteiligende Steuergesetzgebung für Nicht-Alleinerziehende zusätzlich erschwert. Denn Kinderbetreuungskosten können nur von Alleinerziehenden abgesetzt werden.
- Wenn Sie dann noch bedenken, daß wir Zwillingseltern öffentliche Verkehrsmittel nur schlecht oder gar nicht benutzen können und gezwungen sind, zu laufen oder mit dem Taxi zu fahren, kommt doch eine ganz schöne Belastung des Familienbudgets zustande, die über das »normale« Maß hinausgeht.

Was kosten Zwillinge im ersten Lebensjahr?

Eine Zwillingsmutter vom Timmendorfer Strand hat Buch darüber geführt, was sie im ersten Lebensjahr für ihre Zwillinge ausgegeben hat. 52 Dosen Milchpulver (knapp DM 800,–), 290 Gemüse- und Obstgläschen (DM 464,–), 25 Dosen Brei (DM 265,–), 78 Pakungen Windeleinlagen à 50 Stück (DM 546,–), 13 Windelhöschenpackungen à 50 Stück (DM 182,–), Pflegemittel (circa DM 900,–), Bekleidung (DM 1700,–) und Sonstiges summierten sich schließlich auf knapp DM 11 000,–. Das ergab eine monatliche Belastung von etwa DM 900,–. Multiplizieren Sie die Mengenangaben mit heutigen Preisen, so dürfte der Betrag noch höher ausfallen.

Allerdings sollten Sie berücksichtigen, daß Sie gerade zur Geburt von Zwillingen Unmengen Kleidungsstücke und Spielzeug geschenkt bekommen. Bewährt hat sich deshalb eine Geschenkeliste, die Sie herumgeben können, damit Sie am Ende nicht 24 Strampler Größe 68 haben und nicht ein einziges Höschen Größe 80.

Wo und wie kann man sparen?

Damit das Familienbudget in Grenzen bleibt, kann man sich mit einigen Ideen behelfen:

- Schaffen Sie nur Dinge an, die Sie auch wirklich brauchen; informieren Sie sich deshalb bei anderen Eltern, welche Gegenstände unentbehrlich sind.
- Eine Reihe von Ausrüstungsgegenständen können Sie nur ein paar Wochen lang benutzen. Leihen Sie sich solche Dinge oder kaufen Sie sie gebraucht.
- Manche Kinder-Second-Hand-Läden verleihen Ausrüstungsgegenstände, fragen Sie aber auch in Ihrer Kirchlichen Gemeinde nach.
- Leihen Sie sich auch Babykleidung, es gibt immer wieder Freundinnen, die gerne etwas verleihen. Um Verwechslungen zu vermeiden, können Sie die geliehene Wäsche mit gestickten (verschiedenfarbigen) Kreuzen kennzeichnen.
- Wenn Sie Kleidung kaufen, nehmen Sie sie immer ein bis zwei Größen zu groß. Die Kinder wachsen schnell hinein.
- Kaufen Sie im Sommer- und Winterschlußverkauf. Keine Angst vor Wühltischen.
- Immer wieder gibt es Sonderangebote in Super- und Verbrauchermärkten. Kaufen Sie Höschenwindeln und Gläschenkost nur dann und auf Vorrat. Manche Geschäfte geben auch Rabatte. In der Regel sind das jedoch die ohnehin teureren Läden.
- Für Drillingsfamilien übernehmen große Babyartikelfirmen gern Patenschaften und versorgen sie vielleicht mit Windeln, Pflegepräparaten und Milchpulver.

200   Finanzielles

- Auch Zwillingsfamilien sollten einschlägige Hersteller anschreiben, ein nettes Foto ihrer Zwillinge beilegen und um Unterstützung bitten.
- Sparen Sie nicht am falschen Fleck. Alles, was Ihnen andere Arbeiten abnimmt, erleichtert das Leben mit Zwillingen und hilft Ihnen so auch entspannter mit den Kindern umzugehen. Das betrifft vor allem auch eine bezahlte Hilfe.

Staatliche Beihilfen für Zwillinge

Gewöhnen Sie sich an den Gedanken, daß Ihnen nichts »extra« zusteht. Immerhin wird wenigstens das Erziehungsgeld seit dem 1.7.1989 mehrfach bezahlt. Es gibt auch staatliche Stiftungen, die bei Bedürftigkeit finanziell helfen.

Ob es in einzelnen Bundesländern oder Gemeinden Beihilfen gibt, erfragen Sie am besten bei Ihrem Sozialamt, beim Jugendamt, bei einer Pro Familia Beratungsstelle oder beim zuständigen Sozialministerium.

Auch Drillings- und sogar Vierlingsfamilien steht in der Regel keine vom Staat finanzierte Hilfskraft zu. Allerdings übernehmen die Krankenkassen in Notsituationen die Kosten für eine Haushaltshilfe, wenn eine Bescheinigung Ihres Arztes vorliegt, daß das Leben der Kinder wegen Überforderung der Mutter in Gefahr ist.

Kosten für eine Haushaltshilfe, die Sie selbst bezahlen, können Sie steuerlich absetzen. Voraussetzung: Es sind zwei Kinder unter zehn Jahren im Haushalt, und die Beschäftigung der Hilfe ist sozialversicherungspflichtig.

In Fällen, in denen das Einkommen sehr gering ist, kann eventuell auch eine Beihilfe zur Erstlingsausstattung gewährt werden. Erkundigen Sie sich beim zuständigen Sozialamt. Viele Familien haben auch zusätzlich Anspruch auf Wohngeld, obwohl sie glauben, ihr Einkommen sei zu hoch. Scheuen Sie sich auch nicht in diesem Fall, eine Auskunft einzuholen.

Die Zwillinge

Die Hauptpersonen treten erst gegen Ende des Buches auf, werden Sie vielleicht denken. Doch im Vordergrund meiner Arbeit, sollten **Sie**, die Zwillingseltern, stehen und ich wollte **Ihnen** helfen, mit zwillingstypischen Problemen fertig zu werden.

Dieses Kapitel ist allerdings nicht das Ergebnis einer wissenschaftlichen Studie aus der Zwillingsforschung, sondern die Beschreibung der Zwillingskinder wie sie mir von etwa 35 Müttern gegeben wurde.

Ähnlichkeiten

Nur etwa ein Viertel bis ein Drittel aller Zwillinge sind »echt«, das heißt eineiig. Sie sind einander sehr ähnlich, doch völlig identisch sind sie nicht. Drillinge sind hier nicht extra berücksichtigt. Es lassen sich auch nicht alle Erkenntnisse auf sie übertragen.

Auch wenn sie für Außenstehende kaum zu unterscheiden sind, Zwillingseltern finden bald irgendein körperliches Merkmal, einen Leberfleck, ein etwas anders geformtes Ohr, anhand dessen sie die Zwillinge auseinanderhalten können. Manche eineiigen Zwillinge unterscheiden sich sogar stark – in Körpergröße und Figur, weil sie im Mutterleib so unterschiedlich versorgt wurden, daß der schwächere Zwilling den Vorsprung nicht mehr aufholen kann.

Eltern von sehr ähnlichen Zwillingen tun sich schwer, die Kinder zu unterscheiden, wenn sie nicht nebeneinander stehen, oder wenn sie sie nur von hinten sehen. Andere Verwandte lernen es vielleicht nie und auch Fremde werden die Zwillinge immer wieder verwechseln.

Unter gleichgeschlechtlichen zweieiigen Zwillingen gibt es einander sehr ähnliche Zwillinge, aber auch Kinder, die grundverschieden sind und nicht einmal jene sprichwörtliche »Familienähnlichkeit« aufweisen.

Bei verschiedengeschlechtlichen Zwillingen versteht sich von selbst, daß erhebliche Unterschiede sichtbar sind.

Mit dem Wesen der Kinder verhält es sich wie mit der äußeren Erscheinung. Es gibt solche und solche. Zwar dominiert bei den eineiigen eher eine gewisse Wesensähnlichkeit, doch können auch sie vom Temperament her sehr verschieden sein.

Überhaupt neigen Zwillingseltern gern dazu, ihre Kinder ständig miteinander zu vergleichen und ihnen bestimmte Eigenschaften anzuheften.

Bei zweieiigen Zwillingen gibt es Kinder mit ähnlichem Temperament, die harmonieren, Kinder deren Wesen sich wunderbar ergänzt oder auch Kinder, deren Temperament sie ständig miteinander streiten läßt.

In ihren Fähigkeiten, Interessen und in ihrer Intelligenz können sich Zwillinge unterscheiden oder auch nicht. Die Möglichkeit, daß sie sich unterscheiden, ist bei zweieiigen Zwillingen immer größer als bei eineiigen.

Überdurchschnittlich viele Zwillingskinder sind Linkshänder. Der Anteil der Linkshänder in der Bevölkerung insgesamt liegt zwischen sieben und zehn Prozent. Der Anteil der Linkshänder bei Mehrlingskindern beträgt das Doppelte, also bis zu 20 Prozent. Bei eineiigen Zwillingen ist die Quote mit 14 Prozent erstaunlicherweise niedriger als bei zweieiigen Zwillingen mit 25 Prozent.

≡ Die Entwicklung von Zwillingen

Die körperliche und geistige Entwicklung von Zwillingen kann parallel verlaufen, wie das sehr häufig bei eineiigen Zwillingen der Fall ist, die im Abstand von wenigen Stunden krabbeln und laufen lernen oder den ersten Zahn bekommen. Doch auch wenn nicht immer beide gleichzeitig einen Meilenstein in ihrer Entwicklung erreichen, braucht Sie das nicht zu beunruhigen. Auch eineiige Zwillinge können sich mit unterschiedlichem Tempo entwickeln.

Bei zweieiigen Zwillingen sind sogar krasse Unterschiede im Entwicklungstempo an der Tagesordnung. Zwischen dem ersten Schritt des einen oder des anderen Kindes können Monate liegen. Sie sollten sich also in keinster Weise beunruhigen, wenn ein Kind noch nicht so weit ist. Bei Zwillingen unterschiedlichen Geschlechts sind Mädchen meist die fixeren. Sie lernen schneller sprechen, werden früher sauber und beherrschen die Feinmotorik besser.

Zwillingskinder spornen sich auch in ihrer Entwicklung an und der eine lernt vom anderen. Das wird sowohl bei der körperlichen Entwicklung (der eine läuft, der andere wird auch mutiger), als auch beim Sauber-Werden deutlich.

Auch stellen viele Zwillingseltern fest, daß das Entwicklungstempo wechselt. Mal ist der eine vorndran, dann wieder der andere einen Schritt voraus.

Entwickeln sich Zwillingskinder langsamer oder anders als Einzelkinder«? Auch bei einzeln geborenen Kindern kann es große Unterschiede in der Entwicklung geben. Manche Kinder laufen schon im Alter von zehn Monaten, andere lernen es erst mit 16 Monaten.

In der körperlichen Entwicklung gibt es mithin keine Entwicklungsunterschiede zwischen »Einzel«kindern und Zwillingen, es sei denn, die Zwillinge wären wesentlich zu früh geboren und hätten noch aufholen müssen oder man berücksichtigt, daß sich die Mutter eines einzelnen Kindes sehr viel intensiver mit diesem Kind beschäftigen kann und das Kind deshalb größere Entwicklungsfortschritte macht.

Allerdings haben Forschungen ergeben, daß der Intelligenzquotient von Zwillingskindern beim Schuleintritt geringfügig niedriger ist, als der von »Einzel«kindern. Eine Ursache dafür ist sicherlich die Sprachentwicklung bei Zwillingen, die langsamer verlaufen kann, als bei einzeln geborenen Kindern. Dazu mehr im folgenden Kapitel.

Als Eltern von Zwillingen werden Sie die Entwicklung Ihrer Kinder vielleicht besonders aufmerksam verfolgen. Denn jeder Schritt auf dem Weg zu mehr Selbständigkeit Ihrer Kinder, bringt Erleichterung für Sie.

Vielleicht sind Sie deshalb auch manchmal beunruhigt, weil etwas nicht so schnell klappt, wie Sie sich das vorgestellt haben. Sprechen Sie mit dem Kinderarzt, ob sich Ihre Zwillinge altersgemäß entwickeln. Er wird Sie in den meisten Fällen beruhigen können.

Sprachentwicklung

Zwillinge können in ihrer Sprachentwicklung *»Einlingen«* hinterherhinken. Oft entwickeln sie auch ihre eigene Sprache, die aus einem Gemisch von Lauten und Gesten zu bestehen scheint.

In manchen Fällen verstehen Mütter und Geschwister die Zwillingssprache. Für andere bleibt sie fremd, hört sich oft auch wie eine Fremdsprache oder eine Abkürzung der *»Normalsprache«* an. Zwillinge erfinden aber auch eigene, neue Wörter für Alltagsdinge.

Nicht alle Zwillinge entwickeln so einen geheimen Kommunikationscode. Eineiige neigen eher dazu als zweieiige Zwillinge. Normalerweise verliert sich die Zwillingssprache von selbst, wenn die Zwillinge zwischen vier und fünf Jahre alt sind. Wie kann man die normale Sprachentwicklung bei Zwillingen fördern?

- Wenn Sie unsicher sind, ob die Sprachentwicklung Ihrer Zwillinge *»normal«* verläuft, fragen Sie den Kinderarzt.
- Testen Sie, ob ein Gehörschaden vorliegt.
- Sprechen Sie mit Ihren Kindern nicht in der *»Babysprache«* und bitten Sie auch andere darum.
- Wiederholen Sie keine falschausgesprochenen Wörter, sondern sprechen Sie immer nur korrekt.
- Machen Sie sich nie lustig über mißglückte Sprechversuche.
- Bestehen Sie darauf, daß jedes Zwillingskind für sich selbst spricht und nicht die Kommunikation stets dem anderen Zwilling überläßt.
- Sprechen Sie viel mit den Zwillingen und überlassen Sie sie nicht nur aus Bequemlichkeit sich selbst.
- Bringen Sie sie mit anderen Kindern zusammen.
- Spielen Sie Sprachspiele, lesen Sie Geschichten vor.

– Gucken Sie sich gemeinsam im Spiegel an, wenn Sie miteinander sprechen. Dabei sieht das Kind die korrekten Mundbewegungen.

≡ Verhältnis der Zwillinge zueinander

Die Beziehung eineiiger Zwillinge ist in der Regel intensiver als die zwischen zweieiigen Zwillingen. Ersteren unterstellt man eine Art Seelenverwandtschaft, oft weiß der eine, was der andere denkt, bevor der es überhaupt ausspricht.

Am stärksten und dauerhaftesten ist die Beziehung zwischen eineiigen Mädchen ausgeprägt.

Alle Zwillinge streiten sich wie andere Kinder auch – je nach Temperament mal mehr mal weniger. Daß sie sich überhaupt nicht miteinander verstehen, ist eher die Ausnahme und tritt auch meist erst mit dem Erwachsenwerden zutage. Eifersucht untereinander kommt auch seltener vor, als man glauben möchte.

Zwillinge bemuttern sich gern gegenseitig, trösten sich, wenn einer bestraft wird oder hinfällt und sie sind überwiegend gerne bereit, miteinander zu teilen.

Gegenüber Fremden treten sie gern als Einheit auf, sie verteidigen sich gegenseitig und sind gemeinsam stark.

Bei vielen Zwillingspaaren gibt es keinen **durchgehend** stärkeren und **durchgehend** schwächeren. Sehr oft tauschen Zwillinge ihre Rollen von einem auf den anderen Tag.

Viele (ähnliche) Zwillinge bezeichnen zunächst ihr Spiegelbild mit dem Namen des jeweils anderen.

Verhältnis der Zwillinge zu anderen

Es gibt Zwillinge, die tun sich sehr schwer, eine Beziehung zu anderen anzuknüpfen. Sie sind sich selbst genug und brauchen keine fremden Spielkameraden. Begünstigt wird dieses Verhalten oft noch dadurch, daß es den Eltern ganz gelegen kommt, daß sich die Zwillinge so schön miteinander beschäftigen. Die Mehrzahl der Zwillinge aber spielt nicht anders als andere Geschwisterkinder – zusammen und auch mit anderen.

Bei vielen Zwillingspaaren übernimmt auch hier einer die Führung, das heißt, einem Kind fällt es leichter, Kontakte zu Dritten herzustellen, das andere verhält sich zögernder.

In den ersten Jahren ist es ganz praktisch für den schüchternen Zwilling. Er/sie profitiert von Bruder/Schwester, die genügend Kinder zum Spielen heranschaffen.

Zum Problem könnte es werden, wenn das zurückhaltende Kind plötzlich auf sich allein gestellt wäre. Doch unter diesen Umständen blüht auch mancher schüchterne Zwilling regelrecht auf, weil er sich endlich – unkontrolliert von Bruder oder Schwester – entfalten kann.

Eine komische Entdeckung machte *Gisela S.* als Johanna und Katja in den Kindergarten kamen. Sie weinten dort still vor sich hin und um der Ursache auf den Grund zu kommen, setzte sich die Mutter einige Nachmittage zu den Kindern. »Ich bemerkte, daß sie mit den Kindergärtnerinnen prima zurechtkamen, aber sobald ein anderes Kind **eine** von beiden ansprach (gleichzeitig wurden sie von anderen Kindern nie angesprochen), ›willst du mit mir Puzzle spielen‹, fingen die Tränen schon wieder an zu fließen und **beide** sprangen auf meinen Schoß. Irgendwie war mir auch klar, daß sie durch meine Anwesenheit bei der Kontaktaufnahme zu anderen Kindern gehemmt waren, und ich glaube, daß sie diese hemmende Beobachterfunktion auch untereinander ausübten, wenn ich nicht dabei war. So etwa ›die Katja sieht mir jetzt zu, wie ich mit dem Mädchen rede oder spiele‹ und dadurch konnten sie wohl nie spontanen Spielkontakt aufnehmen.« Dagegen waren die Spielkontakte, die sich auf der Straße mit den Nachbarskindern ergaben, völlig unverkrampft.

Bei Zwillingen kommt aber noch ein anderes Problem, nämlich das der wechselnden Freundschaften, auf. Andere Kinder spielen mit dem Zwilling, der gerade da ist – die Zwillinge sind irgendwie austauschbar. Oder aber sie spielen die Zwillinge bewußt gegeneinander aus. »Heute bin ich nur **deine** Freundin«.

Ute B. hat noch ein anderes Phänomen beobachtet. »Kommt nur ein Kind zu Besuch wird es von den Zwillingen nur geärgert und veralbert, es sei denn, es ist ein besonders beliebter Spielgefährte. Es ist schwer dagegen anzugehen und die Einzelkinder wissen eigentlich nie so richtig, was los ist. Sie freuen sich, daß sie endlich ein anderes Kind zum Spielen haben und verstehen die Zwillinge nicht.«

Überhaupt verbünden sich Zwillinge gerne gegen andere. Sie können untereinander die schlimmsten Streithähne sein, sobald es gilt, sich gegen fremde Kinder zu wehren, halten sie zusammen wie Pech und Schwefel.

Elisabeth Th.-O. stellte auch fest, daß andere Kinder »auf diese Verdoppelung anscheinend verwirrt und dadurch aggressiv reagieren.« Kleinen Spielkameraden fällt es offensichtlich schwer, (sehr ähnliche) Zwillinge auseinander zu halten. Sie sprechen dann vom »Thomas und dem anderen Thomas«.

Von den 35 von mir befragten Müttern, beobachtete keine eine zu starke Fixierung der Zwillinge aufeinander. Wenn es solche Phasen gegeben hatte, waren sie meist schnell vergessen, sobald die Zwillinge Gelegenheit hatten, mit anderen Kindern zu spielen.

Persönlichkeitsentwicklung bei Zwillingen

Wenn sich Zwillinge nur als Hälfte eines Ganzen fühlen, dann ist irgend etwas in ihrer Entwicklung schiefgelaufen. Die besonderen Umstände ihrer Entstehung rechtfertigen nicht, daß Zwillingskinder, wenn sie einmal erwachsen sind, auf ein eigenes Leben und individuelles Glück verzichten müssen.

Die Weichen für eine solche zu starke Bindung untereinander oder für die Entwicklung zweier unabhängiger Persönlichkeiten, die sich dennoch sehr gut verstehen können, werden schon in frühester Kindheit gestellt.

Sie, die Eltern, können dazu beitragen, daß Ihre Kinder mit der Sondersituation, die das Zwillingsdasein mit sich bringt, fertig werden. Das Kapitel soll Ihnen Anregungen geben, Sie selbst müssen herausfinden, was für Sie praktikabel ist und was nicht.

Es ist sehr schwierig hier ein allgemeingültiges Rezept zu geben. Ich war eigentlich immer der Meinung, daß man Erziehung automatisch richtig handhabt, wenn man situationsbedingt und möglichst spontan handelt. Ich selbst habe keine Notwendigkeit gesehen, meine Zwillinge in irgendeiner Form zu mehr oder weniger Gemeinsamkeiten zu erziehen, da Maximilian und Constantin sehr unterschiedlich sind und beide heftig abstreiten, überhaupt *»Zwillinge«* zu sein.

Doch aufgrund meiner Recherchen bin ich zu dem Schluß gekommen, daß es durchaus sinnvoll ist, Zwillingseltern einige **Vorschläge** zum Thema *»Persönlichkeitsentwicklung«* zu machen.

Zwillinge hängen aneinander

Neben all' den Vorteilen, immer einen Spielkameraden zu haben, gemeinsam stark gegen andere auftreten zu können, nie allein sein zu müssen, hat das Zwillingsdasein auch ganz erhebliche Nachteile. Es heißt nämlich auch, immer teilen zu müssen, sich nie allein durchsetzen zu müssen und später zu können, und schlimmstenfalls immer nur unvollständige Hälfte eines Ganzen, der Einheit »*Zwilling*«, zu sein.

Wenn solche Zwillinge eines Tages doch getrennte Wege gehen müssen, tun sie sich schwer, denn sie haben ja nie gelernt, daß sie auch ohne ihre »*bessere Hälfte*« auskommen können. Zwillinge, so haben Studien auch immer wieder festgestellt, tun sich sehr schwer, einen (Ehe-)Partner fürs Leben zu finden. Bei meinen Recherchen zu diesem Buch stieß ich auf einen Fall zweier Zwillingsschwestern, die immer noch zusammen lebten, obwohl die eine inzwischen geheiratet hatte und aus dieser Ehe ein Kind existiert. Die unverheiratete Schwester hat ihrer Zwillingsschwester fest versprochen, selbst nie zu heiraten, da sie sich nicht von ihr trennen wolle.

Für mich als Mutter von gänzlich verschiedenen zweieiigen Zwillingen ist so eine Situation absurd, doch Mütter von sehr ähnlichen oder eineiigen Zwillingen könnten sich diese starke Bindung unter den

Zwillingsschwestern sehr wohl vorstellen. Dennoch ist so eine Situation nicht unbedingt typisch und schon keinesfalls wünschenswert.

Natürlich sind Zwillinge von Anfang an aneinander gewöhnt, doch daß diese Gewöhnung im »*normalen*« Rahmen bleibt, dafür können Sie, die Zwillingseltern, etwas tun.

Zwillinge und das »eigene Ich«

Unterschiedliche Kleidung

Die meisten von mir befragten Zwillingseltern kleiden ihre Zwillinge gleich. Zum einen bekommt man vieles in doppelter Ausführung geschenkt, zum anderen sieht es »*halt so nett*« aus. Doch Erzieher warnen immer wieder davor, die Gleichheit von eineiigen oder sehr ähnlichen Zwillingen durch gleiche Kleidung zusätzlich hervorzuheben oder sehr unterschiedliche zweieiige Zwillingskinder durch gleiche Kleidung in ein gemeinsames Schema pressen zu wollen.

Wie macht man es nun richtig? Im ersten Lebensjahr dürfte die Persönlichkeitsentwicklung von Zwillingen wohl kaum Schaden nehmen, wenn Sie sie gleich kleiden. Eineiige Zwillinge ziehen Sie vielleicht von Anfang an unterschiedlich an, so verwechseln auch Sie sie nicht.

Wenn die Zwillingskinder älter werden und anfangen, ihr »*eigenes ICH*« zu entdecken, sollten Sie sehr ähnliche Zwillinge auf jeden Fall unterschiedlich kleiden. So geben Sie anderen Menschen die Chance, die Zwillinge auseinanderzuhalten, und jedes Kind direkt mit Namen anzusprechen. Bei vielen Zwillingsfamilien hat sich bewährt, die Zwillinge wenigstens verschiedenfarbig anzuziehen. Irgendwann (meist ab dem Kindergartenalter) werden Ihnen Ihre Kinder sowieso selbst sagen, was sie anziehen möchten und was nicht. Das führt dann aber auch dazu, daß Zwillinge sich nicht nur unterschiedliche Garderobe aussuchen, weil sie partout nicht wie der andere aussehen wollen, sondern, daß sie sich auch ganz bewußt identisch kleiden wollen. Nicht selten möchten Zwillinge wie Zwillinge aussehen.

Dann gibt es aber auch so kuriose Situationen, daß ein Kind wie das andere aussehen möchte, das andere sich aber gerade an diesem Tag vom Zwillingsgeschwisterchen unterscheiden will.

Ver»gleiche«

Mehr als bei Geschwistern unterschiedlichen Alters, neigt man dazu, Zwillingskinder ständig miteinander zu vergleichen. Man schreibt ihnen gerne feste, oft gegensätzliche Eigenschaften zu: der eine ist lebhaft, der andere mehr in sich gekehrt, die eine in der körperlichen Entwicklung vorn dran, die andere sprachlich weiter.

Solche Eigenschaften sollten Sie Ihren Kindern jedoch nicht zu fest anheften und offen bleiben für neue Entwicklungen. Vor allem sollten Sie Ihre Zwillinge nicht hören lassen, wie Sie sie ständig miteinander vergleichen.

Wenn einer immer hören muß, der andere sei geistig einfach fixer, ist er deprimiert und glaubt schließlich selbst, er sei weniger wert. Wenn ein Zwillingsmädchen immer wieder merkt, daß andere (auch die eigenen Eltern) ihre Zwillingsschwester vorziehen, weil sie ein aufgeschlosseneres Wesen hat, freundlicher wirkt, wird es sich bald weniger beliebt vorkommen, bloß, weil es eben nicht so unbefangen auf andere zugeht. Wer ständig Eigenschaften (auch scheinbar negative) zudiktiert bekommt, wird durch sie blockiert, kann sich nur schwer in eine andere Richtung weiterentwickeln. Das kann bis hin zur Schul- und Berufsausbildung gehen: der angeblich langsamere (immer im Vergleich mit dem Bruder/der Schwester schlecht abschneidende) bekommt vielleicht von vornherein keine Chance zu zeigen, was wirklich in ihm steckt.

Andererseits sollten Sie auch nicht versuchen, stets nur gleiche Fähigkeiten oder Eigenschaften zu entdecken.

Ihre Kinder sind nun einmal zwei verschiedene Menschen, trotz aller äußerlichen Ähnlichkeiten. Blockieren Sie unterschiedliche Interessen nicht, nur weil Sie annehmen, Zwillinge hätten nun einmal gleich zu sein, sondern fördern Sie sie. Sagen Sie nicht: »Entweder beide oder keiner.«

Öfter einmal getrennte Wege

Es kann nicht schaden, wenn Sie Ihre Zwillinge schon früh auch einmal ans »*Getrennt-Sein*« gewöhnen. Denn es kann immer einmal Situationen geben, die für Zwillinge, die allzu sehr an einander gewöhnt sind, schwierig werden. Denken Sie etwa daran, daß ein Kind einmal für eine längere Zeit ins Krankenhaus muß.

Die Gelegenheit für getrennte Wege gibt es immer wieder einmal. Etwa, wenn ein Kind krank ist, das andere aber mit dem Vater spazieren gehen könnte. Oder, wenn Sie mit einem Kind zum Arzt müssen, lassen Sie das andere in der Obhut einer Oma zu Hause. Sie sollten vielleicht auch einmal daran denken, getrennte Unternehmungen absichtlich zu planen. Gehen Sie etwa mit einem Kind einen Stadtbummel machen (Sie tun sich mit nur einem Kind dabei leichter), schikken Sie Ihren Mann mit dem anderen Zwilling auf den Spielplatz (er tut sich auch leichter, wenn er nur auf ein Kind aufpassen muß).

Wenn die Kinder anfangen, erste eigene Freunde zu haben, etwa ab dem Kindergartenalter, können Sie auch einmal für einen Zwilling eine Übernachtung außer Haus arrangieren. Das andere Zwillingskind kann sich ja für die gleiche Nacht einen anderen kleinen Freund nach Hause einladen. Oder eine Oma behält einmal nur ein Kind bei sich über Nacht, das andere kommt beim nächsten Mal dran.

Diese kurze Trennung hilft nicht nur den Zwillingen auf dem Weg zur Eigenständigkeit, sie entlastet auch die Eltern. Denn Zwillingskinder sind *direkt eine Erholung, wenn sie einmal nicht gemeinsam auftreten.*

Die Kinder fragen zwar immer danach, wo denn der Bruder oder die Schwester sei, doch meist geben sie sich mit einer Erklärung zufrieden und genießen einmal die ungeteilte Aufmerksamkeit. Es gibt aber auch Fälle, da standen die Telefone nicht mehr still und die Zwillinge beschlossen, sich nicht noch einmal zu trennen.

Zwillinge unterschiedlichen Geschlechts

Ein Viertel aller zweieiigen Zwillinge sind laut Statistik Pärchen, bestehen also aus einem Jungen und aus einem Mädchen. Fällt es diesen Kindern leichter, eine eigenständige Persönlichkeit zu entwikkeln?

Zwillingseltern bestätigen das. Denn auch wenn sie vermeiden, ihren Kindern althergebrachte geschlechtsspezifische Rollen aufzuzwingen (»*ein Junge spielt nicht mit Puppen*«), so fangen die meisten Mädchen doch irgendwann an, sich wie Mädchen anziehen zu wollen (und zu verhalten). Jungen spielen in der Regel wildere Spiele als Mädchen, haben Zwillingseltern auch festgestellt. RITA HABERKORN beschreibt so eine Situation auch in ihrem Buch »Zwillinge«: »Da Hannah einen bekommen hatte, wollte auch Jonathan einen Puppenwagen ... Er benutzte ihn aber weniger zum Puppenspiel, als daß er damit durch die Wohnung und den Park raste.«

Nicht ganz ins Bild passen will da, daß bei Pärchenzwillingen die Mädchen trotz körperlicher Überlegenheit ihrer Brüder oft dominieren. Sie sind in der Entwicklung früher dran, bemuttern ihre Zwillingsbrüder gerne, ja bevormunden sie nicht selten. Doch das kommt mir eigentlich auch recht wirklichkeitsnah vor, oder? Mädchen scheinen dank weiblicher Raffinesse zu dominieren. Die Situation kann sich ganz schnell ändern, wenn sich der Junge »*emanzipiert*«.

So unterstützen Sie die Persönlichkeitsentwicklung

- Kleiden Sie Ihre Zwillinge nicht nur gleich, sondern ab einem Alter von 18 Monaten häufiger verschieden. Gleiche Kleidungsstücke in unterschiedlichen Farben oder mit verschiedenen Mustern sind auch eine Lösung.
- Lassen Sie Ihre Zwillinge frühzeitig selbst entscheiden, was sie anziehen möchten.
- Machen Sie Ihren Zwillingen unterschiedliche Frisuren.
- Wenn die Zwillinge älter sind und man an ihre Vernunft appellieren kann, beschenken Sie sie auch einmal unterschiedlich.

Ihre Kinder sind dann in einem Alter, in dem man seine Spielsachen austauschen kann.

- Entdecken Sie unterschiedliche Fähigkeiten und fördern Sie sie. Den Satz »entweder beide oder keiner« sollten Sie in dem Zusammenhang nicht sagen.
- Wenn es aus Platzgründen oder weil die Zwillinge es nicht wollen, unmöglich ist, ihnen getrennte Zimmer zu geben, richten Sie jedem Kind im gemeinsamen Zimmer eine eigene Ecke ein, etwa ein Regal oder eine Kommode für **eigene** Sachen.
- Lassen Sie »*Eigentum*« zu und zwingen Sie Ihre Kinder nicht, alles zu teilen, bloß weil es Zwillinge sind. Jeder muß aber auch für seinen Besitz allein verantwortlich sein.
- Sprechen Sie die Kinder mit Namen direkt an. Verlangen Sie das auch von anderen.
- Erzählen Sie Fremden nicht dauernd im Beisein Ihrer Kinder, daß Sie sich auch schwer tun, die Zwillinge auseinander zu halten. Wie würden Sie sich fühlen, wenn Ihre eigene Mutter nicht wüßte, wer Sie sind?
- Lassen Sie getrennte Aktivitäten (Klavierspielen, Eishockey) zu und fördern Sie eigene Freundschaften.
- Lassen Sie Ihre Kinder öfter einmal getrennte Wege gehen.
- Verlangen Sie stets, daß jedes Kind für sich selbst spricht, und nicht ein Zwilling immer für beide das Kommando übernimmt.
- Wenn es im Kindergarten Ihrer Wahl zwei unterschiedliche Gruppen gibt, sollten Sie überlegen, ob es nicht besser ist, jedes Kind in eine andere Gruppe zu geben.

Und wie ist das bei Drillingen?

Drillinge sind eine kleine Gruppe, die Kinder im Gegensatz zu Zwillingen, nicht unbedingt so sehr miteinander verbunden. Mal stecken die zwei zusammen, mal die zwei – es wechselt sich ab. Drillingsmütter berichten, daß sich nicht mehr gestritten wird, als anderswo auch. Zwillingstypische Probleme können da auftauchen, wo zwei eineiige Drillingskinder sehr zusammenhängen und das dritte, zweieiige Kind, »außen vor« bleibt.

Besondere Erziehungsprobleme bei Zwillingen

Können Eltern beiden Kindern gerecht werden?

Ob Sie zwei Kinder gleichermaßen gerecht werden können, hat Sie vielleicht schon während der Schwangerschaft beschäftigt. Schließlich mußten Sie sich plötzlich mit einem zweiten Baby anfreunden, nachdem Sie sich gerade an das erste in Ihrem Bauch gewöhnt hatten.

Kann man diese Kinder gleichermaßen lieben, oder machen Eltern Unterschiede, obwohl doch beide Kinder zur gleichen Zeit gezeugt, in einem Mutterleib ausgetragen und kurz hintereinander geboren wurden?

Man kann sehr wohl jedem Zwillingskind gerecht werden – nur eben jedem auf seine Weise. Sie haben ganz gewiß genug Liebe für zwei Kinder, auch wenn diese zwei Kinder auf einmal geboren werden und der »normale« Altersabstand fehlt. Sie werden vielleicht einem Zwillingskind in einer Phase, in der es Sie offensichtlich mehr braucht als das andere, mehr zugetan sein, oder beim einen die, beim anderen jene Eigenschaft schätzen. Doch unter'm Strich gesehen, haben Sie beide gleich lieb.

Bei vielen Zwillingspaaren gibt es ein Kind das dominiert, das auch von Ihnen mehr fordert und meist auch bekommt. Doch diese Führungsrolle wechselt bei vielen Zwillingen oft von einem zum anderen Tag und Kind.

Mein Rat: Überlegen Sie nicht zu viel, ob und wie Sie beiden Kindern gerecht werden können. Handeln Sie spontan (ein genau abgezählter Kuß ist nur halb so viel wert wie ein Kuß, der aus einem Gefühl heraus gegeben wird), handeln Sie situationsbedingt und geben Sie Ihrem Gefühl nach. Das wird automatisch »Halt« sagen, wenn Sie ein Kind mit Aufmerksamkeit und Zuneigung überhäufen und das andere nur scheinbar bedürfnislos daneben steht.

Nutzen Sie die Zeiten, in denen Sie nur ein Zwillingskind um sich haben und genießen Sie diese seltenen Augenblicke. In diesen Minuten können Sie vieles wettmachen, wenn Sie das Gefühl haben, dieses Zwillingskind sei in der letzten Zeit in der Hektik wohl doch etwas zu kurz gekommen.

Versuchen Sie nicht, beide Kinder völlig gleich zu behandeln. Manche Kinder brauchen tatsächlich weniger Streicheleinheiten, ihr Bedürfnis nach Zärtlichkeit ist geringer als das der Schwester oder des Bruders.

Bei aller Ähnlichkeit sind Ihre Zwillinge zwei verschiedene Menschen, denen Sie nur auf unterschiedliche Art und Weise gerecht werden können.

Streit bei Zwillingen

Es gibt Zwillinge, die sind buchstäblich wie »ein Herz und eine Seele« und es gibt andere, die sind wie »Hund und Katz«. Und dann gibt es auch noch Zwillinge, da können Eltern weder überdurchschnittlich viel Streit, noch überdurchschnittliche Verträglichkeit im Vergleich zu anderen Geschwistern feststellen.

Unsere Zwillinge hatten und haben sehr lang anhaltende Streit-Phasen. Plötzlich sind dann diese besonders aggressiven Phasen wieder vorbei. Zwar gibt es dann nach wie vor Streit, doch im »normalen« Rahmen. Nicht mehr um alles und jedes wird gekämpft, gute Worte und Einsicht helfen auch schon manchmal weiter.

Es ist wohl eine Temperamentsfrage, wie Zwillinge miteinander umgehen. Mädchen sind, so die Erfahrungen der meisten Zwillingseltern, weniger streitsüchtig als Jungen. Und es ist eine Frage des Alters. Solange sich die Kinder noch nicht ausreichend mit Worten mitteilen können, äußern sie sich durch Beißen, Hauen und Haareziehen.

Soziales Verhalten (dazu gehört auch Teilen) müssen Kinder erst lernen. Gerade Zwillinge, die sowieso vieles von Anfang an teilen müssen, wollen manchmal eben etwas ganz für sich haben.

Es ist also eine Frage der Entwicklung, eine Frage der Zeit, dann werden die Streitigkeiten abnehmen, wenn auch nicht ganz verschwinden. Doch ein wenig Streit ist normal, ja für Zwillinge sogar wichtig, denn Streit hilft ihnen, sich voneinander abzugrenzen. Streit hilft ihnen bei der Persönlichkeitsfindung. Nur wer denken kann, »der Ball gehört **mir, ich** will den Ball haben«, kann um diesen Ball kämpfen.

Wie können Eltern mit streitenden Zwillingen umgehen?

— Lassen Sie Streit unter Zwillingen in Maßen zu. Bloß weil Ihre Kinder Zwillinge sind, müssen sie nicht friedfertiger als andere Kinder sein. Verhindern Sie allerdings, daß sich die Kinder gegenseitig verletzen.
— Ergreifen Sie nicht Partei. Ermutigen Sie Ihre Kinder, ihren Streit unter sich auszumachen. Bitten Sie die Streithähne, ihren Kampf woanders als ausgerechnet zu Ihren Füßen auszutragen.
— Ermuntern Sie Ihre Kinder auch immer wieder, zu sprechen statt gleich zuzuschlagen.
— Gehen Sie mit den Zankäpfeln nach Draußen. Beim Spaziergang oder Ballspielen auf der Wiese können sich die Kinder besser austoben.
— Wenn es unterschiedliche Dinge (Geschenke, Mitbringsel) zu verteilen gibt, können Sie das schüchterne Kind zuerst wählen lassen, die Geschenke hinterm Rücken halten und fragen, wer will rechts und wer will links oder bei eingepackten Dingen, die Wahl dem Zufall überlassen.

Folgende vier Ratschläge sind für Mütter gedacht, deren Nerven die andauernden Streits einfach nicht aushalten. Nur dann nämlich sollten Sie so massiv ins Streitgeschehen eingreifen (es sei denn, ein Kind könnte das andere verletzen).

218   Besondere Erziehungsprobleme

- Trennen Sie die wütenden Gegner und schicken Sie sie einige Zeit in die Verbannung, aber in getrennte Zimmer.
- Streiten sich beide um ein Spielzeug, dann nehmen Sie es ihnen weg. Wenn es nicht im Guten geht, bekommt es keiner, vor allem, wenn es ein Gegenstand ist, mit dem sich die Kinder im Streit verletzen könnten.
- Überlassen Sie das Streitobjekt demjenigen, der es zuerst hatte. Setzen Sie eine Zeit fest, die er das betreffende Spielzeug haben darf. Dann muß abgewechselt werden.
- Reicht es nicht, zu sagen: »Jetzt hat es die Nina, und dann kann es die Julia haben«, dann stellen Sie doch einen Wecker oder eine Küchenuhr auf einen zwei-Minuten-Zeitraum ein.

Denken Sie immer daran: diese nervenzermürbenden Streitigkeiten halten immer nur eine Phase lang an – das geht vorüber. Zwillinge brauchen eine Portion Auseinandersetzung, vor allem in der Zeit, in der sie anfangen, ihr eigenes »Ich« zu entdecken. Es hilft, sich gegenüber dem anderen Zwillingskind abzugrenzen.

≡ Zwillinge verbünden sich gegen die Mutter

Zwillingsmütter berichten auch immer wieder über ein Phänomen, das es beinahe unmöglich macht, Zwillingskinder erfolgreich zu bestrafen.

Die Kinder fühlen so miteinander, daß sie es fast nicht ertragen können, wenn der Bruder/die Schwester geschimpft, ins Zimmer geschickt werden, oder sogar einen Klaps hinten drauf bekommen. Sie drängen sich dann zwischen Mutter und Missetäter und beschützen ihr Zwillingsgeschwisterchen. Schlimmstenfalls hauen sie die Mutter, um das andere Zwillingskind zu verteidigen, und das, obwohl sie vielleicht selbst noch kurz vorher vom Bruder (Schwester) verhauen wurden und dieser Streit der eigentliche Anlaß für die Strafe ist. Gegen so viel Zusammenhalt ist manche Erziehungsmaßnahme machtlos.

Zwillinge trösten sich aber auch gegenseitig. »Auch wenn ich über ein Kind verärgert bin und es bewußt einmal links liegen lasse, springt die andere sofort als ›liebe Mutti‹ ein und tröstet ihre Schwester,« stellt Ute B. immer wieder fest, wie schwer es ist, Zwillingskinder »erfolgreich« zu bestrafen. Wurden andererseits beide Zwillingskinder ins Kinderzimmer geschickt, um bestraft zu werden, dann waren die Zwillinge immer froh, den lästigen Aufpasser, die Mami, loszusein.

Mit einer guten Portion Humor meistern Sie solche erfolglosen Erziehungsversuche, zeigen sie doch nur den besonderen Zusammenhalt Ihrer Kinder. Gegenüber Außenstehenden hat dieses Sich-Verbünden eher Vorteile.

Eine ganz besondere Variante habe ich kürzlich entdeckt: Max und Conny beschuldigen sich so lange gegenseitig, etwas angestellt zu haben, bis ich darauf verzichte, den (welchen?) Missetäter zu bestrafen.

☰ Zwillinge stiften sich gegenseitig an und erziehen sich

So viele Hände hat man gar nicht, Dummheiten zu verhindern, wie die beiden Ideen haben! Zwillinge stiften sich gegenseitig zu allerlei Blödsinn an, wenn sie gemeinsam auf Entdeckungstour gehen.

Was dem einen nicht einfällt, da kommt garantiert der andere drauf, sagen viele Zwillingsmütter. Zwillinge arbeiten Hand in Hand, wenn es darum geht, Stühle auf Tische zu stellen und oben drauf zu klettern.

Zwillinge erziehen sich aber auch gegenseitig. Bei uns wacht jeder ganz genau darüber, ob der andere auch nichts tut, was »verboten« ist. Es ist manchmal ziemlich schwierig von zwei »Gesetzeshütern« gleichzeitig umgeben zu sein, die dann auch noch die eigene Mutter zur Ordnung rufen.

Zwillinge im Kindergarten

Vielleicht stellt sich Ihnen die Frage gar nicht, ob Sie Ihre Zwillinge in getrennte Kindergartengruppen geben sollen oder nicht, denn nicht immer werden zwei Parallel-Gruppen angeboten. Welche Vorteile können getrennte Kindergartengruppen haben?

– Die Zwillingskinder können sich getrennt individueller entfalten.
– Beide können lernen, sich allein zu behaupten.
– Das Kind, das immer ein wenig hinter seinem Bruder/seiner Schwester zurückstand, wird so gezwungen, mehr aus sich herauszugehen.
– Jedes Kind hat eine **eigene** Bezugsperson, eine ganz neue Erfahrung.
– Beide können unterschiedliche Freundschaften eingehen.
– Beide machen unterschiedliche Erfahrungen, die sie untereinander austauschen können.
– Beide können ihren Geburtstag einmal ganz allein mit den anderen Kindern ihrer Kindergartengruppe feiern und stehen dabei allein im Mittelpunkt.

Welche Dinge gilt es bei Ihrer Entscheidung für gemeinsame oder getrennte Gruppen zu bedenken?

– Trennung von der Mutter (von der vertrauten Umgebung) und vom Zwillingsgeschwisterchen auf einmal könnte etwas zu viel verlangt sein.
– Wenn Sie sie zunächst in eine Gruppe geben und sie später trennen möchten, welchem Kind wollen Sie den Schritt in eine neue (unbekannte) Gruppe mit einer anderen Erzieherin zumuten?
– Umgekehrt – zunächst getrennte, dann gemeinsame Gruppen, weil es gar nicht klappt – ist es leichter.
– Haben die Erzieherinnen »*Zwillingserfahrung*« – wie wurde die Betreuung von Zwillingen bisher gehandhabt?
– Gibt es die Möglichkeit, daß sich Zwillinge, die in getrennten Gruppen untergebracht sind, während freier Spielstunden »besuchen« und miteinander spielen können?

Wie immer Sie sich auch entscheiden – die Kinder getrennt oder gemeinsam in den Kindergarten – jetzt ist der rechte Augenblick, sie *unterschiedlich* zu kleiden, damit Erzieher und andere Kinder Ihre Zwillinge auseinanderhalten können. Unterstützen Sie diese Maßnahme durch unterschiedliche Frisuren.

Umfassender können Sie sich über dieses Thema im Sonderheft »Zwillinge – Kindergarten und Schule« informieren, das Rita Haberkorn für die Zeitschrift ZWILLINGE zusammengestellt hat.

Viele Erziehungstips zum Umgang mit Zwillingen stehen auch im Buch »Erziehungstips für Zwillingseltern« von Marion von Gratkowski.

Kontakte für Zwillings- und Drillingseltern

Außenkontakte kosten doppelte Kraft

Zwillinge und Drillinge sind sich selbst genug. In gewisser Weise stimmt diese Aussage, denn diese Kinder haben immer Spielkameraden im passenden Alter. Andererseits ist es auch gerade für Zwillings- und Drillingskinder ganz wichtig, mit anderen Kindern zusammenzukommen, damit sie nicht zu sehr aufeinander fixiert bleiben. Auch Zwillingsfamilien, also Zwillinge plus Zwillingseltern, sind sich irgendwie selbst genug. Jeder Ausgang zu viert (wenn noch mehr Kinder da sind, zu fünft oder sechst) ist eine riesige Aktion, setzt genaue Planung und vollen Einsatz aller Beteiligten voraus, vor allem, wenn die Zwillinge noch klein sind. Deshalb bleiben Sie vielleicht lieber unter sich, wenigstens in der ersten Zeit.

Doch gerade für Zwillinge, Drillinge und deren Eltern lohnen sich Kontakte zur Außenwelt. Das bringt Sie, die Mehrlingseltern, auf andere Gedanken, Sie genießen vielleicht die Bewunderung durch die Umwelt oder Ihnen helfen vor allem Kontakte zu anderen Mehrlingseltern (»es gibt ja noch andere, denen es genauso geht!«) weiter.

Mehrlingsvereine klagen heute auch über das Desinteresse der Mitglieder an ihren Veranstaltungen. Doch ein Besuch auf diesen Treffen lohnt sich. Verlassen Sie sich nicht nur auf die vielfältige Literatur, die es heute gibt. Das gesprochene Wort hilft manchmal mehr, als die besten gedruckten Ratschläge.

Die Freunde von früher

Wenn Eltern – Eltern werden, machen sie oft eine komische Erfahrung: sie sind für die früheren Freunde (ohne Kinder) scheinbar nicht mehr interessant genug. Ein Vorwurf an frischgebackene Eltern lautet immer: Unterhaltungen kommen kaum über den eingeschränkten Windelhorizont hinaus. Kein Wunder: das wichtigste in Ihrem Leben ist das Kind, in Ihrem Fall sogar die Kinder.

Wenn sich frühere Freunde zurückhalten, dann beruht das aber auch oft auf einem Mißverständnis. Sie glauben, ihr Besuch würde stören. Sie vermuten, Sie hätten zuviel mit Ihren Zwillingen zu tun. Was ja in gewisser Weise auch stimmt.

Natürlich sind Sie vor allem in der ersten Zeit wenig mobil mit den beiden Babies. Lassen Sie Ihre kinderlosen Freunde (dazu zählen auch die, deren Kinder schon wesentlich älter sind) trotzdem wissen, daß Sie gerne Kontakt halten möchten. Laden Sie sie ein, betonen Sie aber, daß Sie keine Zeit haben, große Vorbereitungen zu treffen. Ihre Freunde werden den Wink mit dem Zaunpfahl verstehen und selbst einen Kuchen mitbringen. Nehmen Sie sich das abgekühlte Verhältnis zu Ihren Bekannten nicht so zu Herzen. Wenn Kinder da sind, sind die Interessen einfach verschieden und beste Freunde teilen sich in unterschiedliche Gruppen: Eltern und Nicht-Eltern! Das geht den meisten Einzelkind-Eltern ebenso. Und schließlich kommen Sie sich vielleicht wieder näher, wenn Ihre Freunde auch Kinder haben, oder wenn Ihre Kinder weniger anstrengend sind und zu mancher Aktivität auch schon mitgenommen werden können. Vielleicht sollten Sie aber auch versuchen, Ihren Freundeskreis zu erweitern. Kontakte ergeben sich durch Kinder beinahe automatisch. Ob beim Kinderarzt im Wartezimmer oder am Spielplatz: Eltern kommen miteinander ins Gespräch.

Zwillingsclubs und Selbsthilfegruppen

Alle Zwillingseltern, die an meiner Fragebogenaktion teilgenommen haben, sind überzeugt, daß Ihnen Kontakte zu anderen Zwillingseltern weitergeholfen haben.

Die Zwillingsrunde e. V. Frankfurt wurde beispielsweise 1984 von Marion Dörflinger gegründet. Allein durch Mund-zu-Mund-Propaganda wuchs der kleine Haufen auf über 100 Mitgliedsfamilien.

Bedauerlicherweise wurde die Runde inzwischen aufgelöst, da immer nur einige wenige ihre Arbeit einbrachten, alle anderen nur davon profitieren wollten.

In Stuttgart formierte sich Anfang 1986 ein Club um die Zwillingsmutter *Monika Attermeyer*. Das »Clübchen II« trifft sich etwa alle zwei Monate überwiegend im baden-württembergischen Raum. In Nürnberg ist der sehr aktive Verein »Engelchen und Bengelchen« ansässig. Auch in Köln und Darmstadt existieren sehr rührige Vereine.

Darüber hinaus gibt es praktisch im ganzen Bundesgebiet private Gruppen, die sich zwanglos treffen.

Auch in Österreich und in der Schweiz haben sich Zwillingseltern zusammengeschlossen.

Und für Eltern von Drillingen, Vierlingen, Fünflingen und Sechslingen hat *Helga Grützner* vor etwa fünf Jahren ihren ABC-Club ins Leben gerufen. Die Mutter von heute über 20jährigen Drillingen verfügt auch über gute Kontakte zu Clubs in Amerika und ins nichtdeutschsprachige Ausland. (Alle Adressen im Anhang).

Mein Tip: Wenn Sie Probleme gleich welcher Art haben, wenden Sie sich an einen solchen Club oder an eine private Gesprächsrunde. Diese Mütter/Eltern kennen Ihr Problem aus eigener Erfahrung und haben es vielleicht selbst schon gemeistert. Scheuen Sie sich nicht, einfach dort einmal anzurufen. Oft hilft schon bloßes *»Darüber-Reden«*. Denn »geteiltes Leid ist halbes Leid«. Wenn es keine Zwillingsinitiative in Ihrer Nähe gibt, dann rufen Sie doch selbst eine ins Leben. Sprechen Sie einfach Zwillingseltern an, machen Sie einen Aushang beim Frauenarzt und beim Kinderarzt, oder inserieren Sie »Zwillingseltern treffen sich«. Als Treffpunkt bietet sich ein Pfarrheim (gleich welcher Konfession) an, oder eine Gaststätte mit Nebenraum. Wenn Sie nicht gleich einen Verein daraus machen, ist mit lockeren Treffen gar nicht so viel Organisation verbunden. Dennoch: bevor Sie mit Ihrem Aufruf starten, überlegen Sie sich gut, ob Sie Zeit dafür haben. Suchen Sie sich eine Zwillingsmutter, die Ihnen dabei hilft.

Zwillingseltern
ziehen ein persönliches Fazit

Als ich den Frauen von der Frankfurter Zwillingsrunde vortrug, daß ein Fazit aller an der Fragebogenaktion beteiligten Zwillingseltern den Schlußpunkt dieses Buches setzen sollte, lachten sie. Nachdem ich all' die Probleme aufgezeigt hatte, wolle ich wohl zum Schluß den Leser etwas aufmuntern.

Genau das soll dieses Kapitel tun: Es soll Ihnen als werdende Zwillingseltern Mut machen und es soll auch Ihnen, den Zwillingseltern, deren Zwillinge schon geboren sind, ein postitives Gefühl vermitteln.

»Glück kann man schlechter beschreiben, als die Problematik, die man mit Zwillingen hat. Es gibt immer wieder Tage, da denke ich, ich schaffe es nicht. Und doch geht jeder Tag vorbei und es gibt auch immer wieder schöne Momente. Etwa, wenn sich beide Kinder um eine Mutter streiten, das erfüllt mich schon mit Glück. Oder wenn zwei anderthalbjährige Hand in Hand spazierengehen, das ist ein Bild für Götter.« *(Monika A.)*

»Für mich und meinen Mann ist es das größte Glück, Zwillinge zu haben. Es gibt so viel Spaß und Freude, das wiegt alles andere mehr auf. Am schönsten ist für mich immer wieder, wie die beiden miteinander umgehen, wie sie zusammen spielen, sich gegenseitig trösten. Ich habe mich auch nie mit dem Haushalt verrückt gemacht, es muß ja nicht immer alles blitzblank sein. Ich würde meine Zwillinge für nichts auf der Welt hergeben.« *(Frau W.)*

»Wir leben mit unseren Zwillingen sehr glücklich. Es müßte die Regel sein, als Zwilling geboren zu werden. Unser Rat: keine Panik, kein überzogenes Gefühl von Besonderheit oder Überlastung bei Eltern oder Kindern.« *(Frau von L.)*

»Machen Sie sich nicht allzuviele Probleme im voraus, Probleme kommen noch früh genug und wenn man nicht zu stark vorbelastet ist, geht es leichter. Wichtig ist der Kontakt zu anderen Zwillingseltern. Es erleichtert, wenn wir feststellen können, daß wir alle im selben Boot sitzen.« *(Vreny V.)*

»Mein Rat: unbedingt eine Oma, Ersatzoma oder einen Babysitter engagieren, um ab und zu persönliche Bedürfnisse zu befriedigen. Außerdem Kontakt zu anderen Zwillingseltern schaffen. Das »doppelte Glück« genieße ich natürlich! Den Kindern kann nichts besseres passieren, als mit einem Bruder oder einer Schwester aufzuwachsen, davon hat jedes Kind nur Vorteile.« *(Gabriele S.)*

»Wenn die Väter einspringen, ist es nicht so schwer. Mit Zwillingen ist man auch davor behütet allzu verrückt und nachsichtig mit seinen Lieblingen zu sein. Mit zweien muß man halt immer konsequenter und vernünftiger sein und das kommt ganz bestimmt den Kindern zugute.« *(Ute B.)*

»Wenn ich die Zeit zurückdrehen könnte und die Wahl hätte zwischen einem Kind und Zwillingen, würde ich mich für Zwillinge entscheiden. Mein Rat: angebotene Hilfe von Freunden, Verwandten und Eltern annehmen, auch wenn man meint, es wäre (noch) nicht unbedingt nötig. Denn Kraftreserven sind sehr wichtig. Den Partner einspannen, darüber ihn aber nicht vergessen. Er ist nicht nur Vater, sondern auch Mann und Sie Frau.« *(Melitta K.)*

»Obwohl ich durch meine beiden älteren Söhne, bei denen der Altersunterschied nur anderthalb Jahre beträgt, im Umgang mit kleinen Kindern in Übung gekommen bin, ist die Erziehung und Betreuung von Zwillingen eine enorme Mehrbelastung. Bestätigt wurde ich in dieser Erfahrung in dem Buch »Zwillinge« von Rita Haberkorn, da schreibt eine Zwillingsmutter (4): »Bis zu einem bestimmten Alter kann man bei keinem der beiden an die Vernunft appellieren. Immer kommt der Druck doppelt. Das wird einem von anderen Eltern oft nicht abgenommen. In anderen Familien sind die Geschwister ein Jahr und mehr auseinander. Das ist ein großer Unterschied.« *(Gudrun Sch.)*

»Wichtig ist, daß man mit einer gesunden Grundeinstellung zu Kindern überhaupt an die Sache herangeht. Ich lasse oft einmal etwas liegen, um mich mit meinen Kindern zu beschäftigen. Diese Einstellung mußte ich erst mühsam lernen. Immer, wenn ich unbedingt etwas machen wollte, was ich mir vorgenommen hatte, klappte es garantiert nicht. Heute kann ich das besser akzeptieren. Ich tue oft auch Dinge für **mich**, obwohl noch ein riesiger Berg Arbeit vor mir liegt. Das tut mir gut, letztlich aber auch den Kindern. Dadurch geht es uns allen gut. Ich bin ausgeglichen und meine Kinder auch.« *(Angela B.)*

»Man sollte sich unbedingt während der Schwangerschaft die Zeit nehmen, die man nachher nicht mehr hat. Trödeln Sie und gönnen sich etwas, Sie haben nachher lange keine Gelegenheit dazu! Obwohl die erste Zeit sehr, sehr hart ist, sind doch immer kleine Momente da, die alles aufwiegen!« *(Karin K.)*

Zwillingsnamen

Wieviel Mühe haben Eltern oft, sich auf einen Namen für ein Kind zu einigen. Wieviel schwieriger kann es werden, wenn Zwillinge kommen.

Hier eine Auswahl von Namen, die die 35 befragten Zwillingseltern für ihre Kinder ausgesucht haben:

Dana und Helen	Jana und Nina
Nils und Jens	Olivia und Viola
Maximilian und Constantin	Anja und Sonja
Florian und Benjamin	Nadine und Nicole
Alexander und Philipp	Julian und Clemens
Jessica und Jennifer	Johannes und Christine
David-Tobias und	Nina und Nadine
Daniel-Frederic	Thomas und Michael
Stefanie und Patricia	Caroline und Christine
Simon und David	Sarah und Benjamin
Jan und Jens	Sven und Daniel
Jens und Klaus	Björn und Anne
Marina und Nadine	Dominik und Marylin
Sonja und Jennifer	Annika und Alexandra
Stefanie und Susanne	Christoph und Lukas
Johanna und Katja	Christian und Reinhard

Auch bei der Namensgebung gilt: Lieber nicht so ähnlich, um Verwechslungen zu vermeiden.

Wichtige Adressen für Zwillingseltern

Zwillingsclubs und Mehrlingselternvereine (Stand 1996)

PLZ-Bereich 0

04275 Leipzig
Agnes Riedl
Steinstraße 6
Tel. 4 77 84 54

PLZ-Bereich 1

10000 Berlin
Arbeitskreis Neue Erziehung
Markgrafenstraße 11
10719 Berlin
Treffen für Zwillingseltern im Haus
der Familie (Saal 1)
Niebuhrstraße 59–60
freitags von 10.30–12.30 Uhr, 14tägig,
Info bei Ann-Kristin Klonus
Tel. 0 30/8 81 66 04
14059 Berlin
Uniklinik Rudolf Virchow
Sophie-Charlotte-Straße 174
Tel. 0 30/30 35-44 88
Wartesaal der Schwangeren-
beratung
10000 Berlin
Christiane Frentzel
Tel. 0 30/4 01 89 08.
Ort: Bezirksamt Reinickendorf
Gesundheitsbüro
Teichstraße 65
Haus 4, 2. Stock, Zi.-Nr. 214
10000 Berlin
Knotenpunkt für den ABC-Club (ab
Drillinge) Info bei Stefanie Ulbricht
Tel. 0 30/8 13 27 29
oder Frau Riege
Tel. 0 30/7 11 86 38

PLZ-Bereich 2

21395 Winsen/Lüneburg/ Geesthacht
Zwillingstreff Elbmarsch:
Angela van der Heyden
Erlenring 1 e
21395 Tespe
Tel. 0 41 76/83 56
22111 Hamburg
Rita Ewers
Rhiemsweg 66
22111 Hamburg (Horn)
Tel. 0 40/6 51 70 38. 12 Uhr
23669 Timmendorfer Strand/ Hemmelsdorf
Kirsten Lietz
An de Eek 9
23669 Hemmelsdorf
25746 Heide
Gesprächskreis für Zwillingseltern
und solche, die's werden wollen, in der
Familienbildungsstätte. Info auch bei:
Andrea Bröcker
Boßelweg 8
Tel. 04 81/28 88
26384 Wilhelmshaven
Zwillingstreff in der Evangelischen
Familienbildungsstätte, Kantstraße,
Frau Drewski
Tel. 0 44 21/5 50 88
26871 Papenburg
Monika Schendzielorz
Hümmlingerweg 79

PLZ- Bereich 3

31141 Hildesheim
Anja Watermann, Winkelbrink 9
Tel. 05064/8438

31180 Ahrbergen
Kea Engel
Morgenstern 10
31180 Ahrbergen
Tel. 0511/650298

31552 Rodenberg (Bad Nenndorf)
Frau Stäber, Hauptstraße 15
Tel. 05723/75352

32457 Porta Westfalica (Minden)
Karin Spönemann, Im Schierholz 8
Tel. 05706/2750

32756 Detmold
Evangelische Familienbildungsstätte
Gutenbergstraße 20
Tel. 05231/26035
Gesprächsgruppe f. Zwillingseltern

34125 Kassel
Andrea Fiedler
Vor der Hasenhecke 2N
Tel. 0561/819120

34414 Warburg
Renate Heerdegen
Kollwitzstraße 10
Tel. 05641/6576

35457 Lollar (Giessen)
Gerdi Wischnewski
Paulusgarten 25
35457 Lollar
Tel. 06406/74391

35510 Butzbach/Hoch-Weisel
Sonja Bernhardt
Feuerbacher Straße 8
Tel. 06033/15877

38104 Braunschweig
Birgit Kamrath-Hinz
Herzogin-Elisabeth-Straße 4
Tel. 0531/75575

38259 Salzgitter
Wilgund Jahn
Dresdener Ring 19
Tel. 05341/391904

PLZ-Bereich 4

40721 Hilden
Marion Käufler
Gerresheimer Straße 195
40721 Hilden
Tel. 02103/48519

41189 Mönchengladbach
Martina Vieregge
Azaleenweg 11
Tel. 02166/56824

41539 Dormagen
Britt Kreutz
Gneisenaustraße 36
41539 Dormagen
Tel. 02133/477411

41812 Erkelenz
Brigitte Krahe
Charles-de-Gaulle-Straße 5
Tel. 02431/74412

42285 Wuppertal
Astrid Fonte
Tel. 0202/627126

42477 Remscheid
Elke K. Wallsteiner
Radevormwald
Tel. 02195/69155

44135 Dortmund-Mitte
Evangelische Familienbildungsstätte
Schwanenwall 34
Reinoldium
Tel. 0231/8494-404

44319 Dortmund-Wickede
Evangelische Familienbildungsstätte
Meylantstraße 85
Tel. 0231/211987

45138 Essen
Birgit Sänger-Krokowski
Gehrberg 56
Tel. 0201/261662

46238 Bottrop
Treffen im evangelischen Gemeinde-
haus an der Gnadenkirche
Gladbecker Straße 258
46240 Bottrop
Info bei: Renate Kleine-Wilde
Tel. 0 20 41/9 19 99
47329 Duisburg
Beate + Uli Prior
Rathausallee 8
Tel. 0 21 51/40 59 33
Karin + Frank Bischoff
Schulstraße 2
Tel. 02 03/48 20 21
Zwillingstreff Duisburg im evange-
lischen Gemeindehaus Aldenrade
47623 Kevelaer
Treffen für Zwillingseltern
in der Familien-Bildungsstätte
in Kevelaer
Kapellenplatz 11
Tel. 0 28 32/71 17
Leitung: Ute Krapohl
48683 Ahaus
Heike Rudde
Langen Kamp 70
49832 Beesten
Antonia Beerboom
Frerener Straße 25
Tel. 0 59 05/12 17
49074 Osnabrück
Katholische Familien-Bildungsstätte
Am Landgericht 3
Tel. 05 41/2 81 57
49324 Melle
Cornelia Thiemt
Herrenteich 112
Tel. 0 54 22/30 60

PLZ-Bereich 5

50354 Köln
Elke Tüpprath
Bonnstraße 16
50354 Hürth
Tel. + Fax 0 22 33/7 77 93

52062 Aachen
Rat und Hilfe
Schützenstraße 21
Tel. 02 41/4 79 87 50
Initiative für Mehrlingseltern
»Doppelt & Dreifach«
52349 Düren
Gesprächskreis für Zwillingseltern
Petra Weidemann
Katholische Familienbildungsstätte
Holzstraße 50
Tel. 0 24 21/4 27 68
53804 Much-Ophausen 2
Siggi Schmitz
Tel. 0 22 45/33 21
54595 Prüm
Marion Neumann
Spitalstraße 5 a
Tel. 0 65 51/7 00 17
55606 Kirn
Doris Becker
Sulzbacher Straße 30
Tel. 0 67 52/84 49
55774 Baumholder
Meta Meeß
Käsacker 3
Tel. 0 67 83/17 26
+ Bärbel Gudde-Moore
Tel. 0 67 83/40 99
56072 Koblenz
Annette Frick
Pastor-Kesten-Straße 11
Tel. 02 61/4 21 28
56841 Traben-Trarbach (Wittlich)
Elisabeth Piontek
Koppelberg 33
56841 Traben-Trarbach
Tel. 0 65 41/45 79
58640 Iserlohn
Bettina Hennig
Haubergweg 1
Tel. 023 71/4 18 19

58840 Plettenberg
Petra Möwes
W.-Graewe-Straße 42
Tel. 02391/54294

PLZ-Bereich 6

60439 Frankfurt
Mariem Graf
Kupferhammer 5
Tel. 069/5890160
61197 Flohrstadt
Susanne Siegmann
Ringstraße 5
Flohrstadt
63150 Heusenstamm
Club Gemini trifft sich regelmäßig
Info bei Christina Winter
Tel. 06071/62563
63486 Bruchköbel-Zwillingstreff
MKK
Sabine Schönfelder
Feldbergstraße 24
Tel. 06181/73291
oder Kerstin Fritsch
Fliederstraße 24
Tel. 06181/79805
64380 Roßdorf (Darmstadt)
Darmstädter Zwillingsrunde e.V.
1. Vorsitzende Andrea Becker
Darmstädter Straße 2
Tel. 06154/82918
65604 Elz (bei Limburg)
Hildegunde Müller-Nink
Weberstraße 73
Tel. 06431/54300
66386 St. Ingbert
Theresia Gulentz-Wörner
Tel. 06894/4976
67354 (Speyer) Römerberg
Zwillingsclub »1-2-3-Bärchen«
Info bei Bettina Link
Fahrweg 11

69120 Heidelberg
Simone Kraus
Bergstraße 53
Tel. 06221/419590
oder Selbsthilfebüro HD
Tel. 06221/184290

PLZ-Bereich 7

70599 Stuttgart
Clübchen II e.V.
Anja Geißler
Hagebuttenweg 1
Tel. 0711/454176
71083 Herrenberg
S. Riveros
Tel. 07032/26522
und A. Dammann-Reetz
Tel. 07032/23441
71711 Steinheim/Murr
Andrea Haase
Kleinfelderstraße 18
Tel. 07148/2395
73207 Plochingen
Betty Wittwar
Weiherstraße 5
Tel. 07153/26512
73432 Aalen
Heide Gobes
Waldstraße
Tel. 07361/981430, Fax 88507
und Heidi Zellhuber
Feuerbachstraße 11
Tel. 07361/31471
74348 Lauffen (Heilbronn)
Veronika Hampp
Neckarwestheimer Straße 14
Tel. 07133/21072
75382 Althengstett
Max und Moritz-Club
für Mehrlingsgeborene
1. Vorstand: Siegfried Richter
Mittlere Gasse 2
Tel. 07051/20325

Zwillingsclubs und Mehrlingselternvereine

76185 Karlsruhe
Karin Midasch
Kieferäckerstraße 6
Tel. 07 21/75 29 90
76530 Baden-Baden
Annette Setzler
c/o Mütterzentrum Känguruh
Stephanienstraße 27
Tel. 0 72 21/2 26 16
79199 Freiburg
Wiltrud Bossert-Engmann
Am Rainhof 13
79199 Kirchzarten
Tel. 0 76 61/63 93

PLZ-Bereich 8

82131 Gauting/Stockdorf
Gudrun Inverso
Forstenrieder Parkstr. 19
82131 Buchendorf
Tel. 0 89/8 50 81 97
83022 Rosenheim
Information bei: B. Schwabe
Tel. 0 80 61/62 09
85298 Scheyern (Pfaffenhofen/Ilm)
Helga Finkenzeller
Grabmairstraße 10
85298 Scheyern
Tel. 0 84 41/7 18 60
86179 Augsburg
Inge Knöpfle
Johann-Strauß-Straße 10 d
Tel. 08 21/81 27 28
87439 Kempten
Treffen in der Hebammenpraxis
Erdenlicht
Untere Eicherstraße 2 a
Information bei Evi Mair
Tel. 08 31/8 33 10
oder Claudia Schleißheimer
Tel. 0 83 74/17 86

87534 Oberstaufen/Immenstadt
Gudrun Blanz
Burgangerstraße 15
Tel. 0 83 25/4 78
oder Inge Schiedrich
Tel. 0 83 23/15 90
89312 Günzburg
Monika Demuth
Feuerbachstraße 9
Tel. 0 82 21/3 43 17
und Regina Wanzl
Tel. 0 82 21/3 38 10

PLZ-Bereich 9

90449 Nürnberg
Engelchen + Bengelchen e.V.
Ulrike Büttner-Germaschewski
Burgsalacher Straße 40
Tel. 09 11/68 68 77
93321 Abensberg
Info bei: Monika Sedlmayer
Tel. 0 87 83/7 28
94424 Arnstorf
Schönaustraße Park Wohnstift
Rabennest
Angelika Sturm
Tel. 0 87 23/33 88
95445 Bayreuth
Barbara Engelhardt
Lahnstraße 18
Bayreuth
Tel. 09 21/4 63 63
97320 Buchbrunn (Würzburg)
Monika Schmied
Tel. 0 93 21/2 13 75
und Doris Kilian
Tel. 09 31/9 67 33
99189 Erfurt
Ute Siegfried
Tel. 03 61/4 21 07 32

234 Wichtige Adressen für Zwillingseltern

Ab Drillinge: 64297 Darmstadt
ABC-Club
Helga Grützner
Strohweg 55
Tel. 061 51/5 54 30
oder Fax 59 63 88

Treffen gibts im gesamten Bundesgebiet und auch in anderen Ländern, individuelle Kontaktvermittlung + andere Dienstleistungen der Privatinitiative sind nur für Mitglieder möglich. Beitrag DM 40,–/Jahr; dafür gibt es u. a. 4mal/Jahr den ABC-Report.

Ohne Gewähr
Alle vorstehenden Angaben veröffentlichen wir ohne Gewähr. Die Aufstellung erhebt auch keinen Anspruch auf Vollständigkeit. Die Adressen werden in der Zeitschrift ZWILLINGE alle halbe Jahre aktualisiert veröffentlicht.

≡ Andere wichtige Adressen

Schwangerschaft und Geburt

Bund freiberuflicher Hebammen e.V.
Gabriele Schippers
Geschäftsstelle: Freiheitsstraße 11
41352 Korschenbroich
Tel. 021 61/64 85 77

Bund Deutscher Hebammen e.V.
Postfach 1724
76006 Karlsruhe
Tel. 07 21/2 64 97 oder 98

IRIS-Regenbogenzentrum
Kontakt- und Beratungsstelle
Initiative Natürlich Gebären –
Bewußt Eltern-sein in IRIS e.V.
für Frauen und Familie
Schleiermacherstraße 39
06114 Halle
Tel. 03 45/2 69 89 (mit Geburtshaus)

Geburtshaus für Selbstbestimmte
Geburt e.V.
Klausener Platz 19
14059 Berlin
Tel. 0 30/3 25 68 09

Treffpunkt Schwangere Mütter,
Väter, Babys
Nachbarschafts- und Selbsthilfezentrum (NUSZ)
in der UFA-Fabrik e.V.
Viktoriastraße 13–18
12105 Berlin
Tel. 0 30/7 51 67 06

Bewußte Geburt und Elternschaft e.V.
Diezstraße 6
35390 Gießen
Tel. 06 41/3 48 93

ISIS-Zentrum für Schwangerschaft,
Geburt und Elternschaft e.V.
Groner-Tor-Straße 12
37073 Göttingen
Tel. 05 51/48 58 28

DOULA Verein für Geburt in
Würde und Menschlichkeit e.V.
c/o Monika Brühl
Hausdorffstraße 172
53219 Bonn
Tel. 02 28/23 24 50

Zentrum für Geburtsvorbereitung
und Elternschaft e.V.
Hertinger Straße 47
59423 Unna
Tel. 023 03/1 26 30
Montag–Freitag 10–12 Uhr

Beratungsstelle für Geburt
und Elternsein e.V.
Dorfackerstraße 12
72074 Tübingen-Lustnau
Tel. 070 71/8 39 27

Beratungsstelle für Natürliche Geburt und Eltern sein e.V.
Hebelstraße 17 RGB
80337 München
Tel. 0 89/53 20 76

GfG Gesellschaft für Geburts-
vorbereitung
Bundesverband e.V.
Postfach 22 01 06
40608 Düsseldorf
Tel. + Fax 02 11/25 26 07

Pro Familia Deutsche Gesellschaft für
Familienplanung, Sexualitätspädago-
gik und Sexualberatung e.V.
Bundesverband
Stresemannallee 3
60596 Frankfurt
Tel. 0 69/63 90 02

Bundeszentrale für Gesundheitliche
Aufklärung
Postfach 91 01 52
51071 Köln
Tel. 02 21/8 99 20
(Hier kann unter anderem auch der Fa-
milienferien-Katalog mit 172 gemein-
nützigen Familienferienstätten ange-
fordert werden, der aber auch in jeder
ADAC-Niederlassung ausliegt.)

Eltern werden – Eltern sein

Mütterzentren Bundesverband e.V.
Müggenkampstraße 16
20257 Hamburg
Tel. 0 40/49 61 56

Eltern werden – Eltern sein e.V.
Gießer Straße 17
45473 Mülheim/Ruhr
Tel. 02 08/3 64 05

Treffpunkt Mütter und Väter e.V.
Kinder kriegen – Kinder haben
Neusser Straße 397–399
50733 Köln-Nippes
Tel. 02 21/7 60 71 87

Frauengesundheitszentrum
Neuhofstraße e.V.
Neuhofstraße 32 RGB
60318 Frankfurt
Tel. 0 69/59 17 00

Arbeitskreis Eltern werden –
Eltern sein e.V.
Talstraße 56
79102 Freiburg
Tel. 07 61/70 69 60
Montag 20.30–21.30 Uhr
Tel. 07 61/40 80 53

Deutsche Liga für das Kind
in Familie und Gesellschaft
(Initiative gegen frühkindliche
Deprivation) e.V.
Dyroffstraße 12
53113 Bonn
Tel. 02 28/26 26 25, Fax 02 28/26 45 15

Bundesverband Neue Erziehung e.V.
Am Schützenhof 4
53119 Bonn
Tel. 02 28/66 40 55

Väterkreis für werdende und
junge Väter
Stephan Kurtze
Albrecht-Dürer-Straße 19
55218 Ingelheim
Tel. + Fax 06132/86940

Notmütterdienst Familien-
und Altenhilfe e.V.
Sophienstraße 28
60487 Frankfurt
Tel. 069/776611 oder 779081
(vermittelt Ersatzmütter für die Zeit
des Wochenbetts)

Interessengemeinschaft Tagesmütter
Bundesverband für Eltern, Pflege-
eltern und Tagesmütter e.V.
Bödekerstraße 85
30161 Hannover
Tel. 0511/623302
(vermittelt Kontaktadressen in Ihrer
Nähe gegen 2,– DM in Briefmarken)

Beratung alleinstehender Mütter und
Schwangerer e.V. (BAMS e. V.)
c/o Petra Marek
Pfarrgasse 17
69121 Heidelberg
Tel. 06221/411904

Verband alleinstehender Mütter
und Väter e.V.
(VAMV)
Von-Groote-Platz 20
53173 Bonn
Tel. 0228/352995

Verein berufstätige Mütter e. V.
Frau Hager
Annostraße 27
50678 Köln
Tel. 0221/326579

Kinder in besonderen Situationen

Arbeitsgemeinschaft Allergiekrankes
Kind
Hauptstraße 29
35745 Herborn

Aktionskomitee Kind im Krankenhaus
e.V.
Kirchstraße 34
61440 Oberursel

Bundesarbeitsgemeinschaft Hilfe für
Behinderte e.V.
Kirchfeldstraße 149
40215 Düsseldorf
Tel. 0211/310060

Bundesverband das Frühgeborene
Kind e.V.
Eva Vonderlin
Von-der-Tann-Straße 7
69126 Heidelberg
Tel. 06221/32345

Förderverein für Früh- und
Risikoneugeborene
Das Frühchen e.V.
Christa Hofmann
Dittmannswiesen 6
76646 Bruchsal
Tel. 07251/18293

Förderverein für Früh- und
Risikogeborene e.V.
Kinderoberarzt Dr. Friedrich Porz
Kinderklinik am Zentralklinikum
Augsburg
Stenglinstraße
86156 Augsburg
Tel. 0821/4001

Elterninitiativgruppe intensiv-
behandelter Frühgeborener
Familie Tappermann
Flurgasse 17
41569 Rommerskirchen
Tel. 0 21 83/51 00

Glücklose Schwangerschaft und Plötzlicher Säuglingstod

Initiative Regenbogen
Glücklose Schwangerschaft e.V.
Petra Jecker
Peter-Behrens-Straße 45
40595 Düsseldorf
Tel. 02 11/7 00 55 04

Gesellschaft zur Erforschung des
Plötzlichen Säuglingstods (GEPS)
Deutschland e.V.
Kleinbachstraße 18
76227 Karlsruhe
Tel. 07 21/40 65 30

Au-Pair-Vermittlung

Verein für Internationale
Jugendarbeit e.V.
Adenauer-Allee 47
53111 Bonn
(Au-Pair-Vermittlung)

Zentralstelle für Arbeitsvermittlung
(Au-Pair-Vermittlung)
Feuerbachstraße 42
60325 Frankfurt

Deutscher Verband katholischer
Mädchensozialarbeit
(Au-Pair-Vermittlung)
Karlstraße 40
79104 Freiburg

Stillgruppen

La Leche Liga Deutschland
Postfach 65 00 96
81214 München

AFS Arbeitsgemeinschaft Freier
Stillgruppen e.V.
Postfach 11 12
76141 Karlsruhe
Tel. 0 93 31/33 94

Urlaub für Zwillings- und Mehrlingseltern

»Ferien auf dem Lande«
und »Zu Gast beim Winzer«
Zentrale für Landurlaub
Heerstraße 73
53111 Bonn
rund 3 500 Bauernhöfe werden
vorgestellt.

Deutsche Landwirtschaftsgesellschaft
DLG
Urlaubsservice
Rüsterstraße 13
60489 Frankfurt
stellt ca. 1 500 Höfe vor, die das DLG-
Gütezeichen bekommen haben.

»Urlaub auf dem Bauernhof« (Baden-
Württemberg)
Zentrale Adressen- und Vermittlungs-
stelle
Postfach 54 43
79021 Freiburg

»Ferien auf Bauern- und Winzerhöfen«
Fremdenverkehrsverband Rheinland-
Pfalz
Postfach 14 20
56015 Koblenz

Familienferienstätten

Evangelischer Arbeitskreis für
Familienerholung
Wagenburgstraße 28
70184 Stuttgart
52 Familienferienstätten

Katholischer Arbeitskreis für
Familienerholung
Adenauerallee 134
53113 Bonn
64 Ferienstätten

Paritätischer Arbeitskreis für
Familienerholung
c/o Paritätischer Wohlfahrtsverband
e.V.
Heinrich-Hoffmann-Straße 3
60528 Frankfurt

Deutscher Familien-Dienst
Landesverband NW e.V.
Postfach 12 36
53809 Ruppichteroth
Tel. 0 22 95/59 59
»Hier sind Kinder und Familien
willkommen« – Verzeichnis kinder-
und familienfreundlicher Gastgeber,
gegen Schutzgebühr zu beziehen.

Kolping Familienhilfswerk
Kolpingplatz 5–11
50667 Köln
Tel. 02 21/2 07 01-0
Hier kann der Kolpingferien-Katalog
bezogen werden.

☰ Bezugsquellennachweis

Nähanleitung für den Doppeltragesack
Sabine Neumann
Keltenstraße 4
87616 Marktoberdorf
(frankierten Rückumschlag DM 3,–
beilegen)

Petzy's Zwillingsshop
Postfach 17 17
86887 Landsberg
Tel. 0 81 91/92 15 09
Fax 0 81 91/3 05 07

Fahrradanhänger in allen Variationen
»Zwei plus zwei«
Bismarckstraße 56–62
50672 Köln
Tel. 02 21/95 14 70-0
Fax 02 21/95 14 70-20

Adressen in Österreich und in der Schweiz

Arbeitskreis Sanfte Geburt
Angela Kastlunger
Hietzinger Kai 199/12
A-1130 Wien

Partner Aktuell
Postfach 3000
A-1010 Wien
(kostenlose Vermittlung und
Adressen des österreichi-
schen Familienberatungs-
stellen)

**Beratungsstelle für Natürliche
Geburt und Leben mit Kindern**
Rosensteingasse 82
A-1170 Wien
Tel.: 0222/459124

Initiative Kind im Krankenhaus
Silvia Egger
Stoss im Himmel 3
A-1010 Wien
Tel.: 6330502

**Verein Frauenselbsthilfe und
Gesundheitszentrum**
Währinger Straße 59
A-1090 Wien
Tel.: 963868

**NANAYA Beratungsstelle für
natürliche Geburt und
Leben mit Kindern**
Zollergasse 37
A-1070 Wien
Tel. 0222/931711

**Verein WEGE und Beratungsstelle
für natürliche Geburt,
Elternschaft und ganzheitliches
Wachstum e.V.**
Eva und Roman Schreuer
Raschbach 2
A-4861 Aurach/H.
Tel. 07662/4220, Fax 07662/4762

**Initiative Regenbogen Verein für
Hilfestellung bei Glückloser
Schwangerschaft**
Ulrike Kern
Zirkusgasse 28/9
A-1020 Wien
Tel. 0222/2147234

La Leche Liga Österreich
Postfach
A-6500 Landeck

Schweiz

Kontaktstelle für freie Hebammen
Frau Erika Hedinger
Eichelackerstraße 31
CH-8106 Regensdorf 2
Tel.: 01/8411293

Pro Juventute
Seefeldstraße 8
CH-8008 Zürich
Tel.: 01/2517244
(Adressenliste der Mütterberatungs-
stellen)

Verein »Kind und Krankenhaus«
Brigitte Hintermeister
Jerisberghof
CH-3249 Gurbrü
Tel.: 031/956502

Aargau
Brigit Brandestini
Schlierenstraße 87
5400 Ennetbaden
Tel. 056/212187

Basel
Yvonne Sutter
Bruggartenweg 1
4123 Allschwil
Tel. 061/635930

Biel
Therese Kunz
Rue Rob. Vigier 22
2603 Pèry
Tel. 032/961916

Bern
Dora Zaugg
Bergackerstraße 64
3066 Stettlen
Tel. 031/518977

Thun
Barbara Siegfried
Scheffelweg 36
3600 Thun
Tel. 033/225463

Obwalden
Lucia Schmidt
Hobielstraße 11
6064 Kerns
Tel. 041/664859

Nidwalden
Erika Albisser
Sonnmattstraße 9
6370 Oberdorf
Tel. 041/614636

Luzern
Doris Fuchs
Emmenmattstraße 30
6020 Emmenbrücke
Tel. 041/559200

Willisau Sursee
Marie-Francois Bleisch
An der Wart
6142 Gettnau
Tel. 045/812680

Zug
Esther Brotschi
Bohlstraße 31
6300 Zug
Tel. 041/215883

Zürich Vreny Venzin
Moosacker 16
8051 Zürich
Tel. 01/3213093

Zürcher Oberland
Isabel Moser
Allenberg
8624 Grüt
Tel. 01/9321513

Winterthur
Evelyne Moser
Giesserstr. 7
8406 Winterthur
Tel. 052/238253

St. Gallen
Vreny Jüstrich
Kogengässli 1652
9425 Thal
Tel. 071/441038

Chur
Bernadette Papp
Segantinistraße 12
7000 Chur
Tel. 0 81/24 71 42

Tessin
Daria Basile
Via Canva
6942 Savosa
Tel. 0 91/57 29 81

Lausanne
Alain Dubrey
14 Chemin des Croix Rouges
1007 Lausanne
Tel. 0 21/23 32 63

Liechtenstein
Iva Erne
Bergstraße 718
FL-9495 Triesen
Tel. 0 75/2 75 73

Marie-Meierhofer-Institut für das Kind
Mutter-Kind-Beratung
Schulhausstraße 64
CH-8002 Zürich

Schweizer Vereinigung der Mütterberatungsstellen
Seehofstraße 15
Postfach 173
CH-8024 Zürich

Schweizerische Zentralstelle für Mütterzentren
c/o Francesca Müller
Kalkackerstraße 87
CH-3047 Bremgarten

Regenbogen Schweiz
Eltern, die um ein gestorbenes Kind trauern
Rosengasse 14
CH-8555 Mühlheim
Tel. 0 54/63 12 21

La Leche Liga Schweiz
Postfach 197
CH-8053 Zürich
Tel. 01/9 10 96 59

≡ Dank/Hinweise:

Ich bedanke mich bei den 35 Zwillingsmüttern für die Mühe, die sie sich mit der Beantwortung meines Fragebogens gegeben haben, bei *Marion Dörflinger, Elisabeth Thielecke-Oberländer* und bei *Marion Rurländer*, die das fertige Manuskript durchgesehen und ergänzt haben.

Besonderer Dank gilt einem Zwillingsvater, Dr. RUDOLF HÄNSCH, der seine Erfahrungen und sein Fachwissen als Gynäkologe in dieses Buch mit eingebracht hat. Und schließlich bedanke ich mich bei meiner Familie, die mehr als ein Jahr »stillgehalten« hat, damit ich Zeit fand, dieses Buch zu schreiben.

Leider mußte ich aus Platzgründen fast gänzlich auf persönliche Erfahrungsberichte und Zitate daraus verzichten. Deshalb habe ich mich entschlossen, die Antworten jener 35 Zwillingsmütter in einem »Buch zum Buch« zu veröffentlichen, das im Selbstverlag (Adresse der Verfasserin) erschienen ist.

Sollten Sie als Leser selbst noch Anregungen haben, dann schreiben Sie mir. Ich bin für jeden Hinweis dankbar, denn seit März 1988 gebe ich die Zeitschrift ZWILLINGE heraus (Erscheinungsweise monatlich). In diesem aktuellen Medium können Ihre Tips anderen Zwillingseltern sofort weiterhelfen.

MARION VON GRATKOWSKI

Sachverzeichnis

Abpumpen 92, 93
Abstillen 93, 94
Ähnlichkeit 51, 201, 202
Alleinerziehende 189
Anschaffungen 127 ff.
Anschaffungen, doppelte 150
Atemstörung 64
Atemtechnik 30
Aupair 194
Ausstattung 127 ff.
Austreibungsphase 43
Auto, Familien- 170
Autofahrten (während der Schwangerschaft) 24
Autofahrten (mit den Kindern) 147
Autositze 147

Babyautositze 147
Babybettchen 127, 128
Babyhopser 144
Babywippen 143, 144
Baden 121, 158
Badezubehör 131
Bauch 18, 23, 24, 82, 83
Bäuerchen 92
Beatmung 64, 65
Beihilfe, staatliche 200
Berufstätigkeit 191 ff.
Beschäftigung 123 ff.
Beschwerden 16 ff.
Bett, Baby- 127, 128
Bett, Familien- 114, 115
Bettwäsche 129
Bewegungen, der Kinder 8, 18, 27
Bewegungsfreiheit (der Kinder) 8
Beziehung (der Zwillinge) 205
Bilirubingehalt 66
Bindung (der Zwillinge) 208, 209, 217 ff.
Blase (Harn-) 17
Blasensprung 39
Blutbild (der Schwangeren) 16
Blutdruck, erhöhter 15, 20

Blutgruppen 51
Blutverlust (bei der Geburt) 45
Bluttransfusion 45
Bobath 68
Buchführung, doppelte 122
Buggy 137, 138

Calzium 21
Cerclage 36
Chromosomenanalyse 51
Cortison 38, 64
CTG 41, 42

Dammschnitt 43
Depressionen 17, 25, 58, 59
Diagnose, der Schwangerschaft 2
Doppeltragesack 141, 151 ff.
Drillingsgeburt 49
Durchschlafen 110

Easy-Rider 140
Eifersucht, der Geschwister 183 ff.
Eiigkeit 50
Einkaufen 168, 169
Einleitung der Geburt 47
Einschlafen 112
Einzelzimmer 60, 61
Eisentherapie 15, 20, 21
Eiweißausscheidung 15, 20
Eltern, Beziehung der 79, 80
Enge (im Mutterleib) 8, 9
Entbindung, vaginale 10
Entbindungsklinik 31, 32
Entspannungstechniken 30
Entlassung, aus der Kinderklinik 77
Entwicklung 202
– körperliche 203
– Persönlichkeits- 208 ff.
– Sprach- 204
Ernährung 21
Erziehungsprobleme 215 ff.
Erziehungsurlaub (für den Zwillingsvater) 194 ff.

Fahrradfahren 167, 168
Fahrradsitz 146
Familienauto 170, 171
Familienbett 114, 115
Figurprobleme 82, 83
Finanzielles 197 ff.
Fingerabdrücke 5, 51
Fläschchen 97 ff.
Flaschen 129
– nahrung 96
– pflege 104
Flugreisen 171
Fluor 21
Freiraum 180, 181
Freunde 222, 223
Fruchtblase(n) 6, 8, 50
– Sprengung der 44
Fruchtwasser 26, 41
– punktion 26
– spiegelung 41
Frühgeborene 63, 74
Frühgeburt 25, 36
Frühgeburtsbestrebungen 22
Führungsrolle beim Zwillingspaar 205
Füttern
– gleichzeitig 99
– nicht gleichzeitig 100, 101

Gebärmutterstand 15
Gebrauchtes 150
Geburt 10
Geburt, Zwillings- 39 ff.
– sanfte 45
– ambulante 46
– Haus- 46
Geburts-
– abstand 44
– dauer 42
– gewicht 10, 63, 77
– Klinik 31, 32
– verlauf 10, 40, 42
– vorbereitungskurs 22, 28 ff.
Gefühle 56 ff.
Gelbsucht 63, 66
Gerechtigkeit 215, 216
Geschwister 28, 183 ff.

Gewichts-
– unterschiede 50
– zunahme (der Babies) 91
– zunahme (der Schwangeren) 22
Gift-Notfall-Telefonnummern 160
Gitterbettchen 127, 128
Gymnastik
– Kranken (der Kinder) 68, 69
– Rückbildungs 82, 83
– in der Schwangerschaft 22, 30

Haltungsschäden 67
Hängewiege 127
Haushalt 186 ff.
Haushaltshilfe 37
Hautjucken 19
Hebamme 30
Heimkehr 75 ff.
Herztöne 1, 41, 43 ff., 47, 55
Herztonwehenschreiber 41, 42
Hilfe 180, 181
Hirnblutung 65, 67
Hochstuhl 145, 157
Holzgitterschaukel 144
Höschenwindeln 116, 117
Hormonumstellung 16, 17, 25

»Ich«, eigenes 210
Infektionsgefahr 66
Inkubator 64
Intelligenzquotient 203
Intensivstation für Neugeborene 32,
     62, 65
Intubation 64
in-vitro-Fertilisation 11

Jodmangel 21
Jucken, der Bauchhaut 19

Kaiserschnitt 10, 44 ff., 54, 58
Kinderarzt 33
– besuche 161, 162, 163
Kinderbetreuung 192 ff.
Kindergarten 220, 221
Kinderklinik 62
Kindersitze 143 ff.

Kindsbewegungen 8, 18
Kleidung
– praktische 131 ff.
– gleiche 210
Klinikaufenthalt 60 ff.
Kontakte 222
Körperpflege 116 ff.
Körpertemperatur 64
Kosten 197 ff.
Kraft schöpfen 178
Krampfadern 18
Krankengymnastik 67, 68
Krankheiten 161, 162
Krankschreibung 23
Kreuzschmerzen 18
Kuhmilchunverträglichkeit 97

Laufstall 146, 157
Leberunreife 66
Let-down-Reflex 85
Liegen (während der Schwangerschaft)
37, 38
Linkshänder 202
Lungenreife 38, 63 ff.

Magnesium 21
Milch
– aufwärmen 98
– warmhalten 99
Milchproduktion 61
– geringe 90
– in Gang bringen 89
Milchpulver 97
Minderversorgung 9, 47
Mißbildungen 26
Mittagsschlaf 109
Mobil bleiben 163, 164
Mobile Therapie 69
Mutter-Kind-Beziehung 61, 79, 80
Muttermilch 70, 93, 96
– eingefrorene 93
Muttermund 15
Mutterschutzfrist 23

Nachgeburtsphase 45
Nachtfütterung 174

Nächte (unruhige) 112, 113
Nahrung, feste 104 ff.
Narkose
– Peridural- 11, 43, 48, 52, 54
– Voll- 48
Neugeborenen-Intensivstation 32, 62,
65
Notkaiserschnitt 53

Oberflächenfaktor 65
Öffentliche Verkehrsmittel 169

Peridural-Anästhesie (PDA) 11, 43, 48,
52, 54
Persönlichkeitsentwicklung 208 ff.
Pflegepräparate 118, 119
Phototherapie 66
Plazenta 6, 16, 45, 50
– insuffizienz 47
Pumpe, elektrische 92

Rauchen 22
Reisebetten 128
Rhythmus
– beeinflussen 108, 109
– nachts 109, 110
– tagsüber 107, 108
Risikogeburt 46
– schwangerschaft 13
Rollentausch 203, 205
Rooming-In 61
Rückbildungsgymnastik 82, 83
Rückenschmerzen 18
Rückentragesitz 142

Saft 98
Sauber werden 120
Sauger 130
– pflege 103, 104
Säuglingspflegekurs 30, 31
Saug- und Schluckreflex 63, 66
Selbsthilfegruppen 223
Selbstvertrauen (zum Stillen) 96
Sex 22, 176
Siamesische Zwillinge 26
Sicherheit (vor Unfällen) 156 ff.

Sodbrennen 17
Sojamilch 97
Sondenernährung 66
Sparen 198
Sprachentwicklung 204
Spaziergang 158, 164 ff.
Spielen 123
Sport 22
Schädellage 10
Schiefhals 67
Schlafen 107 ff.
Schlaflosigkeit 19
Schlafsäcke 129
Schlafzubehör 129
Schlitten 148
Schmerzempfinden 48
Schnuller 130
Schonung 20, 21, 36
Schreien lassen 106, 107, 111
Schwangerschafts
– anämien 20
– beschwerden 16 ff.
– gymnastik 22, 30
– streifen 19, 22
– vergiftung 16, 20
– wehen 14
Stationäre Aufnahme 38
Steißlage 10
Sterblichkeit 25
Stillen 70 ff., 85 ff.
– gleichzeitiges 72, 85 ff.
– im Liegen 73, 74
– nach Bedarf 88
– von Drillingen 71, 96
– von Frühgeborenen 74
Still
– gruppe 70
– positionen 86 ff.
– rhythmus 88
Stoffwindeln 116, 117
Streit 122, 123, 216 ff.
Stubenwagen 127

Tagesmutter 193
Teilung (des Eies) 6, 26
Thermosflaschen 129

Toxikose 16, 20
Tragetaschen 139
Tragetuch 141
Transportmittel 140 ff.
Trennung 212
Trinken, schlechtes 102
Tri-Set-Zwillingswagen 136
Türgitter 146, 157

Übelkeit 16
Überforderung 80, 174 ff.
Überwachung 41, 42
Überwachungsgeräte 65
Ultraschalldiagnostik 1, 16, 25, 26
Umstandskleidung 18, 24
Umstellung, hormonelle 16, 17, 25
Umwelt 182
Umzug 35
Unbeweglichkeit 19
Unfallgefahr 155 ff.
Unreife 63
Urin 15
Urlaub 171, 172

Vergleiche 211
Verstopfung 18
Vierlingsgeburt 49
Vojta 68, 69
Vollnarkose 48
Vorsorgeuntersuchung 14, 15

Wachstumsschub 70
Wachstumsunterschiede 9
Wärmebettchen 64
Wasseransammlungen 15, 18, 20
Wehenhemmer 25, 37, 38
Wehenschmerz 43
– ausschaltung 43
Wehenschwäche 39
Wehentätigkeit
– regelmäßige 39, 42, 43
– vorzeitige 36, 42
Wehenverstärker 42, 43, 47
Wickelauflage 134
Wickeltechnik 117, 118
Wickeltisch 134

Wiege 127
Windelhöschen, gestrickte 117
Windeln 116
Wochenbetttief 59
Wohnsituation 35

Zeitaufwand 84
Zimmer, getrennte 116
Zufüttern 94 ff.
Zwillinge
– eineiige 5, 6, 49, 201 ff.

– verschiedengeschlechtliche 201, 213
– zweieiige 5, 49, 200 ff.
Zwillings-
– clubs 223
– eltern 175 ff.
– kinderwagen 135, 136
– namen 228
– schwangerschaft 13
– sportwagen 136
– sprache 204
– vater 175, 194 ff.
– wagen 135 ff.

ZWILLINGE
Zeitschrift für Mehrlingseltern

Brauchen Mehrlingseltern eine Zeitschrift?

Ja. Eltern von mehreren gleichaltrigen Kindern sehen ganz besondere Probleme auf sich zukommen. Das sind zunächst medizinische Probleme (Risikoschwangerschaft, Risikokinder), finanzielle Probleme (Alles doppelt, Neues Auto, Neue Wohnung ...), organisatorische Probleme (Mehrere Kinder gleichzeitig füttern, aber wie?), »technische« Probleme (Wie kommt man mit einem überbreiten Kinderwagen durch enge Gassen oder gar in öffentliche Verkehrsmittel?) und schließlich erzieherische Probleme.

Das alles verlangt nach gedruckter Lebenshilfe, die Mehrlingseltern jedoch nur unzureichend in herkömmlichen Zeitschriften finden.

Unsere Themen wissen auf viele Probleme eine Antwort. Wir, die Herausgeber und auch die Autoren, haben alles selbst erlebt. Unsere Themen reichen von Schwangerschaft und Geburt, über Alltag und Urlaub mit Mehrlingskindern bis hin zu Partnerschaftsproblemen der Mehrlingseltern.

»Zwillinge – Zeitschrift für Mehrlingseltern«
erscheint zehnmal im Jahr. Umfang pro Heft ca. 32 Seiten. Einzelhefte kosten DM 6,50, das Jahresabonnement kostet DM 65,– DM. Bestelladresse: Verlag von Gratkowski, Postfach 1717, 86887 Landsberg, Tel. 08191/921509, Fax 08191/39507.

MARION VON GRATKOWSKI
VERLAG